기독교문서선교회 (Christian Literature Center: 약칭 CLC)는 1941년 영국 콜체스터에서 켄 아담스에 의해 시작되었으며 국제 본부는 미국 필라델피아에 있습니다.
국제 CLC는 59개 나라에서 180개의 본부를 두고, 약 650여 명의 선교사들이 이동 도서차량 40대를 이용하여 문서 보급에 힘쓰고 있으며 이메일 주문을 통해 130여 국으로 책을 공급하고 있습니다. 한국 CLC는 청교도적 복음주의 신학과 신앙 서적을 출판하는 문서선교기관으로서, 한 영혼이라도 구원되길 소망하면서 주님이 오시는 그날까지 최선을 다할 것입니다.

추천사 1

김 선 일 박사
웨스트민스터신학대학원대학교 실천신학 교수

23년 전 저자가 미국 신학교 교실에서 아직 책으로 출판되지 않은 내용을 중심으로 하는 강의에 참여했었다. 그 당시 저자가 맥도날드화 분석틀로 사회와 교회를 진단할 때 그 예리함과 신선함에 놀랐던 기억이 떠오른다. 그 후 이 책은 선교적 교회운동의 방향을 정립하는 데 큰 영향을 준 것으로 평가받았다. 레슬리 뉴비긴은 서구 사회에서 기독교 신앙이 크게 약화된 이유는 개인은 회심했으나 문화가 회심하지 않았기 때문이라고 한다.

선교적 교회운동은 주변 문화에 포섭되거나 동화되지 않으면서 그 문화를 변혁시키는 일을 중요한 과제로 인식한다. 교회의 맥도날드화라는 개념은 오늘날 교회들과 목회자들이 부지중에 빠져들고 있는 유혹의 실상을 잘 보여 준다. 더욱 안타까운 것은 특정한 사역의 성공 모델을 복제해서 그것을 잘 유지하고 관리하면 탁월한 사역을 하는 줄로 착각한다는 점이다. 매끈한 기획과 프로그램 운영이 예배와 목회를 빛나게 하는 줄로 알고, 그렇게 '검증된' 원리와 실제를 마케팅하는 세미나들이 횡행한다. 그러는 가운데 신앙 공동체의 창의성과 인격성 그리고 성령의 신비한 역사에 대한 민감성은 퇴화된다.

요즘 선교적 교회가 한국 교회의 대안으로 주목받고 있다. 만일 교회의 선교적 정체성과 역할에 진정한 관심과 헌신이 있다면 이 책을 읽고 우리의 현 사역을 되짚어 봐야 할 것이다.

추천사 2

김 종 일 목사
동네작은교회 담임, 교회개척학교 '숲' 대표코치

　20여년 전의 맥도날드화에 대한 경고와 질문이 가득한 이 책은 오늘 이 시대를 향한 선지자적 메시지이다. 세계는 맥도날드 시스템이 주는 효율성과 계산 가능하고 예측 가능하며 통제할 수 있는 세상을 더욱 견고하고 정교하게 A.I(인공지능)의 통제와 통일성으로 재편하고 있기 때문이다. 먹거리에 대한 획일적이고 간편함을 추구하는 조류가 사회 전반을 지배해 나갈 때 교회도 그 영향권을 벗어날 수 없었다. 아니 오히려 적극적으로 시스템을 구축하는 것으로 성장의 동력을 삼은 것을 부인할 수 없다.
　그런 면에서 코로나 19는 온 세계를 향한 그리고 교회를 향한 진실된 질문을 던지는 계기가 되었다. 우리가 정교하게 설계해 놓은 간편함의 구조들이 얼마나 허망한 것들이었는가. 그럼에도 우리는 더욱 안전하고 편안하고 완벽한 세상을 인간의 두뇌보다 더 뛰어난 인공지능의 힘으로 만들려고 한다. 수천 년 전 야웨 신앙보다 황소의 형상에 심리적 안정을 찾던 인간이 이제는 기계와 공학의 결정체에 세계의 운명을 기꺼이 맡기고 싶어한다.
　선교는 그런 세상을 향한 선지자적 저항이다. 인간 아닌 피조물을 경배하며 인간이 만든 최적화 시스템을 의지하다가 이제 기꺼이 기계와 전자의 정교함에 자신의 생명까지 의지하려는 시도들은 결코 행복을 줄 수 없다. 복음은 효율이 아니고 계산할 수 없는 거저 주심이며 끝까지 기다리시는 창조주의 통제에 대한 포기이다. 이 책에서 그 길을 찾기를 기대한다.

추천사 3

지성근 목사
일상생활사역연구소 소장, 미션얼닷케이알 대표

책의 초반부에서 저자가 전개하고 있는 현실 교회의 묘사들, 교인들의 평균 나이가 50세가 넘는 등 교회들의 쇠퇴 조짐을 넘어 교회를 떠나는 것이 오히려 개인이 신앙을 유지하는 한 방법이라고 여기는 탈교회적 현상에 대한 이야기는 20여년이 지난 우리 시대의 한국 교회를 묘사하고 있는 것 같다.

저자는 이 현상의 배후에 사회학자인 조지 리처의 '맥도날드화 명제'로 설명될 수 있는 교회의 모더니티 포로(modernity captivity) 현상을 콘스탄틴주의의 한계와 더불어 면밀하게 파헤치고, 동시에 다시 교회의 활력을 회복하기 위해 포스트모던을 살아가는 다양한 사람을 위한 오래된 미래(ancient-future), 즉 성경적이면서 동시에 포스트모던한 대안들을 이 책에서 제시하고 있다.

창조와 성육신의 신학에 근거한 공간, 예배, 몸, 춤, 드라마, 마임, 어릿광대놀이에 대한 통찰과 함께 여성, 이야기의 힘, 켈틱 기독교 모델과 같은 반짝이는 통찰들로 가득한 이 책이 비로소 이제야 우리 시대 한국 교회에도 꼭 필요하고 유용한 자료로 제시된다는 것이 늦은 감이 없지 않다.

* 이 번역서는 2022년도 서울신학대학교 교내연구비 지원에 의한 연구임.

교회의 맥도날드화

영성·창의성·교회의 미래

The Mcdonaldization of the church: Spirituality, Creativity and the Future of The Church
Written by John Drane
Translated by Choi, Hyung Keun

This book was first published in Great Britain
by Darton, Longman and Todd Ltd.,
1 Spencer Court, 140-142 Wandsworth High Street, Lonon, SW18 4JJ.
with the title *The Mcdonaldization of the church: Spirituality, Creativity and the Future of The Church*
copyright © 2000, 2001, 2002, 2003, 2005 and 2013 by John Drane.
Translated by permission.
All rights reserved.

Korean Edition Copyright © 2022 by Christian Literature Center, Seoul, Korea.

교회의 맥도날드화
영성·창의성·교회의 미래

2022년 12월 31일 초판 발행

지 은 이 | 존 드레인
옮 긴 이 | 최형근

편　　집 | 한명복
디 자 인 | 서민정
펴 낸 곳 | (사)기독교문서선교회
등　　록 | 제16-25호(1980.1.18.)
주　　소 | 서울특별시 동대문구 천호대로71길 39
전　　화 | 02-586-8761-3(본사) 031-942-8761(영업부)
팩　　스 | 02-523-0131(본사) 031-942-8763(영업부)
이 메 일 | clckor@gmail.com
홈페이지 | www.clcbook.com
송금계좌 | 기업은행 073-000308-04-020 (사)기독교문서선교회
일련번호 | 2022-136

ISBN 978-89-341-2523-5 (93230)

이 한국어판 저작권은 Darton, Longman & Todd Ltd.와(과) 독점 계약한 (사)기독교문서선교회가 소유합니다. 신저작권법에 의하여 한국 내에서 보호를 받는 저작물이므로 무단 전재와 무단 복제를 금합니다.

교회의 맥도날드화

영성·창의성·교회의 미래

존 드레인 지음
최형근 옮김

CLC

차례

추천사 1 **김선일 박사** | 웨스트민스터신학대학원대학교 실천신학 교수   1
추천사 2 **김종일 목사** | 동네작은교회 담임, 교회개척학교 '숲' 대표코치   2
추천사 3 **지성근 목사** | 일상생활사역연구소 소장, 미션얼닷케이알 대표   3

저자 서문   9
역자 서문   14

제1장
개인적 관점에서 본 문화 변화   17

제2장
합리적 구조와 인간의 가치   44

제3장
교회와 철장   68

제4장
우리가 접근하려는 대상은 누구인가?   100

제5장
신앙에 대한 경축   142

제6장
예언자적 은사   182

제7장
이야기하기   212

제8장
미래 교회를 꿈꾸며   245

저자 서문

존 드레인 박사
전, 풀러신학교 실천신학 교수

　이 책은 1980년대 후반에 시작된 한 과정 중에 완성됐다. 그때 나는 스코틀랜드교회협의회(the Scottish Churches Council) 선교 위원장으로 있었다. 1984-1990년의 기간은 교회 사역과 관련하여 내 생애에 가장 풍요하고 흥미진진한 시기였다. 또한, 그 시기에 나는 당시에 거의 생각할 수 없었던 방법들로 나 자신의 영적 여정을 경험했다.
　스코틀랜드 교회의 주요 교파 지도자들과 함께 사역하면서 나는 21세기에 우리의 신앙이 우리나라를 새롭게 만들려고 한다면, 우리 조상이 했던 것과 같은 것들을 반복해서는 안 된다는 사실을 곧 깨닫게 되었다. 우리가 물려받은 신앙과 제자도 패턴들에는 본질적으로 잘못된 것은 없었다. 다만 이런 패턴들이 현재나 미래보다 과거를 지향하는 존재 방식에 속해 있었다는 것이 문제였다. 과거 세대들은 자기 시대의 문화 정황에 맞게 복음을 정착시키는 일을 훌륭하게 수행했다.
　그러나 어쩐지 우리는 그들의 비전이나 열정과 단절된 것처럼 보였다. 그것이 우연이건 계획적이건 간에 내 세대는, 살아 있는 신앙이 돌처럼 굳어지고 빈사 상태에 빠져 우리 교회들 가운데 일부는 정말 말 그대로 박물관의 유물이 되고, 남아 있는 교회들은 그들이 살아남은 것을 더 당연한 일로 받아들일 수 없음을 점점 더 분명히 인식하는 지경에 이르렀다.

스코틀랜드 교회의 실상은 점점 서구 세계의 주류 교회들과 비슷하게 변해 간다. 일반적으로 영국이나 호주의 경우보다 교회들이 더욱 튼튼하고 교회 출석률이 나은 미국에서조차도 쇠퇴의 조짐들이 너무 명백하게 나타나고 있다. 우리가 이 시대의 사람들에게 기독교 메시지를 효과적으로 전할 수 있도록, 교회의 새로운 존재 방식들을 찾아내는 일이 과거 어느 시대보다 더 시급하다.

이 모든 것을 깨닫기 시작하면서 거의 동시에, 나는 명백한 영적 탐구에 관해 새로운 의식이 싹트고 있음을 알게 되었다. 이런 새로운 의식은 많은 서구 국가에서 상당히 많은 사람 가운데 나타나고 있었는데, 특히 뉴에이지 현상이 그 예였다. 내가 제1장에서 설명하는 바와 같이, 나는 우리가 우리 삶을 향하신 하나님의 뜻을 재발견하고 우리가 서로 사귐을 가질 수 있는 새 방법들을 찾으려는 이런 요구에 부응할 수 있는 창조적 예술의 잠재력을 어느 정도 알게 되었다.

내가 1990년대 중반, 사회학자 조지 리처(George Ritzer)의 저서를 우연히 만나게 되면서 비로소 그림 맞추기 퍼즐의 마지막 조각들이 제자리를 잡기 시작했다. 나는 우리 시대의 변화하는 문화 패러다임에 관한 인식을 성경적, 신학적, 선교학적 통찰과 결합하는 데 도움을 줄 수 있는 도구들을 활용하기 시작했다. 나는 이런 작업을 통해 만들어진 혼합물이 우리 교회가 나아갈 건설적 방향을 밝혀 줄 수 있으리라는 희망을 품었다.

과거 서구 문화는 대개 동질적이고 차이점이 없었다. 그러나 오늘날 서구 문화는 변화와 다양성이라는 특징을 나타내고 있다. 물론 창세기로 거슬러 올라가면 다양성은 하나님의 창조 활동의 특징이며, 따라서 우리의 유사성과 상이성 들에 대한 인식은 우리 가운데서 하나님이 일하심을 보여 주는 긍정적 증거로 간주할 수 있다.

그러나 또한, 그것은 오직 한 가지 행동 방식만이 늘 존재한다고 사고하도록 훈련과 교육을 받은 사람들에게는 문제를 제기한다. 나와 같은 세대의 사람들과 같이 나도 그들 가운데 하나이고, 인간으로서 살아가는 데—

나아가 영적인 그리스도인으로서 살아가는 데—많은 방식이 있음을 발견한 것은 내 삶을 자유롭게 하는 데 영향을 주었다. 이것이 내가 심사숙고 끝에 오늘과 내일의 교회를 위한 한 장의 청사진을 제공하기보다, 몇몇 질문에 초점을 맞추고 그 과정에서 늘 우리에게 정보와 영감을 제공해야 한다고 믿는 성경의 전승들과 이 질문들을 연계할 방법들을 스냅 사진처럼 제시하는 쪽을 택한 이유다. 어떤 이들에게 이것은 틀림없이 실망스러운 접근이 될 것이다. 왜냐하면, 당신은 그것이 어찌 될 것인가를 분명한 말로 듣고 싶어 하기 때문이다. 다른 이들에게 나는 당신이 이전에 주목하지 못했던 기회들을 개방할 것이라고 기대한다.

아내이자 가장 좋은 친구인 올리브를 언급하지 않을 수 없다. 그 이유는 우리가 30년이 넘는 세월을 함께 해왔기 때문이기도 하지만, 최근에 들어와 기독교 사역에서 우리가 힘을 합쳐 일하는 경우가 더욱더 많아졌기 때문이다. 많은 도전적 환경을 가운데에서도 그녀가 보여 준 신실한 제자도는 지속적인 영감을 내게 제공했을 뿐 아니라, 그녀가 신학에 접근하는 독특한 시각은 내가 미처 간파하지 못했던 측면들로 끊임없이 내 시선을 끌어당기곤 했다.

또한, 나는 전 세계의 서구와 비서구 국가들에서 함께 인도한 세미나와 워크숍들에 참여한 참가자들로부터 많은 것을 배웠다. 나에게 있어서 교회 안에서 살아가고 교회 안에서 자라가도록 고무한 표지들 가운데 하나는 현 세계에서 예수를 따르는 것이 어떤 의미가 있는가라는 동일한 질문을 제기하는 호주와 자메이카 혹은 스코틀랜드와 캘리포니아에 사는 사람들을 발견했던 것이었다.

애버딘대학교 신학부 동료들에게 감사드리고 싶다. 그들은 내가 1999년 가을 학기 동안 연구에 전념할 수 있도록 배려를 했다. 본서의 거의 모든 글은 캘리포니아주 파사데나에 위치한 풀러신학대학원에서 연구한 기간 동안 집필했다. 나와 내 아내 올리브를 공동체의 일원으로 받아 주고 우리 부부를 위해 유익하고 생산적인 시간을 만드는 데 도움을 준 풀러신학대학원 교수들의 관대함에 감사를 드린다. 거기서 박사 과정 학생들과 매주 "문화 변화의 이해"(Understanding Cultural Change)라는 주제로 세미나를 진행하면서, 나는 가장 큰 보상 중의 하나를 얻었다. 그건 바로 그 세미나에 참석했던 학생들이 나눠 준 사상과 통찰들이 내 책의 내용에 중요한 차원을 더해 주었다는 점이다.

특별히 나는 마릴리 해리스(Marilee Harris)와 킴 탱커(Kim Thanker)에게 감사드린다. 그들은 포스트모던 시대 영적 탐구의 성격과 이 탐구가 교회에 끼친 결과들을 들여다볼 수 있는 첫 통찰들을 내게 제공해 주었다. 이런 통찰들은 (그들의 허락을 받고) 마지막 두 장에서 구체화했다. 나는 또 베리 테일러에게도 감사드린다. 그는 어떤 곤란한 질문들도 주저하지 않았다. 심지어 그 질문들에 대한 대답들이 분명 위협적일 수 있을 때도 그는 질문을 주저하지 않았다.

이 모든 사람과 또 다른 분들은 이 책이 정확하게 무엇에 관한 내용을 담고 있는지를 내게 물었다. 때로 나 자신도 이 책의 내용에 의문을 품었기 때문에, 도서관 사서들이 이 책을 어디에 정리하는지 알게 된다면, 확실히 흥미로울 것이다. 어떤 면에서 이 책은 사회과학서이다. 왜냐하면, 내가 현대 사회학자들의 저술들을 참작했을 뿐 아니라, 리처의 맥도날드화(McDonaldization)라는 주제를 교회에 적용하는 것이 그 주제 자체가 변화되고 확장될 필요가 있다는 점들을 제안한다고 여러 측면에서 주장했기 때문이다.

그러나 이 책의 다른 부분들은 여러 다른 세계를 다루며, 성경의 특정 구절들에 관해 아주 상세한 주해적, 신학적 연구들을 담고 있다. 그러면서도 이 책에는 선교학 서적으로 규정할 만한 특징들이 분명히 들어 있다. 하지만 나는 이런 관심사들을 걱정하는 데 많은 시간을 쓰지 않았다. 왜냐하면, 내가 의도하는 전반적인 목표는 그리스도인들이 예수를 따를 때 영감을 얻고 감격하게 하는 것이었기 때문이다. 그리고 그런 의미에서 이 책은 경건 서적이나 영성을 함양하는 서적으로 간주할 수도 있을 것이다.

이런 다양한 이야기를 하나로 묶는 것이 내 의도였다. 내가 수년 동안 배웠던 교훈들 가운데 하나는 예수님의 뜻에 충실하려면 복음은 항상 삶의 소위 '세속적' 측면과 '영적' 측면 사이에 존재한다는 틈에 가교를 놓는 총체적 복음이 되어야 한다는 것이다. 그것은 여전히 대부분 기관이 일하는 방식과 많은 그리스도인의 신앙생활에 도전을 준다. 그러나 미래의 교회를 특징짓는 데 필요한 모든 것 가운데 이 총체적 복음이 어쩌면 가장 중요할지도 모른다.

2000년 부활절
스코틀랜드

역자 서문

최 형 근 박사
서울신학대학교 선교학 교수

『교회의 맥도날드화』라는 제목은 복음의 본질과 기독교 역사 속에서 문화적 세계관이 미친 영향에 대한 교회의 반응을 상기시킨다. 20세기 자유 무역 시장 자본주의의 세계화 명제를 유비적으로 가장 적절하게 표현하는 단어가 '맥도날드'일 것이다. 사회학자 조지 리처의 『맥도날드 그리고 맥도날드화』(*The McDonaldization of Society*)는 현 세계가 현대성의 핵심 가치인 합리성과 효율성 그리고 낙관주의와 인간의 자율성에 의해 철저히 지배되는 양상을 보여 준다. 존 드레인이 조지 리처의 맥도날드화 명제와 그 대상을 사회에서 교회로 변경하여 분석한 이 책은, 세계 경제와 시장을 통제하는 핵심 가치가 교회와 그리스도인의 삶에도 가감 없이 적용된다는 사실을 명료하게 보여 준다.

교회가 하나님 나라의 운동이 되는 것을 포기하고 숫자와 크기와 효율성을 극대화하려고 구축한 시스템을 통해 모든 것을 통제할 때, 예배는 특정 시공간에 제한되어 제도화되고 성도의 교제는 형식적이 되며, 세상에 소금과 빛으로 거룩한 영향력을 미쳐야 할 하나님 백성 공동체는 와해된다. 이런 교회는 삼위 하나님에 의해 부름을 받아 깨어지고 분열된 세상에 보냄 받은 선교적 교회의 정체성을 상실하고 대항문화적이고 대조 사회적인 모습을 상실한다.

오늘날 한국 사회 문화와 한국 교회가 처한 상황을 돌아보며, 우리는 과학 기술의 급속한 발전을 통해 꿈꾸던 인류의 유토피아 환상을 무참히 무너뜨리는 모습을 목격하고 있다. 효율성, 계산 가능성, 예측 가능성 그리고 통제라는 맥도날드화 명제는 단지 경제 분야뿐 아니라 정치, 사회, 문화, 종교, 환경 등 인간 사회 전반에 영향을 미치고 있다. 모든 것을 통제하는 사회에 관한 맥도날드화의 주장은, 20년이 지난 지금 경제적 패권 경쟁으로 인한 신냉전과 지구 온난화로 인한 위기 그리고 코로나 팬데믹과 같은 디스토피아라는 암울한 전망을 제시한다.

인공 지능이 지배하고 자유 무역 시장 자본주의가 초래한 극단적 소비주의가 인간의 삶 전반을 통제하는 사회 문화 가운데 살아가는 오늘날 우리가 추구하는 것은 무엇인가?

인간의 자율성과 자기 결정권을 자극하고 극대화하는 요인들은 무엇인가?

그것은 정치, 경제, 교육, 환경 등을 망라하여 인간 삶의 모든 영역에서 나타나며, 우리가 살아가는 삶의 현장인 일터뿐 아니라 가정에서도 드러난다. 하나님 백성의 우상 숭배는 역사를 통해 다양하고 교묘한 방식으로 나타났다. 성경이 말하는 우상 숭배는 단순히 다른 신들을 예배하는 것이 아니다. 그것은 인간의 자기중심적 성향이 만들어 내는 '그 무엇이나 어떤 것'이다. 하나님 아닌 그 무언가가 인간의 덧없는 욕망을 충족시키는 주요 요인으로 작동한다면, 그것은 예배와 숭배의 대상이 된다. 그것이 하나님이 아니라 다른 어떤 것이 될 때, 우리는 그것을 우상이라고 부른다.

이 책은 한국 교회와 그리스도인들이 현대성의 핵심 가치인 합리성과 자율성뿐 아니라 포스트모던적 상대주의와 해체주의에 깊은 영향을 받고 있다는 사실을 말한다. 실로 한국 기독교는 바벨론 포로기로 들어가는 진입점이나 포로 상태라고 보아도 무방할 것이다. 그런 의미에서 이 책은 바벨론 포로기와 유사한 상황으로 진입하는 한국 교회에 매우 불편한 내용을 담고 있다. 세상의 급격한 변화의 소용돌이 가운데 교회가 지켜 내야 할 복음의 내용과 살아 내야 할 복음의 확신과 명령을 재발견하는 과업은 하나님의 선교를 위한 심오한 도전이다. 부디 이 책이 제기하는 선교적 도전과 신선한 충격을 통해 한국 교회 독자들이 밀어내고 제거해야 할 요소들(push factors)과 재발견하고 수용해야 할 요소들(pull factors)을 확인하는 계기가 되기를 바란다.

마지막으로 로잔운동 50주년을 맞아 2024년 9월 한국에서 열리는 제4차 로잔대회를 통해 한국 교회가 복음의 본질을 재발견하고 회심의 자리로 들어가 갱신의 실마리를 발견하기를 바란다. 이 책의 번역을 통해 동역할 기회를 준 기독교문서선교회(CLC)에 깊은 감사를 드린다.

2022년 12월
서울신학대학교 연구실에서

제1장

개인적 관점에서 본 문화 변화

내 저서들 가운데 이 책은 대부분의 다른 책보다 더 나 자신을 돌아보게 한 것 같다. 이 책의 주제를 숙고하면서 내가 말하려는 것을 매력 있고 분명하게 표현하려고 노력하는 과정에서, 나는 여러 차례 뒤로 물러나 이 책의 주제에 관해 몇 가지 근본적 물음들을 던져야 했다. 이런 질문들은 너무나 다양하여 늘 일련의 질문들로 요약될 수 있는 몇 가지 기본 이슈로 다시 귀결되곤 했다.

내가 여기서 시도하려는 것은 무엇인가?
서구 문화 가운데 있는 교회의 현재 상태 및 미래의 운명과 관련하여 내 관심을 끄는 중요 이슈들은 무엇인가?
어떻게 그리고 왜 나는 이 상황에 관해 이런 특별한 이해에 도달하게 되었는가?
그리고 다양한 독자들과 이런 생각을 공유함으로써 내가 성취하기를 원하는 것은 무엇인가?

물론, 나는 밑도 끝도 없이 이런 물음들을 갖게 된 것이 아니다. 이 책은 지난 수년 동안 내가 저술한 책들 가운데 네 번째 책이며, 우리 주변에서 볼 수 있는 급격하고도 예측할 수 없는 문화 변화의 상황에서 교회가 직면한 도전을 다루려고 했다.[1] 내가 끊임없이 목적과 의도를 묻는 근본적 질문들로 돌아간 것도 어쩌면 이런 이유 때문일 것이다. 1990년대에 기독교 분석가들과 전략가들은 포스트모더니즘(postmodernism, 탈근대주의), 포스트모더니티(postmodernity, 탈근대성), 혹은 (내가 선호하는 용어인) 포스트-모더니티(post-modernity)라는 이름으로 다양하게 불린 것을 이해하고자 많은 시간과 에너지를 투자했다.[2]

그러나 우리가 문제 삼고자 하는 것은 우리의 모든 분석과 사색이 세상에서 교회가 행하는 사역과 증거에 실제로 무슨 변화를 일으키고 있는가 하는 점이다. 아주 분명한 실재인 문화 변화의 본질에 관한 여러 복잡한 정의들을 설명하는 학자들과 교회 지도자들의 말을 경청하면서, 나는 우리가 무엇을 이야기하고 있는가를 우리가 정말 알고 있는지 나 자신에게 종종 묻곤 했다.

우리가 문화 분석에 쏟는 노력이 객관적으로 존재하는 어떤 것을 참되게 묘사하고 있는가?

혹은, 만일 우리가 어떤 것에 이름을 부여할 수 있고, 그것을 통제할 수 있으며, 그 결과 그것이 우리에게 익숙한 구조와 생활 방식에 위협이 되지 않는다고 생각한다면, 그런 생각만으로도 우리 자신을 기만하는 것이 되는가?

많은 이가 사물에 대한 객관적인 지식의 가능성을 배제하면서, 그것 자체가 실재를 이해하는 새로운 방식의 등장을 알리는 또 하나의 표지라고 주장한다는 사실은 단지 그 질문의 중요성을 강조하는 데 기여할 뿐이다.[3]

---

1   초기 저서들은 다음과 같다. *Faith in a Changing Culture* (London: HarperCollins, 1997); *What is the New Age Still Saying to the Church?* (London: HarperCollins, 1999); *Cultural Change and Biblical Faith* (Carlisle: Paternoster Press, 2000).
2   *Cultural Change and Biblical Faith*, 94-95를 보라.
3   개관에 대해서는 Hilary Lawson and Lisa Appignanesi, *Dismantling Truth: Reality in the Post-Modern World* (New york: St Martin's Press, 1989)를 보라. 특정 사례에 대해서는 다음을 참고하라. Jacques Derrida, *Writing and Difference* (Chicago: University of Chicago Press, 1978); Richard Rorty, *The Consequences of Pragmatism* (Minneapolis: University of Minnesota Press, 1982); *Objectivity, Relativism and Truth* (Cambridge: Cambridge Univer-

무슨 일이 일어나는지를 이해하려고 우리가 가상한 노력을 기울이다 보면, 결국에는 우리에게 허용하거나 요구하는 수준보다 더 정확한 증거를 발견할 수 있을까?

또한, 아직 그리스도인이 아닌 사람들의 필요와 관심들에 대한 이런 인식과 조화를 이루는 교회의 전략을 조심스럽게 세우려 하다가, 우리는 어떤 확연한 차이도 만들어 내지 못한 채 (우리가 무엇을 보든지) 교회는 여전히 심각하게 내리막길을 걷고 있다.

한스 크리스천 앤더슨(Hans Christian Anderson)의 이야기에 나오는 황제와 같이 우리 자신이 상상하는 옷도 입지 못하는 일이 벌어지게 되는 것은 아닐까?

1. 사실에 직면하여

교회에 관한 사실들은 좀처럼 논쟁의 대상이 될 수 없다. 서구 기독교는 어려운 시대를 맞이했다. 교회 출석 통계가 어떻게 보도되고 해석되든, 이 통계치는 교파와 신학적 입장을 불문하고 모두 똑같은 양상을 보인다.[4]

모든 역사적인 주류 교파 교회가 분투하고 있다는—그 이상으로 몇몇 특정 개신교파는 거의 미래의 희망이 없어 보이기도 하다—명백한 사실

---

sity Press, 1991); Michel Foucault, *The Order of Things* (New York: Random House, 1970).

4 Peter Brierley (ed.), *UK Christian Handbook Religious Trends No. 2:2000/2001* (London: Christian Research, 1999); Peter Kaldor et al. (eds.), *Taking Stock: a Profile of Australian Church Attenders* (Adelaide: Openbook, 1999); National Council of Churches, *Yearbook of American and Canadian Churches* (Nashville: Abingdon Press, annual); George Barna, *The Index of Leading Spiritual Indicators* (Dallas: Word, 1996); Barna Research Group, *Never on a Sunday: the challenge of the unchurched* (Glandale: Barna, 1990); Roger C. Thompson, *Religion in Australia: a History* (Melbourne: Oxford University Press, 1994); Muriel Porter, *Land of the Spirit? The Australian Religious Experience* (Geneva: WCC, 1990); Grace Davie, *Religion in Britain since 1945* (Oxford: Blackwell, 1994); Steve Bruce, *Religion in Modern Britain* (Oxford: Oxford University Press, 1995); Wade Clark Roof, *Spiritual Marketplace: Baby Boomers and the Remaking of American Religion* (Princeton NJ: Princeton University Press, 1999).

들을 거부하거나 달리 재정의하는 것은 불가능하다. 그들은 경종을 울릴 정도로 그 기반을 상실하고 있다.

특히, 전통적으로 가장 그들에게 헌신하던 그룹들 가운데서조차도 그런 일이 일어나고 있다. 영국과 호주에서는 교인들의 평균 나이가 50세가 넘는 교회들이 늘어나는 것을 발견하기란 어렵지 않다. 젊은 세대들은 교회에 관심을 잃어버린 것처럼 보인다. 또 교회에 남아 있는 사람들은—나이를 불문하고—대개 일반적인 인구를 대변하지 못한다.

이런 현상은 회중들 가운데 여성이 압도적으로 많은 사실에서 극명하게 드러난다. 물론 양성의 균형은 교회 지도자들에게도 거의 찾아볼 수 없다. 비록 미국이라는 나라 자체가 너무 크고 문화적으로 다양하므로 일반화하는 것이 반드시 도움이 되는 것은 아니지만, 영국과 호주의 상황과 미국의 상황은 약간 다르다. 미국에는 주마다 중대한 차이가 있을 뿐 아니라, 서로 다른 인종 그룹들 사이에도 큰 차이가 있다. 아프리카계 미국 교회나 히스패닉 교회는 그들만의 문제에 봉착해 있다.

하지만, 자유주의적 개신교 전통이나 로마가톨릭교회가 직면하는 문제들과 그들의 문제들은 대체로 같지 않다. 그런데도 미국 전체를 놓고 보면, 미국 교회는 영국이나 유럽 교회들보다 확실히 더 나은 모습을 보인다. 미국 인구 가운데 정기적으로 교회에 출석하고 교회 활동에 참여하는 인구는 훨씬 더 많다. 영국이나 호주 교회의 상황을 알고 있는 방문자들은, 대다수 미국 교회와 교파가 남녀의 고른 분포를 보여 주고 모든 세대를 아우르면서도 그 평균 연령은 영국의 경우보다 훨씬 더 낮다는 데 틀림없이 충격을 받을 것이다. 이런 차이점들은 분명 여러 가지로 설명할 수 있다.

그중 몇 가지는, 만일 교회가 21세기로 진입하면서 건강한 미래를 갖고자 한다면, 서구 문화 전반에 걸쳐 교회 자체를 다시 만들어야 할지도 모른다는 우리 이해와 무관하지 않을 것이다. 어떤 것들은 이 두 문화의 차이와 연관된다. 예를 들어, 미국인 전체를 놓고 보면, 영국인이나 다른 유

럽인들보다 자발적인 단체들에 더 많이 참가하는 경향이 있다.[5]

이렇게 두 정황이 다르다 보니, 교회가 활용할 기회들 역시 서로 다르다. 미국이 영국보다는 공공 기금으로 운영되는 서비스가 적기 때문에 가상 교회들(imaginative churches, 교회의 역할을 하는 기독교 기관들-역자 주)은 보육과 교육에서 레스토랑과 병원, 스포츠클럽에 이르기까지 매우 광범위한 것들을 전 공동체에 공급할 수 있는 유능한 공급자로서 시장에 진입할 수 있다.

또 미국은 더 확연히 소비 사회의 모습을 보여 준다. 이런 소비 사회의 성격은 물질적 소유뿐만 아니라 종교 같은 문화 상품들을 얻는 데까지 확장되고 있다. 영국에서는 그렇게 확실히 나타나지 않으나, 미국 교회 안에서는 사람들이 자녀들에게 가치와 공동체에 대한 소속감을 제공하려는 이유로 종교에 참여하는 현상이 발견되고 있다.[6]

상황이 이렇다 보니, 부모들이 자기 가족의 필요에 영적으로 가장 '적합한 곳'을 찾으려고 이 교회 저 교회를 돌아다니는 일이 자연스러운 것이 되어 버렸다. 이런 부모들은 삶의 특정 단계에서 타당한 것이 다른 단계에서는 그렇지 않을 수도 있다는 것을 의식하고 있다.[7] 그것도 그리스도인으로서 현재 속해 있는 교회에 만족하지 못하는 사람들 가운데서 일어나는 경우가 대부분이다. 영국 상황에서 교회에 출석하지 않는 사람들(unchurched people)은 전형적으로 교회가 그들 자신이나 자녀들의 삶을 풍

---

5 Francis Fukuyama, *The Great Disruption* (London: Profile Books, 1999), 52-60을 참조하라. 미국 기독교(특히 개신교)에 관한 이런 특수한 현상에 관한 추가 자료들은 Conrad Cherry and Rowland A. Sherrill. *Religion, the Independent Sector, and American Culture* (Atlanta GA: Scholars Press, 1992); Andrew Greeley, *The Denominational Society* (Glenview IL: Scott, Foresman & Co, 1972)를 보라.
6 Fukuyama, *Great Disruption*, 238-239.
7 가족이나 개인적 필요와 연관된 이런 필요들은 개신교와 가톨릭의 차이 같은 전통적인 종교적 경계선을 초월할 수 있다. 전통적으로 가톨릭 가족들은 어린이 프로그램 때문에 (개신교) 교회에 출석하게 되었으나 자녀들이 성장하면 다시 그들의 종교적 뿌리인 가톨릭으로 돌아갈 것을 미리 선언하는 사람들이다. 이들의 경험에 관한 레이스 앤더슨(Leith Anderson)이 보고한 내용을 보라. Leith Anderson, *A Church for the 21st Century* (Minneapolis: Bethany House, 1992), 32.

요롭게 할 수 있다는 의식을 거의 갖고 있지 않다. 이런 사실은, 전 세계에서 영성에 관한 관심이 일어나던 시기에, (영국을 포함한) 유럽이 그레이스 데이비(Grace Davie)가 '축제의 유령'이라 불렀던 곳처럼 등장하여 (적어도 표면상으로는) 세계의 흐름에 맞서는 것처럼 보이는 곳이 되어 버렸다는 역설적 사실과 분명 연관된다.[8]

소비자들이 선택할 수 있는 교회가 더 다양해지면, 상황이 달라질지는 논쟁거리다. 왜냐하면, 영국 교회를 특징짓는 한 요소는 획일적인 유사성이기 때문이다. 선지식(先知識)이 없으면, 교회에 출석하지 않는 사람들의 필요를 채워 주는데 일부러 더 많은 관심을 두는 것은 차치하고라도, 일부 교회에서는 교파의 특징을 가려내는 것조차도 어려워질 수 있다.

그러나 사실은 보통 영국 교회들의 경쟁(이 말이 적당하다면) 상대는 십중팔구 다른 교회들이 아니라, 종교와 무관한 레저 활동들이다. 미국에도 같은 경쟁이 존재하며 앞으로 몇 년 이내에 더욱 심해질 수도 있다. 만일 미국 교회들이 유럽 교회들을 따라가지 않으려 한다면, 두 문화 사이에 존재하는 또 다른 차이 때문일 수도 있다. 미국 문화는 본질적으로 실용적 접근—일의 결과에 중점을 두는—방식을 채택한다. 이는 더 절제되고 철학적인 성찰을 즐겨 하는 유럽인들의 전형적 접근 방식과 구별되는 것이다.

역사적으로 유럽인들은 합리적이고 추상적이며 이론적인 틀을 우선시하려는 성향을 보였다. 실천적 행위는 이런 틀이 세워진 뒤에야 그 틀에서 나올 수 있다. 미국 문화는 실제 문제를 다루는 데 더 치중하는 경향이 있으며, 필요한 경우에는 경험에 비추어 이론을 바로잡기도 한다. 두 문화가 이런 차이를 보이게 된 데에는 많은 이유가 있는데, 주로 두 문화의 역사적 경험들과 관련되어 있다. 그러나 교회 안에서는 이런 문화 차이가 종종 보수주의자들과 모험을 감행하는 자들의 차이로 나타날 수 있다. 논쟁

---

8 Grace Davie, 'Europe: the exception that proves the rule?' in Peter Berger (ed.), *The Desecularization of the World* (Grand Rapids: Eerdmans, 1999), 65-83을 보라.

의 소지가 있지만, 영국의 보수주의자들은 너무 많은 반면 모험을 감행하는 자들이 너무 적어 고통을 겪기도 했다.

분명 미국의 교회 지도자들은 이 모든 것에서 어느 정도 편안함을 누릴 수 있다. 두 문화의 경향들을 더 세심하게 성찰해 본다면, 이런 차이가 본질적이라기보다는 표면적이라는 결론에 도달할 수밖에 없을 것이다. 서구 문화 전반을 보면, 전체 인구에서 실천적 그리스도인이 차지하는 비율이 현저하게 줄어들고 있다. 물론 성장하는 교회들도 있다. 이런 성장세는 전 세계의 독립 교파들에서 가장 두드러지게 나타나고 있다(특히 오순절 은사주의 교회들이 현저한 성장세를 보여 주고 있는데, 이들은 '근본주의자들'과 반드시 같지는 않다).

그런가 하면, 영국(특히 잉글랜드)에서는 이제 영국 기독교에서 큰 역할을 하는 여러 뉴 처치 네트워크들(New Church Networks) 가운데 성장하는 교회들이 많다. 이런 성장이 어디서 유래하는지 늘 확실하지만은 않다. 그러나 이런 성장 가운데 많은 부분이 주류 교회들에 환멸을 느낀 기성 그리스도인들에게 성장하는 교회들이 매력을 줄 수 있다는 점과 관련되어 있음을 보여 주는 단편적 증거들은 많다. 유럽에서도 교회와 전혀 상관없는 배경을 가진 사람들이 신앙을 갖기도 한다.

이 모든 것이 좋은 조짐이지만, 전체 그리스도인의 숫자가 여전히 감소하고 있는 이상, 우리에게는 분명 자축하고 있을 여유가 없다. 신자 수가 계속하여 감소하고 있다는 것은, 큰 틀에서 보면, 소위 교회 성장이란 것이 대부분 이 교회에서 저 교회로 옮겨간 것에 불과하다는 것을 의미한다. 믿음을 갖는 사람들이 있는 반면, 기독교 신앙을 포기하고 영원히 교회를 떠나는 사람들이 분명 더 많다. 이런 현상은 영국 교회의 특징이자 미국 교회의 특징이기도 하다.

미국 교회의 다른 점은 현재 영국에서 가능하다고 느끼는 것보다 더욱 침착하게 이 문제에 대처할 수 있는 충분한 자원들과 잠재 능력을 여전히 갖추고 있다는 것이다. 나는 영국 교회 지도자들과의 토론에서 '위기'라는 단어를 점점 더 많이 듣는다. 미국 교회 지도자들은 여전히 영국과 비교하여 상대적으로 강력하면서도 안정된 위치에서 자신들의 문제들을 다룰 수 있다. 또한, 현명한 사람들은 그렇게 할 것이며, 특히 영국 교회의 경험으로부터 교훈을 얻고, 위기 관리를 해야만 할 상황이 이르기 전에 다루어야 할 중요한 정책들을 입안하게 될 것이다.

앞에서 나는 교회를 떠나는 사람들을 언급했다. 비록 내가 그들을 신앙을 포기하는 사람들로 묘사했지만, 사안들이 늘 그렇게 간단하지는 않다. 교회를 떠나는 사람들은 신앙을 통째로 포기하지 않을 뿐 아니라, 교회를 떠나는 것이 실질적으로 신앙을 유지하는 한 방법이라고 번번이 주장한다. 오늘날에는 영적 추구를 반드시 기성 종교의 조직생활에 참여함으로써 도움을 받거나 발전되어 가야 할 것으로 여기지 않는 사람들이 점점 더 많아지고 있다.

윌리엄 헨드릭스(William D. Hendricks)는 그의 주요 저서인 『출구 조사』(*Exit Interviews*)에서 이것이 교회가 당면한 주요 문제들 가운데 하나임을 확인해 주었다. 한 귀국 선교사(헌신한 사람)의 말은 이 문제를 고스란히 담아내고 있다. 추측건대, 내가 생각하는 교회의 문제는 내가 신앙을 상실했거나 교회가 희망이 없다고 느끼는 것 등이 아니다. 그것은 그 이상의 것인데, 바로 교회가 지루하다는 것이다. 교회에 가서 설교를 들으면서도 나는 '이런 설교는 듣고 싶지 않다'라고 생각한다.[9]

더 놀라운 것은 교회를 떠나는 것이 삶에서 인격의 성숙과 성장이라는 이슈들을 다루는 사람들이 내린 결론처럼 보이는 경우가 많다는 점을 헨드릭스가 발견했다는 것이다.[10]

---

9   William D. Hendricks, *Exit Interviews: Revealing Stories of Why People Are Leaving the Church* (Chicago: Moody Press, 1993), 224-225. 영국 국교회를 떠나는 사람들 가운데 이와 유사한 진술들을 쉽게 발견할 수 있다. Michael J. Fanstone, *The Sheep that Got Away* (London: MARC, 1993); Philp Richter and Leslie J. Francis, *Gone but not Forgotten: Church Leaving and Returning* (London: Darton, Longman & Todd, 1998)을 참조하라.

10 그는 '감정에 대해 관심을 보이는 사람들과 교회를 탈출하려는 사람들 간의 상호 관계

나는 그의 책이나 똑같은 주제를 다룬 다른 책들이 보고하는 것과 같은 종류의 연구를 해 보진 않았지만, 나 자신이 특별히 관찰한 내용도 이런 주장들을 강력하게 뒷받침한다. 나는 지난 10년 동안 많은 시간을 할애하여 세계 곳곳에 산재한 모든 교파 교회에서 영성, 예배, 선교와 관련된 이슈들을 놓고 세미나와 워크숍을 인도해 왔다. 나는 성직자를 포함한 교회 지도자들이 자주 표현하는 의견을 거듭 청취했다. 추측건대, 이런 사람들은 십중팔구 교회 일에 관여하는 것만으로도 개인의 영적 성장을 위한 필요들을 충족시킬 수 있는 사람들이다.

그러나 한 목사는 마치 담배 포장지에 인쇄된 경고문과 같이 교회가 건강에 관해 경고를 해야만 한다고 내게 말했다.

> 교회에 너무 진지하게 참여하는 것은 당신의 영적 건강에 해를 끼칠 수 있습니다.

이 경고가 냉소적으로 들릴 수는 있겠지만, 그것은 그 사람의 목회 경험에서 나온 것이었으며, 그 이유만으로도 우리는 우리가 당면한 문제들 가운데 하나를 주목하게 된다. 즉, 많은 교회와 지도자가 그들 자신에게 가장 절실한 필요들을 다룰 수 있는 능력이 교회라는 시스템에 있다는 확신을 상실했다는 것이다. 만일—시장에서 사용되는 용어를 사용하자면—판매자의 눈에 파는 물건이 신통치 않아 보인다면, 다른 사람에게 우리와 함께 예수를 따르자고 초청하는 효과적인 방법들을 밝히 드러내려는 우리의 노력은 나쁜 소식이 될 것임에 틀림없다. 물론 우리는 그런 제한적인 의미에서 판매자들이 아니다.

성'에 관해 쓰고 있으며, 그의 인터뷰 대상자들이 자신들을 통상적으로 '하나님에게 더 가까이 가려 하지만 교회로부터는 더 멀어지는 사람들'로 묘사하는 교회에 대한 경험과 자기 발견을 화해시키려고 애쓰는 모습을 계속하여 관찰한다(*Exit Interview*, 267-268).

복음은 사고파는 물건이 아니다. 인간답고, 영적이며, 그리스도인이 되려고 노력하는 것은 제자도의 일부이다. 어느 누구도 이 문제가 즉시 해결되리라고 기대하지 않는다. 특히, 영적으로 삶에 접근하라는 요구를 진지하게 받아들이는 사람들은 더더욱 그런 기대를 하지 않는다. 그러나 만일 우리가 우리 자신의 신앙 여정의 가치에 관해 의심한다면, 좋은 복음 전도자가 될 수 없다.

이것은 내가 우리의 현 상황을 독립적인 철학적, 이념적 입장을 내세우는 포스트 현대성(탈근대성)이나 포스트모더니즘(탈근대주의)을 이야기하기보다 포스트-현대성(붙임표를 사용하여)이라는 말로 생각하기를 선호하는 이유 가운데 일부를 장황하게 설명하는 방법처럼 보일 수도 있다. 내가 하이픈을 사용한다는 것은 지금도 일어나면서 우리의 모든 삶에 영향을 미치는 변화들이 한시성(provisionality)과 함께 끊임없이 발전해 가는 성격을 갖고 있다는 점에 주목하도록 만든다.

현대인들은—그리스도인들을 포함하여—명확히 표현된 세계관이나 문화적 입장과 동떨어진 채, 실제로는 우리가 마치 새로운 존재 방식을 찾으러 여행을 떠나는 것처럼 오직 혼돈과 혼란에 직면해 있는 것 같다. 모더니티의 가치들과 태도들은 확실히 거부되었다(모더니티가 대변하던 많은 것이 사라진 뒤에 우리가 포스트모던을 따라 살아가는 이유도 이 때문이다).

그러나 우리는 다른 어떤 세계관이 모더니티를 확실하게 대체했다고 주장할 수 없다. 근간이 된 가치 체계에 의문을 제기하거나 거부하긴 했지만, 실상 우리는 여전히 모더니티의 산물들과 개인적인 덫에 갇혀 행복하게 살고 있다. 어쩌면 무엇을 지키고 무엇을 버려야 하는지를 구분하는 변증법적 과정은 그 자체가 일종의 세계관일 것이다. (어쨌든 현대에는) 이런 세계관에서는 여정 자체가 도착지보다 중요하다. 만일 그렇다면, 우리는 우리 교회 안에서 일어나고 있는 일들을 한 시대의 목표이자 잠재적 성장점으로 바라봐야 한다. 이 성장점에서는 신앙과 비전을 가진 이들이 교회와 인간의 새로운 존재 방식을 만들어 낼 수 있다.

그것을 싸구려 감성과 자아도취로 여겨 배척하는 사람들이 있을 수 있지만(특히 영국에서는), 개인의 정체성과 삶의 의미를 찾으려는 생각이 현재 우리 문화의 중요한 관심사 중 하나임은 분명하다. 이런 생각을 가장 두드러지게 보여 준 사건들 가운데 하나가 1997년 8월에 웨일스 왕세자비인 다이애나가 갑자기 사망했을 때 사람들의 감정이 동시에 분출된 사건이었다. 역사가들과 사회평론가들이 일어난 사건의 궁극적 중요성을 놓고 여러 가지 다양한 판단을 내리는 것은 어쩔 수 없는 일이다.

그러나 이 사건이 자신들과 자신들이 추구하는 의미를 표현하는 방법과 관련하여 영국인들에게 큰 변화를 가져왔다는 점은 의심할 여지가 없다. (어떤 이들이 생각하는 것처럼) 많은 사람 앞에서 우리의 감정을 기꺼이 드러내려는 마음이 늘어가는 것이 자기 탐닉이든 아니면—설령 그것이 불완전하다 할지라도—깊은 영성의 표현이든(나 자신은 이쪽이라고 믿지만), 이것은 교회가 무시할 수 없는 현상이다.[11] 어느 쪽이든, 점점 더 많은 사람이 새로운 방법들로 영적 질문을 제기하는 현실에 비춰 본다면, 많은 사람이 우리가 알고 있는 교회를 영적 탐구와 무관하다 여긴다는 것은 거의 틀림없는 사실이다.

나는 사람들이 교회를 '영적이지 않다'라고 여겨 떠난다는 말을 듣는다. 나는 그들과 대화할 때 그들의 이해를 바로잡으려는 시도를 거의 하지는 않았지만, 그렇다고 내가 꼭 그들의 분석에 동의하는 것은 아니다. 나는 그런 결론이 의미 있다는 것을 충분히 알 수 있다. 전반적으로 교회는 여전히 모더니티의 세계관이 내세운 전제 위에서 작동하고 있다. 우리가 물려받은 전통에는 오늘날의 세계에서도 이야기할 수 있는 것들이 많다. 그러나 만일 활력 있는 신앙 공동체가 포스트모던 시대의 사람들이 필요로 하는 것에 부응하기 위해 가져야 할 모습을 발견하는 작업에는 아직 손조차 대지 못하는 것이 우리 현실이다. 그런 필요에 부응하려면, 우리 대다

---

11 John Drane, *Changing Culture and Biblical Faith*, 78-103을 보라.

수가 깨닫거나 준비하고 있는 것보다 훨씬 더 철저하게 현재 우리의 교회 스타일을 개조하는 작업이 필요할 것이다.

2. 방법과 절차

만일 이 중 일부가 너무 급진적으로 보인다면, 우리는 그것이 다만 지난 20-30년 동안에 이루어진 신학적 성찰 및 더 근래에 나온 몇몇 유력한 사회학자의 저술에서 나타난 일부 중요한 흐름이 현실에 투영된 결과임을 유념해야 한다. 신학적 관점에서 본다면, 이런 점과 관련하여 가장 중요한 책 중의 하나가 돈 브라우닝(Don Browning)의 『실천신학의 기초』(*A Fundamental Practical Theology: Descriptive and Strategic Proposals*)이다.[12]

그런가 하면, '맥도날드화 명제'로 알려진 것을 다룬 조지 리처의 저작은 본질적으로 돈 브라우닝과 유사한 방법론을 채택하여 내가 말하고자 하는 내용 중 많은 부분을 사회학적 관점에서 뒷받침해 주고 있다.[13] 바로 이 지점이 내가 무엇을, 왜, 어떻게 쓸 것인가에 관해 내가 최초에 품었던 생각과 연관된 내용을 발견한 곳이다. 내가 교회와 현대 문화라는 주제로 쓴 이전의 모든 저서에서는 일부러 브라우닝의 모델과 같은 것을 채택했다.

그는 조직신학, 성서신학, 역사신학, 실천신학 등과 같은 구별된 학문 분야로 신학을 구분하는 전통적 방법이 해당 학문 분야의 본질을 잘못 이해하도록 만들 수 있는 방법이라고 주장한다. 이전에 수립된 일부 이론적 주장에서 비롯된 일련의 추론과 별도로, 실천신학 ― 브라우닝은 이것을

---

[12] Don Browning, *A Fundamental Practical Theology* (Minneapolis: Fortress Press, 1991).
[13] George Ritzer, *The McDonaldization of Society* (Thousand Oaks CA: Pine Forge Press, 1993, rev. edn 1996); *The McDonaldization Thesis: Explorations and Extensions* (Thousand Oaks CA: Sage Publications, 1998).

'세상을 향한 교회 사역을 비판적으로 성찰한 것'[14]이라고 정의한다—은 그 자체가 모든 신학 작업의 뿌리이다. 삶의 다른 부분을 봐도 '실천적 사고는 인간 사고의 중심이며 이론적이고 전문적인 사고는 실천적 사고에서 추출된 것들이다.'[15] 브라우닝은 이것을 그 자신의 경험에 비추어 설명하고, 철학과 사회과학에 나타난 최근의 경향들을 통해 설명한다.

신학적 담화라는 관점에서 보면, 이것은 실제로 계몽주의가 내놓았던 선형 모델(linear model)이 순환 모델(cyclical model)로 대체되는 결과에 이르게 된다. 선형 모델은 추상적, 합리적 원리들에서 출발한 뒤 이 원리로부터 실천적 결론들을 이끌어 낸다. 그러나 순환 모델은 경험에서 출발한다. 이어서 이 경험을 기독교 신학 전통이 축적해 온 지혜와 연결하는데, 이번에는 이 신학 전통이 이야기들(경험한 사건들)의 본질을 꿰뚫어 볼 수 있는 새 통찰들을 제공한다. 그러면 다시 이 통찰들이 기존 전통에 새로운 의문을 제기하는 식으로, 계속 순환이 이루어진다.

물론 이런 개념은 브라우닝이 최초로 제시한 것이 아니다. 이 개념은 이미 구스타보 구티에레즈(Gustavo Gutiérrez), 후안 세군도(Juan Segundo)와 같은 이들을 통하여 해방신학이 등장하는 데 중요한 역할을 했다.[16] 그러나 나는 근래에 브라우닝이 쓴 책을 다시 읽어 보다가 신학 주석가들이 연구 주체 및 객체와 정직하고 투명한 관계를 설정해야 한다고 그가 강조하고 있는데 충격을 받았다. 나 자신은 그 점을 늘 고려해 왔다. 오늘날의 세계에서 교회가 당면한 상황을 다룬 어떤 저술(또는 그 문제와 관련된 것이면 어떤 것이든)도 결코 중립적이지 않으며 해석자의 태도와 이해에 따라 항상 결정되기 마련임을 인식하고 있기 때문이다.

---

14 *Fundamental Practical Theology*, 35.
15 위의 책, 8.
16 Gustavo Gutiérrez, *A Theology of Liberation* (Maryknoll NY: Orbis, 1988)을 참조하라. 이에 대한 보다 광범위한 적용에 관한 논평들에 대해서는 내 책 *Faith in a Changing Culture* (London: HarperCollins, 1997), 177-185를 보라.

그러나 브라우닝은 우리 스스로 우리 자신의 선입견과 관심사들을 인식하고 이것들을 다른 사람들이 더 잘 알 수 있는 방법으로 세심하게 설명함으로써 한 걸음 더 나아가라고 우리에게 권면한다. 브라우닝 자신의 저작이 이를 보여 준 좋은 예다. 그 자신이 교회와 신학에서 경험한 것을 그가 사례 연구에 사용하는 세 교회와 연계하고 있기 때문이다. 자신의 시각을 (다른 사람들뿐만 아니라 나 자신도) 더 분명하게 이해할 수 있으려면, 바로 지금 나 자신의 출발점을 이전보다 더 상세하게 성찰해야 한다는 것이 내가 내린 결론이다. 이런 결론을 불필요한 자기선전의 일종으로 여기는 사람들도 분명 있을 것이다. 그렇게 느끼는 사람들은 이 장의 나머지 부분을 건너뛰고 다음 장으로 넘어가도 된다.

그러나 '연구자의 사회적 위치를 정직하고 분명하게 설정하는 것은 더 큰 실천신학 과제를 서술적으로 분석하는 데 지극히 중요한 요소'라는 브라우닝의 확고한 주장, 우리가 우리 스스로 결정을 내리고 '여러분의 이해관계와 사회적 위치가 여러분이 품게 된 질문들에 어떤 식으로 영향을 미쳤는가?'를 다른 사람들에게 설명할 필요가 있다는 점에 브라우닝이 관심을 보이는 점을 보면서[17] 나는 적어도 그것을 시도라도 해야만 한다는 생각을 할 수밖에 없다.

더욱이, 내가 브라우닝의 출발점에 공감하는 까닭은 그가 "우리는 대부분 경계선에 서 있다. 종교 공동체들이 우리를 유혹한다. 우리는 이 공동체들에 참여할 수도 있다. 그렇지만 동시에 우리는 이 공동체들이 과연 의미가 있는지 의심하고 있다"라고 말하기 때문이다.[18] 그의 말은 내가 말하고자 하는 바를 정확하게 묘사한다. 그의 말을 빌리자면, 이 책은 오늘날의 변화하는 문화와 관련하여 교회의 '의미'를 찾아내려는 시도다. 나는 이런 기준을 갖고 작업한다. 내가 나 자신의 짐을 짊어지는 것은 일종의

---

17 Browning, *Fundamental Practical Theology*, 22-23.
18 위의 책, 1.

영적 관음증을 조장하거나 그것을 탐닉하려 함이 아니라, 그 짐이 어떤 식으로든 다른 사람들이 붙들고 씨름할 수도 있는 질문들에 대답을 줄 수 있으리라는 소망 때문이다.

3. 개인적 관점

내 사고에서 가장 두드러진 특징 가운데 하나는 내가 낙관론자라는 것이다. 만일 뒤에 나오는 장들에 쓰인 내용들이 교회에 대해 다소 비판적이거나 경멸적인 것처럼 들린다면, 그것은 주로 글로 의사를 전달하는 데 따르는 제약과 글로는 어조와 몸짓을 전달할 수 없는데 따르는 제약들 때문이다. 사실 제2차 세계대전 직후에 태어난 나와 같은 세대 사람들(특히 남자들)에게는 교회에 남아 있기보다 떠나기가 더 쉬웠다. 내 또래 대부분은 청소년기에 교회를 포기했으며, 청소년기를 지나서도 교회에 남아 있던 대다수 사람은 30세가 되기 전에 교회를 떠났다.

내가 예수와 그의 가르침을 낙관하지 않았다면, 또 교회가 오늘날의 세계에서도 설득력 있는 영성을 보여 주는 적절한 매개체가 될 수 있으리라는 기대를 품지 않았다면, 나는 쉽게 그들을 따랐을 것이다. 나는 이곳이 하나님의 세계이므로 우리가 늘 이 세계 안에서 일하시는 하나님을 발견할 수 있음을 인정할 때 비로소 효과적인 복음 전도가 시작된다는 점을 여러 상황에서 거듭 강조해 왔다.

그 결과, 내가 보는 선교는 하나님이 이미 일하고 계시는(Missio Dei) 것을 인식하고, 그와 함께 이미 영적 의미를 찾아 나선 사람들을 확인하며, 기독교의 메시지를 진지하게 받아들이도록 그들에게 도전을 던지는 것이 되었다. 물론 그 과정에서 복음 전도자는 도전을 받고 재형성될 것을 예상할 수 있다. 이는 '회심하라는 부르심은 그렇게 부르는 사람들, 곧 복음으로 초대하는 사람들의 회개와 더불어 시작되어야 한다'라는 점을 일깨워 주고 있는 세계교회협의회 문서 "선교와 복음 전도-에큐메니칼 확언"(Mission and Evangelism-an Ecumenical Affirmation)이 간명하게 표현하는 진리다.[19]

그러므로 나는 비단 교회뿐만 아니라 세상도 낙관한다. 나는 이 책을 쓰는 동안, <스티그마타>(Stigmata)라는 영화를 본 적이 있었다.[20] 그 영화는 기술이나 이야기 전개 면에서 내가 본 영화들 가운데 최고의 영화는 아니었다. 사실, 영화 줄거리는 대부분 설득력이 없었다. 자기 의사와 상관없이 영지주의 문헌인 도마복음을 학문적으로 연구하다가 죽은 한 성직자의 영혼의 통로가 된 한 젊은 여성에게 초점을 맞추고 있기 때문이다. 그 영화 대본은 부정확한 역사로 가득했다.

그런가 하면, 영화 각본 역시 영화 주인공이 전통적인 성흔(聖痕)을 받을 때 그 육체가 고통당하는 장면을 쓸데없이 되풀이했다. 그러나 나는 그 영화에서도 이 시대의 영성이 추구하는 몇 가지 측면을 확인했다. 고통, 심령의 능력, 종교적 권위의 근원, 교회를 진리의 수호자로서 신뢰할 수 있는지와 몇 가지 다른 주제들이 바로 그것이었다.

극장을 나서면서 나는 이 모든 것이 구속 받을 수 있을지 의아해하면서 이 영화가 기독교 신앙과 교회의 관행에 던진 의문들을 곱씹어 보았다. 내가 더 놀란 것은 나와 함께 영화를 관람한 두 동료가 완전히 다른 반응을 보였다는 점이었다. 이 두 사람은 교회생활과 교회의 증거에 혁신적이고 창조적인 방법으로 접근하도록 독려하는 데 폭넓은 경험을 쌓은 이들이었다. 둘 중 한 사람은 특히 그 영화를 본 것에 정말 분노했고, 내가 확인했던 가능성을 전혀 간파하지 못했다. 실로 그는 그 영화에 관해 전혀 논의할 수 없었다. 그가 볼 때, 그 영화는 인간이 상상할 수 있는 가장 저속한

---

19 *Mission and Evangelism - an Ecumenical Affirmation* (Geneva: WCC, 1982), section 13.
20 <스티그마타>(1999)는 루퍼트 웨인라이트가 감독했고, 톰 라자러스와 릭 라마게가 시나리오를 썼으며, 프랭크 맨쿠소 주니어가 제작했다. 이 영화의 출연한 주연 배우들은 가브리엘 번, 패트리샤 아퀘트 그리고 조나단 프라이스이며 MGM/UA에서 배급을 맡았다.

형태로 죄를 표현한 것이었으며, 그 영화가 다룬 사상 자체도―구속받을 가능성이 있는가는 차치하고서라도―분명 말이 되지 않는 것이었다. 나는 도덕적 원리들에 관한 그의 주장에 대해 특별히 다른 의견을 제시하지는 않았지만, 인간의 삶이 만족스럽지 못한 상태에 있음을 그 영화가 보여 주고 있음을 알았기에, 본능적으로 구속의 가능성을 곧바로 생각하게 되었다.

그러나 그가 보인 본능적 반응은 비난이었다. 우리 둘 다 같은 영화를 보았고, 둘 다 그리스도인으로서 그 주제에 관해 유사한 세계관을 갖고 있었다. 그러나 그 영화에 대한 우리의 반응은 너무 달라서, 우리는 마치 전혀 다른 행성에서 온 것 같았다. 그것이 바로 내가 때때로 교회에 관해 느끼는 것이다. 나는 우리 주변에서 영적 탐구에 대한 관심이 확산되는 모습을 보며, 또 우리가 그런 문제를 다룰 능력이나 의지도 갖고 있지 않음을 반추해 보면서, 좌절을 느낀다.

오늘날 서구 세계에서 극명하게 나타나는 특징인 퇴보와 영적 침체가 현실임을 인정하지 않으려는 편협한 독재자들(예외도 있지만, 대개 남성들)을 보면, 나는 불쾌한 마음이 든다. 교회 지도자들조차도 이따금 나를 기만하는 것을 생각할 때, 신앙을 잃었기 때문이 아니라 단지 교회 지도자들의 무절제한 행위와 억압적 태도 때문에 교회를 떠난 사람이 아주 많음을 생각하면, 슬픈 마음이 든다. 그럴지라도 나는 이런 것들마저 구속을 받을 수 있는지, 그 결과 우리가 아직도 하나님이 원하시는 사람들이 될 수 있을지 물음을 던지게 된다.

내가 낙관적으로 바라보는 이유 가운데 하나는(비록 유일한 것은 아닐지라도) 나의 성경 사랑과 연관된다. 나는 성경을 교회생활을 위한 교과서나 청사진으로 보지 않는다. 나는 교과서나 청사진이라는 비유를 바꾸어, 성경을 여행에서 사용하는 나침반처럼 사용하고 있다고―즉, 큰 방향은 일러 주지만 상세한 노선도로 보완해야 할 것으로―생각한다. 이것이 바로 특정 성경 본문을 성찰하는 것―우리 스스로 상세한 노선도를 그려가는 과정에서 우리 자신의 독특한 상황과 기회에 맞게 나침반을 사용하는 것―

이 내가 이 책의 다음 몇 장에서 말하려고 하는 내용의 중심이 된 이유다. 이 이야기는 분명 나 자신이 성경을 처음 발견한 그때로 거슬러 올라간다. 내가 처음 성경을 발견한 것은 어떤 종교적 목적 때문이 아니라, 전혀 엉뚱한 실용적 이유—한 고등학교 종교 교사와 토론을 잘 해 보려는 이유—때문이었다.

그러려면 나는 성경과 더 친해져야 함을 깨달았다. 말하자면, 나는 지적인 토론을 준비하려고 성경을 읽기 시작한 셈이다. 나는 성경을 읽어 나가면서—특히 신약성경 복음서들을 읽는 가운데—내가 다른 세계로 들어가고 있음을 발견했다. 나는 예수를 다른 눈으로 보고, 복음서의 이야기들이 실로 내가 이해하고 있던 삶의 신비들을 다루는 데 근원이 될 수 있음을 깨달았다.[21]

나는 이렇게 본질상 실천적으로 성경에 접근하는 방식을 계속 따랐다. 특히, 내가 신학을 공부할 때 지도 교수였던 윌리엄 릴리(William Lillie) 박사는 이런 접근 방식에 힘을 실어 주었다. 그는 생애 중 많은 시간을 인도에서 보냈기에, 당대의 대다수 학자보다 역사 비평과 문학 비평적 성경 연구에 관심이 덜했다. 그의 실천적 신학 방법은 본질상 이론에서 실천으로 나아간다. 그보다 뒤에 등장한 브라우닝 같은 학자들은 이런 모델에 동의하지 않을 것이다.[22]

그러나 그 방법은 나를 편협하게 성경 본문에만 메달리는 접근 방식에서 벗어나게 해 주었다. 덕분에, 나는 박사 과정에서 본문 주해와 더 광범위한 개념적 주제를 놓고 선택해야 했을 때, 사실 전혀 갈등하지 않았다.

---

21 나 자신의 영적 여정을 형성하는 데 영향을 준 요소들에 관한 추가적 내용에 관해서는 내 책 *Tune in to the Bible* (London: Scripture Union, 1989), 11-20과 내 소논문 "To see the world as God sees it: through the Cross", in Ruth Harvey (ed.), *Wrestling and Resting: Exploring Stories of Spirituality from Britain and Ireland* (London: CTBI, 1999), 10-12를 보라.
22 W. Lillie, *Studies in New Testament Ethics* (Edinburgh: Oliver & Boyd, 1961)와 *The Law of Christ* (Edinburgh: Saint Andrew Press, 1966, 2nd edn)에 가장 명확하게 요약되었다.

내가 박사 학위 논문 주제를 영지주의로 선택한 것은 당시(1970년대)에 어쩌면 내가 깨달았을 수도 있었던 것보다 더 뜻밖의 일이었다. 왜냐하면, 바로 다음 몇 년 안에 그 주제가 뉴에이지로 알려지게 된 영적 탐구에서 가장 뜨거운 주제 가운데 하나가 되었기 때문이다.

또한, 애를 쓰지도 않았는데도, 영적인 것을 지향하는 그룹들이 나를 초대하여 오랫동안 잊힌 이 길들의 비밀과 영지주의의 신비스러운 본문들을 풀 수 있게 도와 달라고 요청했다. 당시 영지주의 계열의 이 신비스러운 본문들은 나그함마디(Nag Hammadi) 문서가 광범위하게 출간되면서 막 세간의 이목을 끌고 있던 참이었다.[23]

이것은 내가 오늘날의 대안 영성을 아주 진지하게 받아들이는 이유를 설명하는 데에도 분명 도움을 준다. 멀리서 뉴에이지를 접해 본 많은 그리스도인과(뉴에이지에 관해 다른 그리스도인들이 쓴 책들을 주로 읽어 본 사람들) 달리, 내게는 이 뉴에이지가 멀리 있는 것이 아니어서, 쉽게 마귀로 만들어 버릴 수도, 그렇다고 쉽게 우스갯거리로 만들어 버릴 수도 없는 것이다. 나는 이전에 별난 사상으로 치부되었을 사상에 이제는 매혹당한 사람들이 대부분 한두 세대 전에는 지역 교회의 기둥이었을 것이라는 점을 알고 있다. 그것이 사실은 오늘날 교회가 쇠락한 핵심 이유 가운데 하나다. 서구 교회는 모든 사회적 스펙트럼으로부터 똑같은 수의 사람들을 끌어당길 수 없었다.

그러나 오늘날, 사회학이나 문화의 관점에서 볼 때, 우리는 20세기 중반까지도 교회의 중추였던 사람들을 매혹하지 못한다. 우리는 다음 장에서 이 그룹과 그들이 계속하고 있는 영적 탐구로 돌아갈 필요가 있을 것이다. 나는 거기서 그들을 '영적 탐구자들'로 부를 것이다. 그들에게 다가갈 수 있는 우리의 능력—또는 다가가지 못하는 우리의 무능력—은 서구 교회의 미래가 어떻게 되던, 교회의 미래에 중요한 역할을 하게 될 것이다.

---

23 J. M. Robinson (ed.), *The Nag Hammadi Library in English* (New York: Harper & Row, 1977; rev. edn San Francisco: HarperCollins, 1988).

내가 서구 교회의 또 다른 모순으로 이해하는 것은 교회가 학문의 전당에 환멸을 느끼고 있다는 점이다. 이 말은 대학 자체에 환멸을 느낀다는 의미가 아니라(결국 나 자신도 대학에 속한 사람이지만), 오직 학문만이 세상의 모든 문제를 해결할 수 있으리라는 완고한 자만에 환멸을 느낀다는 말이다. 근래 몇 년 동안―종교학을 포함하여―특히 인문학 분야를 휩쓸었던 지독한 오만은 정말 놀라운 것이었다.

오늘날의 학자들에게는 서로 상대를 심판하고 이전의 모든 세대를 심판하는 일이 일상사가 되었다. 몇몇 학문 분야에서는 적어도 입에 발린 말이나마 모든 시대 모든 장소에 존재했던 세계관을 해체하지 않고서는, 대학에서 자리를 얻기 힘들 것이다. 만일 우리 조상들이 실제로 맹목적이었다거나 맹목적이었을 수도 있다고 전제한 뒤 과거의 통찰들을 밑동부터 무너뜨릴 수 없다면, 도통 말할 거리가 없다고 생각하는 것이 이 시대의 유행이요 추세가 되었다.

오늘날 우리 조상들은 기껏해야 진부한 순응주의자들이 아니면 최악의 경우에는 그들 자신의 이념적(경제적 이념이 아니라 할지라도) 세력 기반을 건설하고 공고히 하고자 '진리'의 본질을 재정의 하려고 했던 공교한 권력 브로커들로 치부되어 배척되곤 한다. 학자들의 타고난 어리석음과 집단 본능 때문에 이런 생각은 마땅히 받아야 할 것보다 더 큰 신뢰를 얻었다. 오늘날 정말로 벌거벗은 임금님이 있다면, 이런 사이비 지적 추구도 벌거벗은 임금님이라는 칭호를 얻을 것이다. 이런 점 때문에 이슬람 작가인 지아우딘 사르다르(Ziauddin Sardar)는 '의미 있는 관계를 지닌 의미 있는 세계는 오직 의미 있는 내용과 의미 있는 세계관 위에 그 기초를 둘 수 있다'라고 우리에게 되새겨 준다. 비극적인 일이지만, 그는 이 시대 서구 학계는 그가 말한 모든 것을 전혀 갖고 있지 않음을 발견했다.[24]

---

[24] Ziauddin Sardar, *Postmodernism and the Other* (New York: Pluto Press, 1998), 43.

세계 인구 대다수에게는 이런 생각이 상식이지만, 시대의 최첨단을 걷는 종교학자들에겐 이런 개념이 저주다. 이런 학자들은 이런 말을 '고백적'이라는 이유로 어쨌든 의심스럽거나 잘못되었다고 생각할 것이다. '고백적인' 것을 '객관적인' 것의 반대편에 두는 주장에는 명백한 논리적 오류가 존재한다. '고백적'이라는 말을 세계관을 갖고 있다는 의미로 이해할 경우, '고백적'이지 않은 사람은 아무도 없기 때문이다. 무신론 자체도 '고백적' 자세를 취한다. 학문적 이해는 아무런 생각도 없는 머리와 세계관을 갖지 말 것과 판단을 내릴 경우에는 늘 세계관에서 벗어날 것을 요구한다는 생각은 모순된 원리요 실천할 수 없는 것이다. 사실, 이런 주장은 지금까지 존재해 온 자유주의적 합의에 동의하지 않는 사람들을 침묵하게 하려는 서투른 노력이다. 자유주의는 자신에겐 너그러우면서도 다른 사람들—특히 유대교 신자, 이슬람교 신자 그리고 정통 그리스도인들과 같이 궁극적 진리를 찾는 사람들—에겐 관용을 베풀지 않는다. 더욱이, 세계관으로서 자유주의는 인간의 삶의 질을 개선시킬 것 같지 않다.

이렇게 공허한 '비고백적' 림보(limbo)에서, 모든 이가 어느 것도 믿지 않는 세상에서 살기를 원하는 사람이 있을까?

나는 사르다르의 책을 우연히 만나기 오래전부터 서구의 백인 중 일부만이 가장 잘 알고 다른 모든 사람은 어리석거나 어리석었다고 말하는 것처럼 보이는 견해를 심히 불편하게 느꼈다. 그의 분석은, 과거의 어둠과 억압으로 풍자되는 것들로부터 세상 사람들을 해방시킨다는 주장을 하는 학자들이 실질적으로 새로운 압제자들이라는 것을 보여 주었다. 그들은 그런 생각에서 권력 다툼을 고백적 자세와 너무 쉽게 동일시한다. 왜냐하면, 그들이 바로 이런 권력 다툼에 몰두하고 있기 때문이다.

> 새로운 해방 이론, 특히 비서구 문화들이라는 타자의 관점과는 동떨어진 탈근대주의는 식민주의와 근대성이라는 파도의 물마루를 타는 새로운 지

배의 물결일 뿐이다.²⁵

현대 학계의 이런 측면에 대한 나의 불만족은 아마도 십중팔구 우리가 역사적으로 합리적 개인주의를 강조해 온 데 따른 필연적 결과이기 때문이다. 그것은 데카르트가 주장한 '나는 생각한다. 고로 나는 존재한다'²⁶라는 명제의 결정체. 사람들은 이 명제를 '각 개인이 무엇이 진리인가'를 결정하는 권위자가 되어 '무엇이 내게 이익과 이득이 될 것인가'를 기준으로 자기 나름의 '진리'를 규정해야 한다는 의미로 해석하고 적용한다.

이 과정에서 진리 그 자체는 파편이 되어 의미 없는 개념이 되고 만다. 물론 우리는 그리스도인들이, 많든 적든, 이 모든 과정에서 자기 나름대로 그 몫을 했다는 사실을 부인할 수 없다. 린다 우드헤드(Linda Woodhead)는 이런 불평을 토로하며 많은 이를 옹호한다.

> 학문적 신학은 신학이—또 기독교 자체가—순수하게 추상적인 지적 추구라는 견해를 너무 오랫동안 조장해 왔다. 그리하여, 예를 들면, 교부학 수업은 교부들을 추상적 지성으로 다루며, 종교철학 수업은 기독교를 정황과 상관없는 전제의 총체로 제시한다. 또 사회적, 정치적, 경제적, 문화적 요인들의 복합체가 아니라, 아우구스티누스나 아퀴나스나 둔스 스코투스나 데카르트가 저지른 지적 실수들에서 근대성이 비롯되었다고 보는 신학자들이 많다. 이와 유사하게, 이런 신학자들이 섬겨야 할 현대 교회의 구체적 정황은 거의 또는 아예 언급하지 않은 채 로마서 주석을 쓰는 경우들도 있다.

---

25 위의 책, 13.
26 R. Descartes, 'Discourse on the Method', part 4, section 32, in J. Cottingham, R. Stoothoff, D. Murdoch (eds.), *Philosophical Writings of Descartes* (Cambridge: Cambridge University Press, 1985), vol. 1, 127.

그녀는 계속하여 우리에게 지금 필요한 것은 '기독교의 실상을 더 완전하고 구체적으로 인식하는 것'이라고 주장한다.[27]

4. 급진적 영성

'구체적 실상'이 포함할 수도 있는 것은 내가 여기서 포함하고픈 나 자신의 그림 맞추기 퍼즐의 마지막 조각이다. 여러 면에서 그것은 나에게 모든 조각 중 가장 중요한 조각이었다.

이 '구체적 실상'은 우리를 지각 저편으로 인도하기 때문에, 이 실상을 단순히 몇 개 단어로 묘사한다는 것은 역시 지극히 어려운 일이다. 나는 어른이 된 지 얼마 지나지 않아 특히 엄혹하고도 억압적인 고통의 실상에 부닥쳤다. 그것은 아기였던 내 딸의 죽음이었다. 내 아내와 나는 끊임없이 반복되는 모든 고통을 이겨 내고자 오랜 시간 동안(내 경우에는 여러 해 동안) 애썼다. 우리 둘은 결국 아주 다양한 치료법을 발견했다. 그것들은 분명 우리 삶의 특정 시기에 우리가 띠었던 경향들과 관련되어 있었다. 내가 스코틀랜드교회협의회(에큐메니칼) 선교위원회 의장으로 지명되었을 때, 나는 새로운 삶을 발견한 데 놀랐다. 나는 전에 쓴 책에서 이 이야기를 약간 언급했기 때문에 여기서 다시 반복하지 않겠다.[28]

물론, 그 경험은 오래전 일이나 내가 교회에 관해 계속 낙관론을 피력하고, 우리가 비록 연약하나 하나님의 더 큰 목적 속에서 여전히 중요한 역할을 할 수 있다는 믿음을 피력하는 데 영향을 미쳤다. 그러나 더 오랜 기간에 걸쳐 나에게 더욱 큰 영향을 마쳤던 한 가지는 내 아내가 그 비극을 극복한 방법이었다. 그 이유는 그녀가—모든 직업 가운데서—광대가 되

---

[27] Linda Woodhead, "Christianity according to its Interpreters" in *Reviews in Religion and Theology* 1997/4, 11-12.
[28] *Faith in a Changing Culture*, 63-64.

려고 본업인 의학 관련 전문직을 포기했기 때문이다. 그것도 여느 광대가 아니라 기독교 사역과 신학 교육이라는 정황 속에서 일하는(활동하는) 광대였다. 그녀는 자신의 이야기 중 일부를 다른 곳에서 나누었지만,[29] 그녀가 발견한 것의 영향은 자신의 삶에 제한되지 않았다. 이것 때문에 내 모든 세계관, 아니 내 인생이 완전히 바뀌었다 해도 결코 과장이 아니다. 나는 돈 브라우닝이 아프리카계 미국 오순절교회를 처음 경험했을 때 던졌던 것과 똑같은 질문—"상당히 존경받는 학자인 제가 그 대화에 기여할 게 있을까요?"[30]—을 던졌다.

나는 곧 사람들이 내가 기여자가 되리라는 생각을 아예 하고 있지 않음을 깨달았다. 사실, 나는 내가 분명한 대답을 갖고 있지 않았던 많은 질문을 올리브가 아주 쉽게 처리하는 것을 보며 당황했다. 영적인 것에 관심은 있으나 교회에 나오지 않는 사람들은 우리 주변에서 점점 늘어만 간다. 내가 할 수 있는 일은 (내가 아는 교회의 모든 남성 지도자도 마찬가지지만) 우리가 어떤 방법으로 이들에게 신앙을 전할 수 있을지 궁리하는 정도다.

그러나 내 아내가 했던 광대 역할은 그 방도를—그리고 그 일을 원만히 해 나갈 방도도—정확하게 알고 있는 것 같았다. 나는 1990년대 초에 내 아내와 전 세계를 여행했다. 그때, 나는 연령과 인종과 계층을 불문하고 모든 사람이 아내의 메시지에 아주 따뜻한 반응을 보이는 것을 보았다. 그곳이 일반 교회이든 종교와 상관없는 장소이든, 반응이 똑같았다. 나는 내 아내가 성취할 수 있었던 것과 내가 과거 여러 해 동안 아주 정성 들여 준비하고 선포했던 설교들에 청중들이 보인 반응—두 반응은 대개 상반되었다—을 비교할 수밖에 없었다. 그 현상을 묘사할 수 있는 전문 용어가 내겐 없었지만, 내 아내가 교회가 보통 접근할 수 있는 곳보다 더 깊은 곳까지 사람들의 삶을 속속들이 어루만져 주고 있었다는 점은 부인할 수 없었다.

---

[29] Janet Litherland, *Everything New and Who's Who in Clown Ministry* (Colorado Springs: Meriwether Press, 1993), 57-59, 81-82, 132-133, 258-259를 참조하라.

[30] *Fundamental Practical Theology*, 30.

더욱이, 그중 많은 경우는 말 한마디 없이 이루어지고 있었다. 아내가 늘 무언극이라는 방법을 활용했기 때문이다. 처음부터 나는 그녀가 예배와 복음 전도를 위해 전략적으로 중요한 도구뿐 아니라 신학의 본질 자체를 꿰뚫어 볼 수 있는 중요한 통찰들을 간파했다는 점을 본능으로 간파했다. 그것이 정확히 무엇을 의미하는가를 내가 인식하는 데에는 조금 더 시간이 걸렸다.

그러나 올리브가 바로 그 시간이 자기 청중들을 권면하여 자기와 함께 십자가를 그려 보게 함으로써 그 청중들이, 올리브의 말처럼, '하나님이 세상을 보시는 방법으로-십자가를 통하여' 세상을 볼 수 있게 할 적기라고 판단한 순간, 내 이해의 폭도 넓어지기 시작했다. 그녀가 이 일을 시작한 곳은 호주의 시드니였다. 10대 한 쌍(남녀)이 내게 다가와 자신들의 손에 십자가를 그리게 했다. 그것은 '그리스도인인 우리가 서로 접촉할 수 있는 적절한 방법이었다.'

나는 그 뒤 12개월 동안 올리브와 더불어 말 그대로 수천 명의 사람에게 십자가를 그려 주면서, 그런 요청들이 일상적인 것임을 깨달았다. 아울러 나는 어떤 이유에서건, 보통 교회들이 오늘날의 삶의 정황 속에서 사람들이 자신에게 가장 의미 있는 방법으로 헌신할 수 있는 공간을 분명 제공하지 않는다는 점을 깨달았다. 그러나 내가 안 한 가지 사실은 많은 사람이 영성을 추구할 방법을 찾고 있는 것처럼 보인다는 점이었다. 그 영성은 촉각에 호소하고, 관능적이고, 시각에 호소하며, 구체적일 뿐만 아니라, 공동체에 기초를 둔 것이었다.

무엇보다 이런 경험(올리브가 어디서나 계속하여 똑같은 방식으로 사람들을 복음으로 초대한 일)은 지금 우리가 필요로 하는 교회가 어떤 교회인지 정확하게 분별하려는 노력 가운데 나를 지속적으로 복음의 핵심 가치로 돌아가게 했다. 내가 서술한 내용과 오늘날의 교회에서 아주 전형적으로 만나는 스타일, 특히 내가 가장 잘 아는 개신교 전통에서 접하는 스타일 사이에 이보다 더 큰 차이점은 없을 것이다. 바로 이것이 교회에 가능한 미래상을 더 깊이 성찰한 결과를 조명하고 알려 주는 자원들을 찾아낼 수 있도록 나를 성경으로 돌아가게 만든 것이었다. 그런 자원들을 찾아내야, 우리가 지적 합리성이 넘치는 담화보다 창조성을 추구하는 것을 더 편하게 느끼는 사람들의 영적 여정에 더 호소력 있게 참여할 수 있기 때문이다.

따라서 이것들은 내가 이 시점에서 그것들을 이해하고 설명할 수 있다는 점에서 나 자신의 사전 서약이다. 나는 앞에서 '객관적'이고 가치 중립적인 분석이 가능하다는 견해에 비판적 입장을 취했다. 이와 궤를 같이하면서, 나는 어떤 장애나 제약과 상관없이 나 자신의 출발점을 이런 식으로 천명하는 것이 내가 말하고자 하는 것을 실제로 어느 정도는 내다 볼 수 있게 해 준다고 주장하고 싶다. 그것은 적어도 편견 없는 관찰자가 가능하거나 될 만한 가치가 있다는 가공(架空) 개념 너머로 나아갈 방법을 제공한다.

그런가 하면, 아무리 못해도 그것 덕분에 우리는 더 적절한 비판을 구사하는 신학 형태에 참여할 수 있을 것이다. 그것은 더 투명하고 접근이 더 쉬우며 궁극적으로 더 정직하기 때문이다. 우리의 모든 인지적 과정과 도덕적이고 감정적인 삶의 형태들은 물려받은 이야기들 때문에 깊이 형성되며, 우리가 어디에서 왔으며 어떻게 이런 이야기들이 우리의 삶에 영향을 주었는가를 아는 것은 어떤 진지한 성찰에서도 근본적인 출발점이 된다. 이 책을 쓰는 동안, 나는 풀러신학교 채플에서 한 케냐 설교자의 말씀을 들었다. 그는 '나는 생각한다, 고로 나는 존재한다'라는 데카르트의 명제와 '나는 존재한다. 왜냐하면, 우리는 서로 속해 있기 때문이다'라고 말하길 선호하는 자기 고유 문화의 지혜를 알기 쉽게 비교했다. 물론 우리는 우리 자신을 우리가 물려받은 이야기 테두리 내에 가두거나 그 테두리로 제약을 가하지는 않는다. 진정 그리스도인들에게는 결코 그런 일이 일어나서는 안 된다. 더 커다란 예수의 이야기가 늘 우리에게 새로운 지평과 신선한 가능성을 던져야 하기 때문이다. 브라우닝이 우리에게 되새겨 주

듯이, '실천신학은 항상 그것이 이루어지는 시각을 반영한다.'[31]

실천신학이 이런 식으로 이루어지기에, 이 신학은 신학이 무엇이어야 하는가에 관해 외부에서 부과된 어떤 묘책을 보여 주지 않고, 예수 그리스도의 성육신에서 나타난 기독교 계시의 본질에서 직접 발생한다.

스코틀랜드 북부 오크니 제도 출신 시인인 에드윈 뮤어(Edwin Muir)가 쓴 시 <성육신한 분>(The Incarnate One)에서 지나치게 냉소적이었을 수도 있다. 또 그가 오로지 스코틀랜드의 칼뱅주의자들만을 꼬집어 살아 있고 실천적인 성육신 신앙에서 벗어난 사람들이라고 비난한 것은 결코 정당하다고 볼 수 없다. '여기서 말씀이 육신이 되었다는 것은 다시 말씀이 되었고' 우리는 하나님이 축소되는 것을 허용했다는 그의 관찰에는 대단한 진리가 담겨 있다.

> 그러나 '육신이 된 말씀(The Word)이 이제 여기서는 낱말(word)이 되었고' 우리는 하나님을 '책 안에 갇힌 분노한 세 글자와 논리적 갈고리로 만들어 성육신의 신비를 거기에 꼼짝 못 하도록 걸어 놓고 일개 이념 논쟁거리로 전락시켜 버렸다'라는 그의 관찰에는 상당한 진리가 담겨 있다.

돈 브라우닝은 산문으로—산문이어도 역시 상당한 도전을 던진다—'주류 교파들을 지배하는 신학들과 신자들의 마음 사이에는 먼 거리가 존재한다'라고 쓰고 있다. 이런 교회들은 대부분 쇠락하고 있다. 그들의 신학이 쇠락하고 있다는 증거가 있다.[32]

오늘날의 문화에서 어떻게든 교회가 의미를 주고자 한다면, 그 질문이야말로 어쩌면 우리가 끊임없이 되풀이하여 돌아가야 할 질문일 것이다.

---

31 위의 책, 250.
32 위의 책, 171. 자신들의 쇠퇴와 사망에 대해 비난하는 신학을 갖고 있는 주류 교단들의 생각에 관한 추가 자료들은 J. Edward Carothers, *The Paralysis of Mainstream Protestant Leadership* (Nashville: Abingdon Press, 1990)을 보라.

제2장

합리적 구조와 인간의 가치

오늘날 서구 문화가 위기에 이르게 된 철학적, 사회적 과정들은 다른 곳에 잘 기록되어 있기에, 다른 사람들이 더 유려하게 표현해 놓은 것들을 여기서 상세하게 반복할 필요는 없다.[1] 물론 일부 전문 용어를 포함하여 (우리가 말하는 '탈근대성'의 의미뿐만 아니라 '계몽'이라는 개념 역시 모호한 것이어서 다양하게 이해될 가능성을 갖고 있다) 우리가 이해한 내용 중에는 여전히 더 분명하게 설명되어야 할 측면들이 많이 있다.

그러나 지난 500여 년에 걸친 서구의 영향력 확산이 오늘날 세계가 이룬 발전에 깊은 영향을 미쳤지만, 인류는 그 영향이 늘 긍정적이지는 않았음을 경험했다. 여기까지 이르게 된 이념의 흐름들보다 인간의 경험에 초점을 맞추고 싶다. 교회의 봉사 중에는 철학적 성찰이 정당하게 자지할 자리가 있기는 하지만, 오로지 그런 성찰에만 초점을 맞추는 기독교 변증은 결국 부적절할 것이다.

예수님이 몸소 보여 준 본을 따를 때, 무엇보다도 교회는 늘 사람에 관심을 기울여야 한다. 효과적인 선교는 인지적 논의로 제한될 수 없으며, 사람들로 하여금 그들의 영혼을 발견할 수 있게 하고, 하나님의 형상으로

---

[1] 예를 들어, Hans Bertens, *The Idea of the Postmodern* (New York: Routhledge, 1995); David Harvey, *The Condition of Postmodernity* (Oxford: Blackwell, 1989); David Lyon, *Postmodernity* (Bukingham: Open University Press, 1994)를 보라.

창조된(창 1:27-28) 존재로서 하나님이 의도하신 존재가 되도록 그들에게 힘을 불어넣을 수 있어야 한다. 교회가 복음이 지닌 이런 인간적 차원들을 무시하면, 교회 자신의 영적 능력은 감소하며 보다 넓은 문화에 뭔가를 말할 수 있는 교회의 능력은 심각한 손상을 입는다.

1. 장면 설정

물론, 현대 세계의 자양분이 된 철학 사상들은 상당히 오랫동안 발전해 왔다. 그러나 일상생활 방식에 중대한 변화를 일으키고 우리를 현대 세계로 인도한 것은 산업 혁명의 시작이었다.[2] 우리는 여전히 노동 패턴의 급진적 전환이 불러온 모든 결과를 이해하지 못한다. 그러나 이런 변화가 오늘날 점점 더 많은 사람이 느끼고 있는 상당한 소외감의 근원 중 하나임은 부인할 수 없겠다. 물론, 요즈음에는 컴퓨터 기술이 등장하면서 우리 문화는 대중 산업이 되었고, 이는 많은 긍정적 혜택을 베풀어 주었다.

큰 틀로 보면, 이런 혜택들이 불이익보다 더 클 수 있다. 지금 우리는 이전 세대들보다 더욱더 많은 사람을 먹여 살릴 수 있다. 농업에 기술을 응용한 결과, 우리 조상들이 상상조차 할 수 없었던 생산성을 이룩했기 때문이다. 교통과 이동성은 최근 몇십 년 동안에 혁명적으로 발전되었으며, 이전에는 가장 부유하거나 가장 모험적인 사람들만 갈 수 있던 지역도 지금은 쉽게 여행할 수 있게 되었다. 컴퓨터 혁명 덕분에 우리는 지금 과거 어느 세대보다 더 다양한 지식과 정보에 접근할 수 있게 되었다. 단추 하나

---

[2] 이것이 생활 방식들에 영향을 미친 요인들에 관한 연구에 대해서는 Hugh Cummiggham, *Leisure in the Industrial Revolution* (Londin: Croom Helm, 1980); Philip A. M. Taylor (ed.), *The Industrial Revolution in Britain: Triumph or Disaster?* (Lexington MA: Heath, 1970); Stella Davies, *Living through the Industrial Revolution* (London: Routledge, 1966); E. R. Pike, *Human Documents of the Industrial Revolution in Britain* (London: Allen & Unwin, 1966)을 참조하라.

만 눌러도 세상의 일상사들을 처리할 수 있다. 그러나 이 모든 것과 더불어, 특히 20세기의 마지막 몇십 년 동안에 삶의 의미와 인간의 가치를 묻는 또 다른 질문들이 더욱더 줄기차게 제기되고 있다.

내가 방금 열거한 기술의 혜택들도 어두운 면을 갖고 있다. 우리가 농업 생산량을 늘릴 수 있었던 것은 땅 자체가 지닌 근본적 안정성과 장기간 유지되어 온 생태학적 균형을 위험에 빠뜨린 결과일 뿐이라고 주장하는 이들이 많다. 신속한 운송 시스템들은 새로운 수준의 오염을 일으킴으로써 우리가 숨 쉬는 대기로부터 톡톡히 그 값을 치르고 있다. 심지어 컴퓨터도 복이자 저주이다.

그것은 우리가 다룰 줄 아는 것보다 더 많은 정보를 갖고 있기 때문이고 늘어가는 지식은 꼭 더 큰 행복과 만족을 주기보다 이전보다 훨씬 더 많은 일을 해야 할 압력만 더 가하고 있기 때문이다. 산업화한 경제 발전의 불가결한 결과인 생산 과정의 이동성 또한, 인간적 차원에서 또 다른 문제들을 낳고 있다. 기업들은 임금을 낮춰 보려고 한 나라에서 다른 나라로 옮겨 가고 있다. 이에 따라 우리는 복잡다단한 윤리적 문제에 부닥치고 있다.

이 문제들은 임금이 낮아도 열심히 일할 수밖에 없는 개발 도상국 노동자들을 명백히 착취하고 있는 현실과 관련되어 있다. 아울러 이 문제들은 전통적인 산업 중심지인 유럽과 북미에 사는 사람들의 운명과 관련되어 있기도 하다. 이 사람들은 삶과 생계에 관한 그들의 기대를 철저히 뒤집어 놓는 현실에 대비하지 않으면, 실직 상태로 어떤 직장도 구할 가망이 없이 중년을 보내야 하는 처지에 있다.

현실을 보면, 상당수 사람은 직장이 없는 반면, 이런 시스템에서도 여전히 일자리를 찾을 수 있는 사람들은 자신들이 과도한 일에 시달리고 있다고 느낀다. 우리는 더욱더 이런 현실을 다루어야 한다. 이 두 집단은 점점 더 우리가 만든 사회에 만족하지 못하고 있다. 한쪽에는 직장인으로서 성공하라는 압력이 지배하는 세계가 있고 다른 한쪽에는 소비자주의의 줄기찬 요구들이 있다. 지속되는 이런 생활 방식은 점점 더 매력을 잃어가고 있다.

이 모든 것이 정확하지는 않을지라도 조금이나마 엄밀하게 표현해 본다면, 이 모든 것이 종합된 결과, 우리는 생산 및 산출과 관련된 기계적 용어로 상대방의 가치를 측정하게 되었다고 말할 수 있다. 이런 현상이 우리 자신이 느끼는 자아의 가치와 개인의 정체성에 미친 영향을 인식하려면, 다만 파티나 연회에 가서 사람들이 자신을 소개하는 전형적 방식을 들어 보면 된다. 오늘날에는 자신이 다니는 유급 직장(또는 무급 직장)을 언급하지 않으면, 자신을 소개할 방법이 없는 사람들이 많다. 나는 새로운 사람들을 알고자 할 때, '당신을 소개해 주십시오'라고 요청하는 경우가 자주 있다.

그런데 내가 그들에게서 발견하는 것은 열에 아홉 그들이 하는 일뿐이다. 그들의 가족, 내적인 삶, 개인적 희망들 그리고 열망―우리가 사람의 의미를 규정하는 데 도움을 주리라고 상상할 수 있는 삶의 모든 측면―은 전혀 특징처럼 보이지 않는다. 이와 달리, 최근에 나는 영국으로 공부하러 온 한 인도 부부를 만났다. 그 부부는 지적이고 좋은 교육을 받았으며, 인도에서 좋은 직장을 갖고 있었다. 그들은 실생활에 부족함이 없었기에 자신들을 잘 소개해 줄 수 있을 것 같았다.

그러나 '자신에 대해서 말씀해 주십시오'라는 질문에, 그들은 자신들의 관계(그들은 부부였다)를 먼저 이야기했고, 그들 가족 하나하나 그리고 그들의 친구 몇 사람까지 언급했다. 또한, 그들은 자신들이 인도 국민의 삶에 어떤 기여를 하고 싶은지도 말했다. 대다수 내 독자에게는 이 중 어떤 것도 놀랍지 않을 것이다. 지난 200년 동안 서구 문화의 발전 방식이 낳은 결과들 가운데 하나는 일상생활이 이제는 더 이상 관계라는 정황 속에서 이루어지지 않는다는 것이다.

그러나 관계라는 정황 속에서 일상생활이 이루어진 것은 역사가 시작된 뒤로 계속된 것이며, 비서구 문화권에서는 아직도 대부분 이런 모습을 보여 주고 있다. 우리는 그것을 당연히 '정상'이라고 간주해 왔다. 그러나 더 넓게 보면, 우리의 존재 방식은 정상이 아니다. 역사를 모두 살펴봐도 기계적이고 개인주의적인 우리 인생관이 온전히 완성된 인간에 이르는 길이라고 생각했던 사람들은 우리뿐이다. 산업 혁명 이후, 인간의 삶은 특히 공장과 기계 중심이 되었다.

인간 존재의 참 목적은 산업과 상업 생산물을 기준으로 다시 정의되었다. 이런 정의를 쉽게 한 것은 우리의 몸과 정신 역시 기계라는 데카르트의 생각이었다. 이런 관념은 아이작 뉴턴 같은 사람들이 신봉한 우주론의 지지를 받았다. 이런 우주론 덕분에 우리는 온 우주가 단지 가장 크고 가장 효율이 좋은 기계일 뿐이라고 생각하게 되었다. 기계는 우리가 모두 원하는 진정한 창조적 생산자가 되었다. 많은 사람에게 일상사는 말 그대로 기계의 톱니바퀴에 불과했다. 18세기 프랑스 철학자인 쥘리앙 드 라 메트리(Julien de la Mettrie)는 이와 같은 상태를 현재 우리가 편안하게 느끼는 것보다 더 정확하게 표현했다.

> 그렇다면, 이제는 담대하게 인간은 기계이며 온 우주는 단지 서로 다른 것들로 변형될 수밖에 없는 한 가지 물질로 이루어져 있다고 결론짓자.[3]

경영 이론가들은 인간이 이 모든 것을 합친 가치를 갖고 있음을 오래전에 알았지만, 그것을 어떤 유효한 방식으로 제시하는 일은 여전히 믿을 수 없을 정도로 어렵다는 사실이 증명되고 있다. 경영 시스템 이론들을 채택하고 작업장을 유기적으로 조직하는 경우처럼, 명백해 보이는 해결책들도 기존 형태의 소외를 다른 형태의 소외로 대체하는 또 하나의 죄수복(비록 이전과 다르기는 해도)임이 금방 드러난다.[4]

---

3   Aram Vartanian (ed.), *La Mettrie's L'Homme Machine* (Princeton NJ: Princeton University Press, 1960), 197. René Descartes, *A Discourse on Method* V, translated by John Veitch (London: J. M. Dent, 1912), 43-45를 참조하라.
4   인간, 특히 영적 가치들과의 연관성에서 경영 시스템의 함의에 관한 논의는 Russell Ackoff, *Creating the corporate Future* (New York: John Wiley & Sons, 1981)를 보라. 이에 관한 독특한 신학적 관점에 대해서는 M. Fox, *The Reinvention of Work* (New York: Harper SanFrancisco, 1994)을 보라.

한편 점점 더 많은 사람은 삶 전체가 사소한 것을 다루는 데 허비되고 있는 것처럼 느끼며, 그들이 빠져들었다고 느끼는 비참과 불만족의 소용돌이에서 탈출할 수 있을지 의아해 하고 있다. 우리 서구인들은 우리 선조들이 상상할 수 있었던 것보다 더 많은 소유와 노동력 절감 장치들을 갖고 있다. 그런데도, 우리는 영혼을 잃어버린 것처럼 보인다. 사람들은 우리 자신의 정체성이 그릇되고 천박해진 채, 순간을 초월하는 의미도 깨닫지 못하는 존재가 되어 버렸다는 점을 불만스러워한다.[5]

새로운 세기의 도래조차도—우리의 경우에는 새 천년!—기대감과 희망을 만들어 내지 못했다. 사람들은 20세기가 번영과 갱신의 시대가 될 것이라는 소망을 피력했었다. 물론 이후에 계속하여 일어난 사건들은 이 소망이 옳지 않은 낙관론임을 증명했다. 21세기가 시작됐을 때 순진한 낙관론보다 둔한 체념 같은 분위기가 존재했던 이유도 이런 점 때문일 것이다.

인간의 비참함은 새로운 것이 아니다. 이전 세기에 살았던 우리의 선조들은 전쟁과 질병처럼, 외부 세력이 그들의 삶에 미친 영향을 통해 이런 비참함을 수없이 경험했다. 그들은 더 큰 세계관이나 거대 담론을 근거로 재확신과 이해를 찾을 수 있었다. 이런 세계관과 담론 덕분에 그들은 만물이 지닌 더 큰 의미를 인식할 수 있었고, 우주라는 정황 속에서 자기 삶의 더 큰 의미를 인식할 수 있었다. 오늘날에는 이런 일이 더 어려워졌다. 최근 서구 문화에 영감을 주었던 웅대한 비전이 폐기되었을 뿐 아니라, 우리도 어떻게 새로운 비전을 구상해야 하는가를 파악하는 데 어려움을 갖고 있다.

많은 평론가는 거대 담론의 시대가 끝났다고 추정한다. 그러나 나는 다음 장에서 그런 주장에 의문을 제기하고, 전통적인 서구의 분석적 담론을 벗어나 생각할 준비를 하는 사람들이라면 우리 대다수가 사실은 새로운

---

5 입증이 필요하다면 이에 대한 사례들로 다음의 소설들을 살펴보라. Douglas Coupland, *Generation X* (New York: St Martin's Press, 1991); *Shampoo Planet* (New York: Pocket Books, 1992); *Life after God* (New York: Simon & Schuster, 1994); *Microserfs* (New York: HarperCollins 1995); *Polaroids from the Dead* (New York: HarperCollins 1996).

거대 담론을 찾고 있음을 보여 주는 많은 증거가 있다는 사실을 발견할 수 있다고 주장할 것이다. 그러나 우리가 거대 담론을 찾는 것이 몹시 어려운 이유 중 하나는 거대 담론이 어떤 형태로든 삶의 경험을 공유하는 것을 전제로 하기 때문이며 오늘날에는 공동체 개념 자체가 문제시되고 있기 때문임을 의심할 수 없다. 세상은 사람들을 기계의 톱니바퀴로 간주한다. 이러다 보니, 사람들은 다른 모든 사람과 직접 경쟁 관계에 놓이게 되고, 그 경쟁은 협력이 아니라 의심에 기초한 관계를 만들어 낸다.

더욱이 자율적인 합리적 개인들이 모든 것을 해명하는 열쇠가 그 개인들 안에 있음을 우리에게 보증한 철학 이념은 공동체 개념에 의문을 제기했다. 따라서 인간 성취의 정점은 우리가 완전히 자유로우며 개인의 가치관이나 신앙 원리들(세계관이나 거대 담론들)에 매이지 않는 방식으로 우리 이성을 발휘하는 것이 될 것이다.

결국, 우리는 삶의 기초 원리로서 다른 사람들이 아니라 오로지 우리 자신에게 의존해야 우리 자신을 완성하고 만족을 느낄 수 있다는 원리를 채택한 것으로 보인다. 그 과정에서 우리는 이전 세대들이 축적한 지혜에 의문을 제기하며 주변 사람들로부터 얻을 수 있는 개인적 도움의 진정성에 의문을 표시한다.

우리가 절대적 가치들을 확증하고 그 가치들에 따라 삶을 영위해 나갈 수 있도록 도움을 줄 수 있는 공동체들은 조롱의 대상이 되었다. 왜냐하면, 그런 공동체들이 우리의 합리적 담론과 개인의 자유로운 선택에 영향(대개 부정적 방식으로 해석되는)을 줄 수도 있기 때문이었다. 그 결과, 사람들이 명백한 혼돈과 불연속성의 와중에서 의미의 원천을 찾고자 할 때, 자신들의 노력에 함께하는 다른 사람들을 신뢰할 수 없다고 느끼곤 한다. 사실, 우리는 다른 사람들을 적극적으로 불신하게 되었다.

결론적으로, 우리는 늘 공동체와 의미 있는 관계를 갈망하지만, 우리 자신들이나 다른 사람들을 받아들일 수가 없다. 가족의 삶이 침식당하고 개인 간의 관계가 끊임없이 해체되고 있는 것은 말할 것도 없고, 이웃이 파편으로 분열된 현상은 우리가 원했던 그런 모습을 돌아볼 수 있게 한다.

우리는 18세기, 19세기 그리고 20세기 초부터 우리에게 전수된 합리주의적, 유물론적 세계관이―그 세계관이 우리에게 어떤 이론적 혜택을 주려고 했든―우리를 완전한 잠재력에 도달하게 하기는커녕, 분열되고 깨어진 삶으로 인도했으며 거대한 역기능적인 양상을 만들어 낸다는 사실을 발견하고 있다. 우리 자신이 경험하는 혼란의 실상과 범위는 사람들의 수요에 부응하여 다른 사람을 돌보는 새 전문직들이 다양하게 출현한 모습에서 엿볼 수 있다.

이전 세대에서는 사람들을 돌보는 일을 자연적인 친족 관계, 특히 가족이 감당했다. 현재 우리는, 예전 같으면 우리 부모나 조부모로부터 얻었을 법한 조언들을 얻으려고 치료사들에게 돈을 지불한다. (우리 부모들이나 조부모들은 사회적으로 우리와 일차적 친분 관계를 갖고 있고 자연스럽게 자기 가족에게 자비를 베풀 수 있으므로, 위기 때는 진실로 유용한 도움을 주기에는 더 나은 위치에 있었다.)

내가 서술하는 것은 우리 대부분에게 아주 익숙할 것이다. 왜냐하면, 이것들은 우리 모두가 일상생활에서 붙들고 씨름하는 긴장들이기 때문이다. 그것은 프랜시스 후쿠야마(Francis Fukuyama)가 거대한 분열(The Great Disruption)로 불렀던 것이다.[6]

이 문제의 본질 그리고 원인과 관련하여 점점 더 큰 공감대가 형성되고 있다. 이제는 지난 200-300년 동안에 서구 사회에서 발전해 온 문화 규범들이 개인의 완성과 의미 있는 영성을 향한 인간의 본질적 추구를 무너뜨리는 데 중요한 역할을 했다고 주장하는 목소리들이 점점 더 영향력을 얻고 있다. 이 주제는 지난 20년 동안 할리우드 영화들이 되풀이하여 표현한 것이었다. 최근에는 <트루먼 쇼>(Truman Show, 1998), <매트릭스>(The Matrix, 1999), 오스카 수상작인 <아메리칸 뷰티>(American Beauty, 1999)가 이

6　Francis Fukuyama, *The Great Disruption* (London: Profile Books, 1999).

주제들을 다루었는데, 이 영화들은 우리 문화가 권장하고 우리 모든 사람이—어느 정도는—열심히 추구하고 있는 행복하고 청결한 중산층의 가치들과 늘 가면을 쓰고 있는 사람들의 감춰진 실상 그리고 인생에서 참되고 가치 있는 것을 붙잡으려고 진정 애쓰는 사람들 사이의 대조를 강조했다.[7]

이것은 우리가 이미 참되다고 알고 있는 것을 영화 제작자들이 다시 성찰하고 있음을 보여 주는 예다. 우리의 힘으로 만든 세계는 진짜 같지 않다. 더욱이 이것은 이 시대 학자들만이 조장하는 인식이 아니라, 모든 계층의 아주 평범한 사람들이 공유하는 확신이 되어 가고 있다. 실로 학자들(교회 지도자들은 말할 것도 없고)—특히 철학자들과 신학자들—은 이상하게도 이 새로운 사회 현실을 인정하려고 하지 않는 것처럼 보이는 경우가 자주 있다.

교회의 관점에서 보면 이것은 문제의 일부이다. 사람들은 지금 우리 문화를 형성했던 가치들에 질문을 제기할 준비가 되어있으며, 우리가 '성공'하면 떠올리는 많은 선입견, 그리고 행하고 믿을 만한 가치가 있을 수도 있다고 지레 짐작하는 것들에 도전을 던짐으로써 과거보다 더 기존 노선을 벗어날 준비가 되어 있다. 역설적이지만, 우리가 발전시키고 문명화된 삶을 정의하는 데 사용한 시스템들은 결코 더 강하지 않았다.

그러나 우리가 여전히 통제하는 삶의 일부분에서는 대안이 될 행동 방식들을 실험해 보려는 우리의 의지가 급격하게 증가하는 것처럼 보인다. 우리가 그리스도인으로서 어떻게 그 의지와 연관성을 가질 수 있는가를 탐구하는 것은 다음 장들의 주요 주제가 될 것이다. 그러나 우리가 그 논

---

[7] 영화 <트루먼 쇼>(1998)는 피터 위어가 감독했고, 앤드류 니콜이 시나리오를 썼으며 짐 캐리, 로라 리니, 에드 해리스, 노아 에머리히가 주연으로 출연했다. 파라마운트 픽처스가 배급을 맡았다. 영화 < 매트릭스>(1999)는 워쇼스키 브라더스가 감독과 시나리오를 맡았으며 키아누 리브스와 로렌스 피시번, 캐리앤 모스가 주연으로 출연했으며, 워너 브라더스(Warner Brothers)가 배급을 맡았다. 영화 <아메리칸 뷰티>(1999)는 샘 맨데스가 감독했고 앨런 볼이 시나리오를 썼으며, 브루스 코언과 댄 징크스가 제작했고 케빈 스페이시, 웨스 벤틀리, 아네트 베닝, 소라 버치, 미나 수바리가 주연했으며 드림웍스가 배급을 맡았다. 트루먼 쇼에 반영된 영적 탐구에 관해서는 내 책 *Cultural Change and Biblical Faith*, 154-173을 보라.

증에서 특히 교회 지향적인 측면에 이르기 전에, 사람들이 이런 이분법을 다양한 방법으로 다루고 있다는 것을 되새기는 것이 우리에겐 유익할 것이다.

어떤 사람들은 우리의 개인주의 문화가 끼친 파괴적 영향을 간파했다. 이 사람들은 자신들이 지닌 호기를 활용하여(이 호기 중 많은 수를 기술이 만들어 내고 있다는 점은 아이러니다) 그들 자신의 경험과 관계라는 문제에 더 많은 시간을 투자하여 이런 사람들의 삶에서 중요한 비중을 차지하게 된 다른 사람들의 경험을 진작하고 풍성하게 만들 것을 결심하고 있다. 예를 들면, 외견상 안정된 직장을 가졌으나 그 직장을 버리고 더 완전한 삶을 이루어 보고자 노력하는 사람들이 늘고 있다. 이렇게 직장을 그만두면 정규 수입이 사라지는 등 상당한 위험이 따르는데도 그들은 그렇게 한다.

많은 사람은 문화 규범들이 자신들을 자녀 양육에서 분리시킨다는 사실을 우려하고 있다. 사실, 이 사람들은 모든 어른이 집을 떠나 유급 직장에서 일하다 보니, 어린 자녀들이 부모의 가치관 아니라 보모들이 지닌 가치관으로 양육될 가능성이 크다는 점을 인식하고 있다. 이런 경향은 많은 경우에 모든 시민의 최저 공통분모라고 국가 전체가 동의할 수 있는(서구의 자유민주주의 체제에서는 이런 일을 이루기가 점점 더 어려워지고 있다) 맥 빠진 가치들이 될 것이다.

한 세대 전이었다면, 이런 문제들을 우려하는 마음을 대개 침묵 속의 불안으로 표현했을 것이다. 그러나 오늘날의 부모들은 자신들의 삶을 재구성하여 부모의 책임으로 여기는 것들을 완수할 가능성이 크다. 몇몇 경우, 실제로 부모들은 더 큰 융통성을 부여하는 대신 임금이 낮은 직장을 얻어 스스로 자신의 수입을 낮추거나, 대기업들이 제공했던 전통적 출세가도에 비추어 보면 불리하기 이를 데 없는 새로운 노동 방식을 놓고 협상을 벌이기도 한다.[8]

---

8 다양한 노동 생활 방식들의 출현에 대한 간결하고도 이해 가능한 설명에 대해서는 Charles Handy, *The Hungry Spirit* (London: Hutchinson, 1997)을 보라.

삶의 방식을 바꾸고 싶어 하는 사람들이 많다. 그러나 모든 사람이 삶의 방식을 바꿀 수 있을 만큼 넉넉하지는 않다. 특히, 수입이 낮은 사람들이나 다른 면에서 불리함을 안고 있는 사람들은 그리할 수가 없다. 전통적 관계가 무너지고, 물질적 성공이 가치 있는 성취의 징표임을 문화가 인정하게 되었다. 이 때문에, 모든 사회 계층은 진정 가치 있는 사람이 되려고 분투하고 있으며, 이에 따른 개인의 소외는 병리적 행동 양식으로 이어지고 있다. 사람들이 자신만이 느끼는 내면의 고통과 인격 혹사에 응답할 수 있는 유일한 방법은 자신들이나 다른 사람들에게 폭력을 가하는 것이다. 이를 극명하게 보여 주는 사례는 마약이나 알코올 남용 또는 다른 중독들일 것이다.

이런 남용이나 중독이 현실을 초월할 수 있는 유일한 통로처럼 보일 수 있다. 불안정한 젊은이들에게는 특히 그렇다. 그러나 이런 행위는 중산층인 기업 임원들 사이에서도 점점 만연하고 있다. 이들은 단지 경험삼아 이런 행위를 한다. 마치 적어도 한 번쯤은 모든 일을 해 보되, 그들 자신에게 해를 입히지 않는 선에서 갈 데까지 가보자는 심산인 셈이다. 젊은 층의 자살률이 급증하는 것도 똑같은 상황의 표현이다. 영국에서 자살은 25세 이하 젊은 남성의 주요 사망 원인 가운데 하나이다.

그런가 하면, 아무 죄 없는 공동체를 향한 폭력적 공격이 늘어나고 있다. 전부 그런 것은 아니지만, 많은 공격의 배후에는 사회에 대한 환멸과 자기 증오가 깔려 있다. 가끔 전 세계 신문의 표제를 장식하는 이런 사건들은 자살의 극단적 형태다. 이렇게 죄 없는 불특정 대중에게 행사하는 폭력은 그 많은 부분이 수수께끼로 남아 있다. 그러나 우리가 아주 잘 보도된 이런 비극들—1996년 스코틀랜드 던블레인의 한 초등학교에서 일어난 총기 난동 사건과 1999년 콜로라도주 콜럼바인고등학교에서 벌어진 총기 난사 사건 그리고 특히 미국에서 늘어나고 있는 '묻지 마'식 직장 살인들—에 관해 알고 있는 모든 것을 종합해 보면, 이런 비극의 근원이 그런

일을 저지르는 사람들이 느끼는 깊은 소외감에 있음을 알 수 있다.[9]

소외 정도는 덜 해도 소외에서 느끼는 고통은 똑같은 환경에 있을 경우, 소외된 사람들은 모든 서구 국가에서 증가하고 있는 가정 폭력과 성적 학대를 저지르게 된다. 이런 상황의 배후에는 많은 복잡한 원인이 있지만, 많은 사람이 느끼는 무력감과 삶의 목적 결핍이 한 중요한 원인이다.[10]

감정을 해소할 대상을 상실하고 영적 문제들이 조직적으로 구석으로 밀려난 세상에서 많은 사람은 자신들이 미래와 가능성을 잃어버린 데 따른 슬픔을 표현할 수 있는 유일한 통로로써 분노를 행동으로 옮기거나 마약, 알코올 그리고 다른 형태의 남용이나 중독적인 행위들을 통해 분노를 감추는 것에서 발견하고 있다.

다행히도 다른 사람들에게 해를 끼치는 병리적 행위들에 빠짐으로써 오늘날의 삶의 불연속성들을 해소하려는 사람들은 단지 소수에 불과하다. 그러나 이와 동일한 경향들이 어디서든 드러날 수 있다. 예를 들어, 우리는 우리 자신을 즐겁게 하려고 예전에는 없었던 극단적 스포츠들을 만들어 내고 있으며, 이를 즐기는 인구가 늘어나고 있다.[11] 과거 북미에서 가장 빨리 성장하는 레저 활동 가운데 하나는 BASE로 알려졌는데, 그것은 건물(Building), 안테나(Antenna), 다리의 경간(徑間, Span) 그리고 땅(Earth, 곧 절벽)이다.

이렇게 다양한 것을 하나로 묶어 주는 공통 요소는 이것들이 모두 높다는 것이요, 사람들이 가장 적은 통제 수단만을 사용하고도 아주 높은 곳에서 더욱더 빠르게 움직일 수 있는 기초를 제공한다는 점이다. 이런 '스포

9 　콜럼바인 대학살은 캐시 버날(Cassie Bernall)의 이야기로 출판되어 다른 어떤 문서들보다 잘 정리되었다. Misty Bernall, *She Said Yes: the Unlikely Martyrdom of Cassie Bernall* (Farmington PA : Plough Publishing House, 1999)을 보라.

10 　John Drane and Olive M. Fleming Drane, *Happy Families?* (London: HarperCollins, 1995), 52-70을 보라.

11 　극단적인 스릴을 추구하는 스포츠에 관해서는 Rebecca Piirto Heath, "You can buy an thrill: chasing the ultimate rush," in *American Demographics* 19/6 (1997), 47-51를 보라. 영성을 위한 매개체로서 보다 일반적인 스포츠에 관해서는 S. J. Hoffman (ed.), *Sport and Religion* (Champagne IL: Human Kinetics Books, 1992)을 보라.

츠' 마니아들은 죽음에서 유일하게 자신들을 지켜 줄 취약한 낙하산만 맨 채, 높은 곳이면 어디에서나 뛰어내린다. 그들은 대개 보조 낙하산도 없이 낙하한다. 낙하 속도가 빠르다보니, 추락을 제지할 수 있는 기회는 단 한 번뿐이어서, 위급 시에는 보조 낙하산이 아무 쓸모가 없다는 이유 때문이다. 위험은 명백하고 실제적이다. 사람들은 실제로 자신들을 죽이고 있다. 내가 대화를 한 모든 BASE 마니아는 이 게임의 기괴한 용어인 '떨어져 죽은'(gone in) 사람들인 것 같았다. 이 사람들은 벽, 댐, 산중턱이나 땅에 '떨어져 죽은' 사람들이다.

'떨어지는'(go in) 사람들은 거의 결코 다시 돌아오지 않는다. 설령 다시 돌아온다 해도 불구자가 되어 남에게 의존하는 삶을 살아야 한다. 그러나 그것이 마니아들을 가로막는 것 같지는 않다. 이와 비슷한 현상을 취미로 등반을 즐기는 많은 사람에게서 볼 수 있다. 이들은 전문가들이라면 즐기지 않을 위험을 무릅쓴다. (세계에서 가장 높거나 가장 위험하지도 않은) 스코틀랜드의 산악 지역에서조차 근래에는 매년 겨울 희생자들이 늘어나고 있다. 이는 거의 또는 아예 장비도 없고 사전 지식도 없이 산에 오르는 사람들 때문이기도 하지만, 어쨌든 지루한 일상생활에서 벗어나 현실을 초월하는 경험을 해 보고 싶은 충동에 굴복한 사람들 때문일 것이다.

일상생활이 더 안전하지 않았던 때도 위험을 감내하고 안전을 팽개친 채 결국 공허함만을 발견할 곳으로 뛰어들어 자신을 성취하려고 한 것은 아이러니다. 절벽에서 뛰어내리거나 협곡을 건너는 것은 모든 이의 취미는 아니지만, 극한 스포츠에 참여하는 것이 초월을 탐구하는 유일한 증거는 아니다. 다른 사람들(때때로 극한 스포츠를 즐기는 바로 그 사람들)은 인터넷이 현재보다 훨씬 더 커지고 그들이 사이버 공간에서 차세대 백만장자가 될 것이라 생각하여 요행에 몸을 내던진다. 더욱이 주식 시장에서 무모하게 위험을 무릅쓰고라도 자기를 성취해 보려는 사람들이 급격하게 늘어나고 있다. 그들은 여전히 다른 직장에 다니면서 비전문가인 일일 거래자로 활동하거나 아예 인터넷을 활용하여 주식 매매를 자기 업으로 삼는다.

이리하는 이유는 그런 주식 투자 방식이 그들로 하여금, 이전 세대에서는 필요했던 주식 전문 브로커들의 예측이나 의견에 주목하지 않고도 스스로 선택하며 선택에 따른 책임을 질 길을 열어 주기 때문이다. 놀랍게도 온라인 주식 거래를 할 수 있는 웹사이트를 운영하는 회사들은 주식을 매매하는 개인들이 전문가의 조언을 전혀 듣지 않고도 원하는 모든 것(단, 합법이어야 한다)을 자유롭게 할 수 있도록 보장하는 서비스 상품을 실제로 광고하고 있다.

그들의 잠재 고객 눈에는 이런 보장이 확실한 추천과 같다!

다른 이들은 복권을 신뢰한다. 성공 가능성은 더 적지만, 복권 역시 주식 투자와 똑같은 사업일 뿐이다. 사람을 흥분시키는 동일한 욕망이 우리 일상생활에서 그대로 나타나고 있다. 따라서 결코 스키를 타지 않을 사람들이 여전히 스키복을 입고 있으며, 교외 도로를 타고 자녀들을 학교로 데려다 주는 것을 유일하게 여행으로 여기는 사람들도 지금은 레저 스포츠 차량(All-Terrain Vehicle, ATV-역자 주)을 즐긴다. 이들은 크로스컨트리 경주를 원하지도 않을 것이요 알려 하지도 않을 것이다. 그렇더라도, 최소한 이런 차량을 즐기는 것은 언제든 모험을 떠날 준비가 되어 있다는 느낌을 갖게 할 것이다.

우리 조부모들은 이런 것을 전혀 알지 못했을 것이다. 그들 세대에서는 위험을 맛보려고 뭔가 시도할 필요가 없었다. 세계 대전이라든지, 전염병과 건강에 대한 위협이든지, 더 근래에는 불확실한 냉전 덕분에, 위험은 그들 주변에 상존했으며, 초대받지 않고 대개는 달갑지도 않은 위험이 그들의 삶 속으로 들어왔다. 그들은 평화롭고 안정된 세계를 발견하는 것을 장려할만한 목적으로 간주했을 것이다.

이제 평화와 안정을 누리게 되니, 우리는 다른 것을 원하고 있다. 물론 역사를 보면, 인간 본성은 늘 자신이 갖지 못한 것을 갖고 싶어 했다. 그러나 일정하게 포장된 삶의 양식보다는 더 '진정한' 어떤 것을 밝히려는 이런 욕망은 인간 본성 자체가 아니라, 우리 문화가 가까운 과거에 발전시켜

온 방식에 더 깊은 뿌리를 두고 있다.[12]

그 이유 한가지만으로 우리 문화가 과거에 발전시켜 온 방식을 더 성찰할 가치가 있다. 아울러, 이런 방식은 영적 여정을 걸어가는 사람들과 사귐을 나눌 수 있는 교회의 능력에 비춰 볼 때, 중요한 것으로 판명될 수도 있다. 그리스도인들은 이런 말을 좋아하지 않겠지만, 이제는 많은 사람이 교회 참여도 여가 활동으로 선택할 수 있는 많은 방법 가운데 하나일 뿐이다. 우리의 믿음을 신앙을 증언하려면, 우리는 이런 문화에서 살고 있는 사람들이 용이하게 복음을 들을 수 있는 방안과 그 과정에서 교회가 할 수 있는 역할을 현실성 있게 강구해야 한다. 물론 내가 복음의 본질을 더 넓게 이해하고 보니, 그리스도를 따르는 것은 여가 활동이 아니라 철저히 삶을 헌신하는 것이다.

나는 또 전도를 단순히 마케팅 활동이라고 생각하지 않는다. 그러나 우리는 사람들이 처한 상황에서 시작해야 한다. 나는 교회가 전형적으로 제공한 것들을 성찰해 보고 이것들을 사람들이 의미를 찾으려고 추구하는 다른 것들—영성은 말할 것도 없고—과 비교해 보았다. 그러면서, 나는 우리 시대 교회의 존재 방식들이 삶의 다른 영역에서 붙들고 씨름하는 합리적 시스템들과 아주 비슷해진 것은 아닌가 하는 의문을 품게 된다.

이런 생각은 급진적인 도전을 경험해 보고 싶어 하는 사람들에게 우리가 아는 교회란 너무 따분하고 지루하며 예측 가능한 곳이 아닌가라는 질문으로 표현해 볼 수도 있다. 만일 이 말이 맞는다면, 우리는 이것이 아직 그리스도인이 아닌 사람들에게 복음을 증언하는 일에 어떤 영향을 줄 것인지, 또 이미 그리스도를 따르는 사람들에게 힘을 불어넣을 수 있는 우리의 능력에 어떤 영향을 줄 것인지 자문(自問)해 봐야 한다. 우리 문화는, 성경의 용어를 빌리자면, 사회적 회개(*metanoia*)로 표현할 수 있는 것을 요

---

12 이런 현상과 예배와의 관계에 대해서는 Tex Sample, *The Spectacle of Worship in a Wired World* (Nashville: Abingdon, 1998), 76-86을 보라.

구하는 절규를 아주 분명하게 내뱉고 있다.

이런 때—그 회개라는 용어에 이미 오랫동안 익숙해 있는—교회는 무슨 기여를 하고 싶어 하는가?

2. 맥도날드화

이런 질문들에 초점을 맞추고자, 나는 사회학자인 조지 리처가 대중화시킨 사회 분석 모델을 사용해 보려고 한다. 이 모델은 그의 저서인 『맥도날드, 맥도날드화』(*The McDonaldization of Society* [풀빛 역간, 2017])[13]가 가장 광범위하게 집약해 놓았다. 그는 더 근래에 나온 자신의 저서 『맥도날드화 테제』(*The McDonaldization Thesis*)[14]에서 이 모델을 더 정교하게 다루고 있다. 물론 '맥도날드화'라는 용어는 20세기 중반에 미미한 모습으로 출발했으나 지금은 세계에서 가장 큰 레스토랑 프랜차이즈임을 자부하는 미국의 햄버거 체인 이름에서 나온 것이다. 맥도날드가 이룩한 방법론은 패스트푸드 업계에서는 독특한 게 아니다.

그러나 이 이미지가 갖는 접근성 때문에, 맥도날드는 몇 가지 중요한 문화적 흐름들과 흐름들이 우리 생활 방식에 끼친 영향을 묘사하는 데 특히 유용한 방식을 제공한다. 실제로 리처는 '이런 행동 방식으로 대표되는 패러다임이 주요 세계에서 삶의 방식이 되었고 예측 가능한 미래에는 점점 더 빠른 속도로 계속하여 확장될 수밖에 없다'라고 주장한다. 그는 맥도날드화를 '패스트푸드 레스토랑의 원리들이 미국 사회의 점점 더 많은 영역

---

13 George Ritzer, *The McDonaldization of Society* (Thousand Oaks CA: Pine Forge Press, 1993). 1996년에 출판된 이 책의 확장 개정판이 있다. 여기서 사용된 페이지 참고 문헌들은 1993년판을 사용하고 있다. 이 개념은 처음으로 리처의 다음 책에서 상술되었다. "The McDonaldization of Society", in *Journal of American Culture* 6/1 (1983), 100-107.
14 George Ritzer, *The McDonaldization Thesis: Explorations and Extensions* (Thousand Oaks CA: Sage Publications, 1998).

과 미국 이외의 세계를 지배해 가는 과정'으로 정의한다.[15]

사실, 이것은 베버가 이해하는 사회적 과정의 특별한 형태다. 주어진 목표를 성취할 수 있는 가장 적절하고 효과적인 방법을 찾아내려는 자연스러운 관심은 늘 베버가 '형식적 합리성'이라고 불렀던 것들, 곧 규칙과 규정과 절차의 총체 및 이런 것들을 부드럽게 작동시키는 데 필요한 관료 제도의 성장을 가져오게 된다는 것이 이 특별한 사회적 과정의 주장이었다.[16]

현재 이런 종류의 합리성이 거의 생활 전반을 통제하고 있음을 쉽게 목격할 수 있다. 리처는 이런 합리성을 냉소하고 부정적으로 보지만, 꼭 그럴 필요는 없다고 본다. 합리화의 몇몇 측면은 이익이 되기도 한다. 합리성이 옳지 않은 것이었다면, 그토록 넓게 채택되지 않았을 것이다. 그러나 대개는 합리성을 너무 철저히 추구하다가 덜 만족스러운 다른 측면들이 따라 나타난 것 같다. 이 다른 측면들이 덜 만족스러웠던 이유는 이것들이 기계적이어서 인간성을 앗아갔기 때문이다.

리처는 1996년에 내놓은 그의 저서 개정판에 그가 처음 내놓았던 분석에다 한 장을 추가하여 나치의 유대인 대학살—논쟁 소지가 있지만, 근래 역사에서 일어난 모든 사건 가운데 가장 비인간적인 사건일 것이다—을 맥도날드화의 표현으로 이해하는 것이 가장 적절할 수 있다고 주장했다.[17]

몇몇 제조업자는 지나치게 합리화된 시스템의 단점들을 인식하기 시작했다. 그리하여 그들은 생산 라인을 재조직함으로써 노동자들이 분명한

---

15 Ritzer, *McDonalidization of Society*, 1.
16 함축적으로 베버의 최초 저술은 합리적 사회와 기독교 간의 직접적 연계성을 언급했다. Max Weber, *The Protestant Ethic and the Spirit of Capitalism* (New York: Scribner's, 1958, originally 1904/5). 그러나 맥도날드화 개념은 사회화 과정에 대한 베버의 사회 경제 이론 이해에 한정되지 않는다. 그리고 *The McDonalidization Thesis*, 16-34에서 리처 또한, 합리화의 특성에 관해 칼 만하임(Karl Manneheim)을 참조하여 그의 개념들을 상술하고 있다.
17 Ritzer, *McDonaldization of Society* (1996 edition), 22-24. 리처는 Z. Bauman, *Modernity and the Holocaust* (Oxford : Polity Press, 1989)에 관한 그의 주장을 견고하게 구축했다. 이 주제에 관한 심층적 논의는 Peter Beilharz, "McFascism?", in Barry Smart (ed.), *Resisting McDonldization* (Thousand Oaks CA: Sage publications, 1999), 222-233을 보라.

목적도 없고 하찮은 작업을 수행하느라 시간을 허비하지 않게 만들었다. 그러나 더욱더 많은 삶의 영역에서 합리화된 시스템들—단지 목적에 이르는 수단이 아니라 그 자체가 목적이 되어—이 묵인될 뿐 아니라 늘어나고 있다. 여가는 단지 점점 더 합리화된 여러 인간 활동들 가운데 하나일 뿐이다. 따라서 우리 자신의 자유 시간조차도 다른 사람에게서 구매하는 '물건'이 되었다.[18]

예를 들면, 오늘날 휴가를 떠나는 대부분의 영국인은 모든 일정을 대행해 주는 패키지 여행 상품을 선택한다. 물론 패키지 여행 상품은 외국 여행에서 시간과 비용을 절약할 수 있는 방식이다. 이런 상품이 심약한 사람들에게는 기본적인 안전과 보호라는 안도감을 제공할 수도 있다. 그러나 이런 여행에 지불된 가격의 일부는 해외 여행 경험이 국내 여행 같은 편안한 여행으로 변질된 데 따른 대가이다. 덕분에 이런 변질 과정에서 여행을 값 있게 만들어 줄 수도 있는 여행 목적—전 세계의 다른 문화들을 경험하는 것—이 번번이 왜곡된다.

영국 여행객들은 모든 것이 영국식으로 조성된 지중해의 리조트로 여행을 간다. 그곳에서는 '영국식' 술집에서 영국 맥주를 제공하고 사람들은 영국 축구경기를 TV로 시청할 수 있으며, 영국 신문을 볼 수 있고 영어 이외에 다른 언어를 하지 않아도 된다. 왜냐하면, 영국 여행객들은 자신들과 같은 사람들만을 만나기 때문이다.

이런 놀라운 현상은, 사람들이 카리브 해나 몇몇 서부 아프리카 국가와 같은 곳에서 휴가를 보내는 풀 여행 패키지를 구입할 때 더욱더 심해진다. 사람들은 자신들과 같은 사람들이나 심지어 같은 도시에서 온 사람들과 함께 합리화된 여행자 게토 안에서 지내는 것으로 여행을 끝내 버린다. 어떤 곳에서는 여행객들이 비합리적이라고 인식되는 토착 문화와 여행객들

18　Alan Bryman, "Theme Parks and McDonaldization", in Smart (ed.) *Resisting McDonaldization*, 101-115; Ritzer, *The McDonaldization Thesis*, 134-150을 참조하라.

을 떼어 놓으려고 특별히 고안한 휴가용 숙박 시설에서 지내기도 한다.

나는 (여행 이외의 목적으로) 자메이카를 방문한 적이 있다. 그때 나는 여행객들이 자신이 머무는 리조트를 '빠져나와' 현지인들을 만나는 것이 불가능한 것은 아니지만 어렵다는 것을 알고 깜짝 놀랐다. 이유인즉, 무장 경호원들이 숙소 주위를 순찰하고 있을 가능성이 높기 때문이었다. 설령 숙소를 빠져나온다 해도 십중팔구 경호원들이 따라붙어 호위한다. 이 시대에 전혀 다른 삶의 영역에서도 동일한 현상을 찾아볼 수 있다.

1990년대 초기 영국 정부는 영국 대학교의 '강의의 질'을 평가하는 프로그램을 시작했다. 이 평가 작업 때문에 성가시고 고도로 복잡한 절차들이 개발되었으며, 그 일을 위해 행정부서 직원들을 모집했다. 그것은 겉보기에 인상 깊은 활동이었으며, 많은 대학 교수가 그 프로그램을 환영했다. 자신들이 가르치는 학생들을 주요한 국내 자원이자 국제 자원으로 여겨 높이 평가하고 있었기 때문이다. 그러나 결국에는 도출된 결과에 놀라고 실망한 교수들이 훨씬 더 많았다. 평가의 전 과정이 (학습은 물론) 교수의 강의를 대상으로 한 것이 아니라, 관료제의 효율성과 서류의 정확성을 대상으로 한 것임이 드러났기 때문이다.

강의 평가에 주로 사용된 측정 기준은 교수가 강의 목표와 목적을 제시하는 방법, 토론을 진행하는 절차, 또는 학생들이 낸 과제물에 성적을 매기고 이들의 목록을 작성하며 이 과제물들을 보관하는 방법이었다. 심지어 학생들에게 의견을 물어볼 때도, 그들이 절차와 관행에 얼마나 만족하는가에 주로 초점을 맞추었다. 그 결과, 이 학생들이 실제로 배운 게 있는지 또는 이들이 그 교육 덕분에 더 나은 사람이 되었는지 같은 근본적 질문보다 교과 과정 위원회에 학생 대표가 참여하는가와 같은 문제들에 더 큰 초점을 맞추고 있었다.

섹스처럼 그 본질상 개인의 은밀한 일조차도 합리화되어 상품으로 변질되었다. 거의 겉만 번지르르한 잡지들을 읽다 보면, 사람들이 세상에서 가장 자연스러운 행위라고 생각하는 것 — 성행위 — 도 특별한 섹스 도구, 전기 진동기, 화려한 콘돔, 섹스 비디오는 물론, 마치 기적같이 보여 이전 세대라면 따라 할 엄두조차 내기 힘든 복잡한 기술들이 없을 때는 즐길 수 없는 것이라는 인상을 얻게 될 것이다.

실제로, 리처는 '복잡한 성관계를 갖지 않고도' 이제는 우리가 만난 적도 없는 사람들과 '가상 섹스'를 할 수 있게 해 주는 전화나 인터넷 사이트들을 이용하거나 시험관 임신을 통해 그 모든 성행위를 할 수 있다는 점을 강조한다(시험관 임신은 치료 목적도 있지만, 합리화된 자신들의 삶이 요구하는 다른 일들에 맞추어 출산 시기를 조절하고 싶어 하는 전문직 종사 부부들 사이에서 점점 더 인기 있는 선택이 되어 가고 있다.)[19]

리처가 제시하는 것처럼, 이런 현상의 예들을 많이 제시하기는 쉬울 것이다. 그 예들은 모두 공통점을 갖고 있다. 즉, 인간의 탐구는 관료적 절차가 되어 가고, 합리적으로 보이는 과정은 비합리적인 얼룩들로 뒤덮인 모습을 드러낸다. 그것은 리처가 강조하려는 이분법의 일종인데, 그는 현대 생활의 다양한 양상들을 관찰하여 이 이분법이 끼친 영향을 추적한다. 대부분의 영역에서 우리는 이런 현상을 의심 없이 받아들이고, 이것은 단지 오늘날의 생활 방식일 뿐이라고 체념해 버린다.

그러나 이성 자체를 세상을 이해할 수 있는 방법으로서 신뢰하는 이들은 점점 줄어들고 있다. 이 때문에 사람들은 이 모든 것이 우리를 어디로 이끌어 가고 있는가에 점점 더 많은 의문을 제기하고 있다. 특히, 우리가 어느 정도 통제권을 행사하는 삶의 영역들, 이를테면 우리가 쉴 때 즐기는 레저 활동들에서 그러하다. 나는 이 모든 것이 교회와 관련된다고 믿는다. 만일 교회가 합리화된 직업 세계와 똑같은 것들만 제공한다면, 삶 곳곳에서 억압받는 사람들은 교회의 일원이 되어도 해결책을 찾을 수 있으리라는 기대를 가질 이유가 없다.

---

19   Ritzer, *McDonaldization of Society*, 8.

오늘날 포스트모던 시대를 살아가는 사람들 중에는 일상생활에서 사회 계층을 지나치게 따지는 현상 때문에 고통을 겪는 사람들이 많다. 이런 사람들이 보기에는 종종 교회가 이런 현상을 더 많이 보여 주는 곳에 불과할지도 모른다. 예컨대, 성직자와 평신도 간의 엄격한 구분, 혁신의 여지가 거의 없거나 교회의 접근 방식을 개인의 필요에 맞춰 조정하는 것을 거의 인정하지 않는 점을 들 수 있다.

나는 유럽의 주요 에큐메니칼 모임을 조직하는 한 위원회에 참석했던 일을 기억한다. 우리가 수많은 군중에게 확신을 주어야 한다는 점 때문에 노심초사하던 의장은 개막 행사들에 줄곧 참석하곤 했다. 나는 그의 우려를 상당히 이해했고 공감했다. 이 행사는 TV 뉴스 속보에 나올 수도 있었기 때문에 TV 카메라에 잘 보이고, 교회가 죽었거나 죽어가는 기관으로 비치지 않도록 하는 게 중요했다.

또한, 그는 영국의 한 주요 주류 교단의 지도자라는 이점을 갖고 있었다. 아울러 그가 속한 교회에게는 이번 기회가 그 평판을 높이는 데 중요했다. 나는 그가 우려한 진짜 이유들이 언짢았지만, 그래도 이해했다. 그러나 그가 '우리에게는 장의자의 먹이(pew fodder, 교회 장의자에 앉는 교회 신자들을 은유한 말-역자 주)가 필요합니다'라고 선언했을 때, 나는 그의 달라진 말을 들으면서 우리가 아주 다른 생각을 갖고 있음을 분명히 알게 되었다. 그가 이해한 교회의 존재 목적이 내게는 매력적인 비전이 아니었다. 리처는 맥도날드화된 세계에서 삶이 공장 생산 라인에 매여 있는 실상을 이렇게 서술하고 있다.

> 사람들은 인간의 능력을 표현하는 대신, 자신들이 인간임을 부인하고 로봇과 같이 행동하도록 강요당한다.[20]

---

[20] 위의 책, 26.

리처드 뮌히(Richard Münch)도 비슷한 분석을 하면서 이렇게 쓰고 있다.

> 우리는 맥도날드화된 세계라는 철장에 갇혀 있으며, 우리가 좋은 것이라고 생각하는 삶을 만들어 내고 재생산할 수 있는 진정한 세계로 이어지는 모든 통로로부터 단절되어 있다.[21]

자신들을 영적 탐구자들(제4장에서 보다 정확하게 규정된 용어)로 간주하는 많은 사람과 이야기를 나눈 바에 따르면, 그것이 바로 그들이 내게 말하는 교회 모습이다.

아이러니하게도 우리 그리스도인들은 20세기 후반에, 교회사에 존재했던 그 어떤 시대보다 더 많이, 변화와 갱신이 필요함을 이야기하고 글로 그 필요성을 피력했다. 물론, 한두 가지 예외는 있었다. 그런데도, 사실상 아무런 변화가 일어나지 않았다는 점에서, 이전에도 20세기 후반과 비교할 수 있는 시기가 있었다고 생각하기 힘들다. 21세기가 시작되는 이때, 우리 교회의 존재 방식은 19세기에 지속된 방식과 사실상 달라진 게 없다.

우리는 상황을 지나치게 과장하고자 하는 유혹을 피해야 한다.

그러나 우리는 교회와 그 구조들이 슬금슬금 기어들어 온 현대 문화의 합리화에 정복당하도록 허용했던 것은 아닐까?

우리는 또 이점(利點)은 아주 적고 온갖 결점으로 뒤덮인 이 합리화 때문에 고통을 당하고 있는 건 아닐까?

우리는 왜 명백한 필요나 목적이 없는 경우에도 기존 관행과 절차들을 그대로 따라야 한다고 우기면서 비교적 사소한 일에도 융통성을 보이지 못하는 걸까?

---

21 Richard Münch, "McDonaldized Culture", in Smart (ed.), *Resisting McDonaldization*, 139.

단순한 예를 제시한다면, 많은 교회에서는 여전히 주일 예배 시 신자들이 함께 헌금을 드린다. 그렇게 하는 확실한 예전적, 신학적 이유들이 있으며, 나는 그 이유 중 어느 것도 시비하지 않는다. 그러나 내가 방문한 교회들에서는, 사실상 아무도 헌금을 드리는 것 같지 않았다. 단지 교회를 방문한 신자들만이 헌금을 드리는 것을 자주 관찰했다.

그 이유는, 일반 신자들은 그들의 은행 계좌로 헌금을 송금하기 때문이다. 사람들은 이것이 더 쉽고 편리하다고 말한다(물론 이 경우에는 모든 서류를 관리할 또 다른 직원이 교회 사무실에 있어야 할 것이다). 그러나 이런 헌금 방식을 채택하게 되면, 우리는 예배의 핵심 목적 가운데 하나인 우리 자신을 드리고 우리가 가진 자원들을 드린다는 것을 쉽게 손상할 수도 있다.

결국, 우리는 두 가지 합리적 시스템들을 따르게 되는데, 그 어느 것도 교회의 영적 목적에 전혀 부합하지 않는다.

첫째, 헌금을 바로 은행 계좌로 송금하는 사람들은 예배와 일상생활을 이어 주는 예배 의식의 한 내용을 상실하게 된다(왜냐하면, 서류에 서명을 하는 것은 매우 개인적이며 사적인 활동이기 때문이다).

둘째, 우리의 복음 전도와 관련된 문제가 있다. 가장 헌신한다고 자부하는 사람들이 다른 신자들 앞에서 헌금 바구니에 아무것도 넣지 않는다면, 우리 교회를 방문한 사람들에게 분명 아주 이상한 메시지를 전달하게 될 것이다.

리처가 이 모든 것을 가장 적절하게 묘사하는 용어로서 '맥도날드화'라는 용어를 선택한 것은 우연의 일치가 아니다. 왜냐하면, 패스트푸드 사업은 명백히 사람 마음이 담기지 않은 활동을 거쳐야 고객에게 그 생산물이 배달된다는 점에서 이 사업이 받아야 할 정당한 몫보다 더 많은 몫을 챙기고 있기 때문이다.

패스트푸드 업체에서 일했던 젊은이들에게 질문해 보면, 그들은 하나같이 이런 재미있는 이야기를 들려 준다. 즉, 한때 머리를 써서 더 나은 작업 방식을 고안해 내려고 했던 날도 있었지만, 이는 회사 방침을 어기는 것이었기 때문에 그런 생각은 결국 그들의 자리를 위태롭게 할 뿐이었다는 것이다. 내가 고객일 경우 가능하면 피하려고 애쓰는 레스토랑들이 몇 개 있다. 왜냐하면, 테이블에 저녁 음식을 차리는 과정이 너무 복잡해서 불필요하게 너무 많은 시간을 허비하기 때문이다. 음식을 요리할 때, 우리는 단 한 가지 요리법만 있다는 생각이 불합리하다는 것을 쉽게 인식할 수 있다.

그러나 오늘날에는 이것이 특히 개인의 성장과 의미 있는 영성을 포함하여 우리 삶의 다른 모든 영역에도 적용된다는 것을 점점 더 깨닫고 있다. 개인의 성장과 의미 있는 영성은 쉽게 수량으로 표시할 수도 없고 간단한 공식으로 집약할 수도 없다.

이것이 바로 교회가 제공하는 것처럼 보이는 것에 사람들이 흥미를 잃어버린 이유 중 하나가 아닌가?

제3장

교회와 철장

'맥도날드화'라는 용어가 근대주의자들이 주창한 사상의 영향을 받은 사회의 합리화가 만들어 낸 파괴적이고 비인간적인 효과들을 적절히 묘사하는 용어로 주조된 지는 오래되었다. 그러나 지금까지도 테리 길리암(Terry Gilliam)이 1985년에 내놓은 영화 <브라질>(Brazil)은 사악하고 파괴적인 정부가 사람들에게 강요하는 비정한 관료 제도를 사람들이 받아들이거나 거부할 힘을 갖지 못할 때 어떤 일이 일어날 수 있는가를 탁월하게 표현한 영상물 가운데 하나로 남아 있다.

이 영화는 특히 영국의 정황에서 큰 호소력을 발휘한다. 왜냐하면, 이 영화의 배경이 영국이기 때문이다. 이 영화가 비인간성이라는 소용돌이의 중심 기관으로 아주 생생히 그려낸 '정보부'는 영국 정부의 한 부서(部署)로 묘사되고 있다. 이 영화에서 중앙 집권 체제가 가진 은밀한 권력은 정부 직원들과 이 직원들이 통제하려던 시민들을 모두 파괴해 버린다.[1]

이 영화가 처음 제작되었을 때, 희망 없는 세계의 황폐한 영상은 영화 배급자인 유니버설 스튜디오(Universal Studios)가 보기에 너무 어두웠다. 따라서 배급사들은 이 영화를 미국에 배포할 수 있게끔 영상을 조금 더 밝게

---

[1] 영화 <브라질>(1985)은 테리 길리엄이 감독했고 테리 길리엄과 찰스 맥커운이 시나리오를 썼으며, 조나단 프라이스, 킴 그리스트 그리고 로버트 드 니로가 주연을 맡았으며, 유니버셜 필름이 배급을 맡았다.

만들어 냉혹하고 묵시적인 느낌을 줄여 달라고 요구했다. 그 결과, 본디 영화 감독은 어두운 구름들로 영화를 끝내려 했지만, 조금은 어울리지 않게 이 구름을 뚫고 밝은 빛이 비치는 장면이 마지막 장면으로 추가되었다. 하지만, 아무리 많이 꾸미려고 해도, 머릿속에 남아 있는 영화의 이미지들이 너무나 생생하여 위로가 되지 않는다는 사실을 숨길 수가 없다. 심지어 이 영화의 편집본조차도 지금까지 존재한 영상물 가운데 맥도날드화라는 '철장'(iron cage)을 가장 생생하게 묘사한 영상물의 자리를 차지하는 게 마땅할 정도다.[2]

이번 장에서 우리가 다루는 주제와 이 영화의 연관성은 이 영화가 묘사하는 가학적인 '정보부'의 모습에서 엿볼 수 있다. 당연히 정보부는 모더니티의 기념비인 건물 안에 있다. 그 건물의 첨탑은 하늘 높이 솟아 있으며, 웅장한 대리석으로 된 수많은 출입구가 있다. 모든 중요 출입구에는 경비원들이 있고, 정문에는 제복을 입은 수위가 있다.

이 수위는 시시한 자리에 있는 사람처럼 보일 수도 있으나, 사실은 다른 모든 것에 접근하는 사람들을 통제한다. 건물 구조가 성(城)과 아주 흡사한 것은 결코 우연이 아니다. 왜냐하면, 방문객들이 건물에 들어서면서 처음 보는 것들 가운데 하나가 이 조직 전체가 표방하는 일종의 사명 선언문

---

[2] 리처는 맥도날드화 현상에 대한 다양한 응답들을 묘사하려고 벨벳 케이지(맥도날드화를 좋아하는 사람들), 고무 케이지(맥도날드화에 의해 항상 제한되는 것을 원하지는 않지만, 맥도날드화의 생활 방식의 특정 양상들을 고맙게 여기는 사람들) 그리고 철장(자신들이 맥도날드화에 의해 억압받고 있다는 것을 발견하는 사람들, 리처는 이들을 대다수라고 확신한다), 이 세 가지 울타리 혹은 새장들(cages)을 메타포로 사용한다. '철장'이라는 용어는 리처가 베버에게서 빌려 왔다. 그러나 본래 베버는 이 용어를 전혀 다른 사회-역사적 상황에서 다른 뉘앙스로 사용했다. 다른 학자들은 리처가 강조하는 실재들에 대해서는 의구심을 갖지는 않지만, 그 이미지의 유용성에 대해서는 질문을 제기했다. 예를 들어, 데렉 세이어(Derek Sayer)는 더 나은 모델은 '달팽이 등껍질'일 것이라는 유용한 제안을 한다. 이 이미지는 아마도 짐을 상징하는 것으로서 단어의 의미상 달팽이가 등껍질 없이 사는 것은 불가능하다.' 이것을 설명하자면 '새장은 외적인 제한 수단으로 남아 있지만 … [합리화는] … 근대의 주관성 자체라는 갑옷보다 더욱 강력한 감옥이다. "기계적인 경직성"은 우리의 정체성의 통합적 일부가 되어 갔다'(*Capitalism and Modernity*, London: Routledge, 1991, 144).

을 제시한 명문(銘文)인데, 이 명문에는 '진리가 너희를 자유케 하리라'라는 말이 새겨져 있기 때문이다. 성경 본문(요 8:32)과 계몽주의가 내건 합리주의의 목표들을 결합한 이 구호는 아이러니하게도 이 조직이 섬긴다고 말하는 바로 그 사람들을 파괴하도록 조장한다.

내가 이 영화를 처음 관람했을 때, 이것들이 내 눈에 확 들어온 핵심적인 시각 이미지들이었다. 이 이미지들은 리처가 말한 맥도날드화 이론이 교회에 적용될 수 있는 범위를 탐구해 볼 용기를 내게 불어넣어 주었다. 나는 내가 지독히 두려워하던 것들 몇 가지를 확인하기 전에는 먼 곳을 바라보지 못했다. 나는 그 생각이 겉보기보다 부자연스럽지 않을 수도 있다는 불편한 가능성에 부닥칠 수밖에 없었다. 리처가 맥도날드화 과정의 핵심 특징으로 지목한 네 가지—효율성, 계산 가능성, 예측 가능성, 통제—를 교회에 적용하면서, 비로소 나는 오늘날 많은 사람이 맥도날드화로 인해 그렇게 힘들어 하는 몇 가지 이유들을 파악하게 되었기 때문이다.

1. 효율성

효율성 자체는 나쁜 속성이 아니다. 왜냐하면, 효율성은 단지 특정 목적을 성취할 수 있는 가장 좋은 수단들을 알아내는 것이기 때문이다. 그러나 지나치게 합리적인 사회에서는, 이렇게 좋은 방법들을 찾아내는 일은 혼자서 일하는 사람들에게 늘 개방되어 있는 게 아니다.

이렇게 좋은 방법들을 찾는 작업은 이미 시스템이 해냈다. 이런 시스템은 가능한 다른 선택들을 배제하는 특정 작업 방식들을 당연히 제도로 규정해 놓았다. 이런 현상은 영리 조직 안에서는 반복하여 일어난다. 이런 조직에서는 특정 방식으로 작업하도록 훈련하는 것이 그 조직 사회에 각 사람이 적응해 가는 사회화의 일부가 된다.

결국, 어떤 작업 방식이 실제로 가장 효율적인가는 더 이상 문제되지 않는다. 단지 어떤 집단 구성원이 받아들인—그리고 필요한—작업 방식만이 문제될 뿐이다. 사람들의 인식과 달리, 오직 나이든 사람들만이, 또는 주로 그런 사람들이 이런 방식으로 살아가는 게 아니다. 오히려 젊은 사람들이 특히 그런 경향을 띠고 있다. 서둘러 한 마디 덧붙인다면, 이런 경향은 젊은 사람들의 특정한 선택이 아니라, 사회 전체가 더 이상 이들에게 가치 있는 역할 모델을 제시하지 않기 때문에 나타난 것이다. 이는 곧 개인의 정체성이 주로 어떤 '태도'나 외모를 택하느냐에 따라 결정된다는 말이며, 어떤 일을 하는 것도 그 일이 가장 좋기 때문이 아니라 특정한 이미지에 충성하는 풍토가 그 문화 안에 형성되어 있기 때문임을 의미한다.

이런 문화에 의문을 제기하거나 거부하는 것은 어려운 일이다. 섹스를 오락의 일종으로 여겨 무분별하게 남용하는 것이 그 좋은 예일 것이다. 단기적 만족이나 장기적 만족이라는 관점에서 봐도, 분별없는 섹스에는 분명 합리적 유익이 없다. 오히려 정신 건강과 육체 건강에 큰 위험을 초래하여 장기적인, 심지어 치명적인 결과를 가져올 수도 있다. 그런데도, 영국의 청소년 문화에는 무분별한 섹스가 확실히 널리 퍼져 있다(미국의 경우보다 훨씬 더 널리 퍼져 있다). 이런 환상을 유지하려면, 다른 행동 방식들은 십중팔구 비합리적이며 비합리적인 것은 항상 덜 효율적이라는 관념을 지속하는 것이 중요하다.

교회 안에서 이런 접근 방식의 흔적을 만나는 일은 어렵지 않다. 우리는 합리적 시스템을 너무 좋아하여, 이 시스템들을 우리 신학부터 주일 예배에 처음 온 사람들을 환영하는 방법에 이르기까지 모든 것에 적용하려고 한다. 나는 집을 떠나 연구 휴가를 보내는 동안에 이 책을 집필했다. 이것은 내가 익명으로 여러 교회를 방문할 기회를 가졌다는 것을 의미한다. 물론, 어떤 종류든 새 신자 환영이 있는 쪽이 아예 없는 경우보다는 늘 나았다.

그러나 나는 미리 포장된 환영 방식에서 언제나 똑같은 '환영'을 받고 있다는 느낌을 아주 많은 교회에서 받았다. 그런 환영은 내가 패스트푸드 매장에서나 받을 법한 것이었다. 이런 매장에서는 종업원이 인사를 건네기는 하지만, 늘 판에 박힌 인사일 뿐, 나나 내 삶에 실제로 관심을 갖지는 않는다. 리처가 예리하게 관찰한 것처럼, '사실 종업원들이 다른 고객들을 맞이할 수 있도록 우리가 사라져 줄 것을 공손하고 정중한 방법으로 말하고 있는 것'[3]일 뿐이다.

교회가 임시방편에 의지하는 사전 포장된 '교회'로 변질된 또 다른 증거들을 찾으려면, 일반 기독교 서점에 가보면 된다. 거기 진열된 대다수 책은 즉효(卽效)를 보일 수 있는 임시방편을 늘어놓은 책일 가능성이 높다. '영적 성숙에 이르는 10단계'나 60분 안에 훌륭한 부모가 되는 방법을 우리에게 가르쳐 줄 수 있다고 주장하는 책들을 비롯하여 우리가 생각할 수 있는 온갖 주제를 놓고 '비방'(秘方, how-to)을 제시하는 책들이 그런 책이다. 그런가 하면, 기독교 교육 교재를 찾는 사람들도 책 선택에 혼란을 겪는다. 이런 책들은 하나같이 경쟁서보다 훨씬 더 쉽게 다가갈 수 있는 조그만 분량의 책으로 성경의 진리와 변화된 삶의 방식을 제공한다고 주장하기 때문이다.

많은 교회는 과도한 에너지를 사용하여 자신들이 드리는 예배를 조심스럽게 기획하고 조정한다(이 교회들이 말하는 예배는 예외 없이 '찬양' 또는 소위 '음악 사역'을 의미한다). 이에 따라, 이런 교회들은 훨씬 더 좁게 정의된 사역 자리에 사람들을 임명하고, 광범위한 프로그램들을 만들며, 이런 프로젝트에 따른 필요를 만족시킬 수 있는 적절한 규모의 팀을 확보하는 데 초점을 맞춘다.

미국 교회들은 항상 영국 교회들보다 훨씬 더 프로그램 중심이었으며, 맥도날드화된 생활 방식에 너그러운 사회에서는 이런 프로그램 중심 사역이 상당히 잘 이루어졌다. 이런 정황에서는 사전 포장된 교회가 매력 있는

---

3 George Ritzer, *The McDonaldization of Society* (Thousand Oaks CA: Pine Forge Press, 1993), 135.

선택으로 보이기 쉽다. 누군가 여러분을 염두에 둔 생각을 이해하기 쉽게 정리하여 효과적인 방법으로 제시한다고 생각해보라.

이것은 영적 패스트푸드와 같아서, 집에서 마련하는 음식과 달리, 미리 준비하고 먹고 난 뒤 설거지하며 조리를 거들 필요가 없다. 그러나—유비를 계속하자면—패스트푸드는 선택할 수 있는 것이 매우 제한되어 있다. 또 메뉴에 새로 추가할 수 있는 것이 다 떨어져 버리면(아울러 매 끼니를 햄버거로 먹으려는 사람들이 사라져 버리면), 사람들이 비록 전 세계에서 점점 커지고 있는 '슬로우 푸드'(Slow Food)운동의 회비 납부 회원이 되려는 시도까지 하지는 않더라도, 다른 대안을 찾게 될 것이다.[4]

모든 것을 사전 포장한 교회들은 대개 잠간 동안은 번창하지만 결국에는 호소력을 상실하게 된다. 그런 합리화된 작업 방식이 거부당하고 있지는 않더라도, 어쨌든 현재 등장하는 탈근대적 문화에는 의심이 가는 부분이 있다. 과거에 그런 합리적 전략들을 구사하여 성공을 거둔 교회들도 얼마 못가 괴로움에 시달릴 공산이 크다.

순수하게 마케팅의 관점에서 보더라도, 사전 포장된 영성은 더 이상 최상의 상품이 아니다. 사전에 포장된 제품들이 상당히 잘 나갔던 때는 대공황 이후 몇 년, 그리고 제2차 세계대전이 끝난 뒤가 아닐까 싶다. 제2차 세계대전 때만 하더라도 모든 물건이 부족하여—게다가 당시 등장하던 기술들의 이로움을 떠들어 댄 선전 덕분에—소비자들은 공장에서 생산된 것을 최고라고 생각하게 되었다. 내가 어렸을 때인 1950년대, 냉동식품이 처음으로 영국 시장에 나왔을 때를 기억한다. 그때 우리 어머니는 신선한 식품보다 틀림없이 훨씬 더 비싼데도 냉동 콩과 피시 핑거(fish finger, 가늘고 긴 생선 튀김-역자 주) 같은 공산품을 구입했다. 당시 우리 집에는 냉장고와 냉동고가 없어서, 이것들을 구입 즉시 소비해야 했다. 그런 소비 행태는 사실 어떤 식품을 적절한 조건에서 장기 저장하려는 냉동식품의 본래

---

4   J. McClancey, *Consuming Culture* (London: Chapman, 1992), 212를 참조하라.

목적과 동떨어진 것이었다. 그러나 당시에는 사전에 포장되고 미리 제조된 제품이라는 사실이 제품을 구입할 때 다른 어떤 요소보다 훨씬 더 중요한 고려 사항이었다.

교회의 존재 목적이 단지 마케팅에 있는 것이 아님은 물론이다. 또 사전에 포장되고 해결되지 않은 부분이 전혀 없는 신학은 현실에 부합하지도 않고 복음의 풍성함을 적절히 반영하지도 못한다. 더욱이 비즈니스 세계에서 효율성을 달성하는 열쇠는 가능하면 손쉽게 많은 사람을 처리할 수 있는 것이다.

그러나 기독교 신앙은 사람들을 마치 꼬투리 안의 완두콩처럼 처리하는 것이 아니다. 인생은 복잡하다. 탈근대주의 시대에 이 사실을 스스로 발견하는 사람들이 점점 늘어나고 있다. 깔끔한 포장지로 포장할 수 없는, 또 그렇게 포장하는 것이 바람직하지 않은 먼지들이 아주 많다.

어떤 종류의 영성이든 의미 있는 영성이 되려면 그 점을 고려해야 한다. 그것은 곧 그리스도인들이 겉만 번드르르한 대답들을 내놓기보다 올바른 질문들이 지닌 성실성을 지키는 것이 그들에게 주어진 소명을 완수하는 길임을 의미한다. 물론 그 과정에서 우리는 앞서간 사람들이 축적해 놓은 지혜와 경험을 참작해야 한다. 이런 지혜와 경험은 우리 세대의 영적 탐구를 제약하는 속박이 아니라 우리가 긍정하고 귀중히 여기는 것이 될 수 있다.

2. 계산 가능성

계산 가능성은 크기와 양을 말하는 것이다. 패스트푸드의 경우에는 계산 가능성이 클수록 소비자들이 더 나은 음식을 먹고 있다는 의미가 늘 내포되어 있다. 계산 가능성도 역시 대공황과 제2차 세계대전 시기를 살았던 사람들의 곤궁한 처지 속에서 호소력을 발휘할 수 있었다. 이 시기 사람들에게는 양이 효율보다 훨씬 더 중요했기 때문이다.

맥스웰 하우스(Maxwell House)의 인스턴트 커피가 처음 시장에 나왔을 때, 광고 문구는 '마셔도 줄지 않는 커피'였다. 늘 음식이 부족한 상황에 익숙해 있던 당시 사람들에게 이 광고는 기쁜 소식이었다. 오늘날 이런 식으로 커피 광고를 하려는 회사는 없을 것이다. 이제는 주문할 수 있는 커피 종류가 너무 많아서, 카페에 잘 가지 않는 사람들이 어떻게 커피를 골라야 하는지 몰라도 허물이 되지 않는다. 영국에서 판매되는 커피 종류가 이미 너무 많다고 생각할지 모르겠다.

그러나 내가 영국 친구들을 북미의 카페에 데려갈 때면, 내가 그들이 마실 커피를 선택해야 하는 경우가 자주 있다. 그것이 엄청나게 다양한 커피 중에서 그들이 마실 커피를 고를 수 있는 유일한 방법이기 때문이다. 내가 청소년이었을 때, 교회는 잠재적 교인들에게 '마셔도 줄지 않는 커피'와 똑같은 광고로 자신들을 선전하곤 했다. 당시 교회는 사람들에게 교회에 오면 어느 자리에나 앉아도 되고 성경과 찬송가도 비치되어 있다고 보장했다. 나는 다만 이런 것들이 그 세대에서는 분명 교회 출석을 유인하는 동기였으리라고 추측할 뿐이다. 양이 아주 중요했기 때문이다.

오늘날에는 삶의 다양한 영역들에서 양을 질과 동일시하는 경향이 폭넓게 나타나고 있다. 음식의 경우에도 양이 곧 질인 경우들이 종종 있다. 우리가 패스트푸드를 먹는 것 역시 요리의 풍미를 즐기기보다 우리 앞에 있는 다음 과업들을 수행할 연료를 우리 몸에 공급하려는 목적 때문이다. 그리고 패스트푸드를 먹어야 가능한 한 빨리 다음 장소로 움직일 수 있기 때문이다.

다른 곳에서도 이와 똑같은 가설들이 적용된다. TV에서도 시청자 숫자가 다른 모든 것보다 우위에 있다. 시청률 상승이 지속되는 한 방송의 질은 거의 문제가 되지 않는다. 교육계에서도 대학 교수의 가치를 그들의 논문이 인용된 횟수나 그들이 쓴 책 숫자 또는 그들이 기고하는 정기 간행물의 등급에 따라 판단하는 경우가 점점 늘어나고 있다. 그 결과 가능한 한 더 많은 출판물을 내놓으려는 맹렬한 경쟁이 전개되어, 출판물 시장은 더 성찰이 깊었던 시대에는 세상에 나오지도 않았을 책들로 넘쳐나고 있다.

그리스도인들은 숫자와 양에 매인 채 자유롭지 못하다. 물론 교회와 우리 문화의 영적 탐구의 연관 정도를 평가하는 수단으로서 숫자가 전혀 쓸모없지는 않다. 죽어 가는 교회들은 종종 쇠퇴를 그들의 신실함을 보여 주는 증거로 정당화하고자 '양이 아니라 질'이라는 논리에 호소한다. 숫자가 우리에게 모든 것을 말할 수는 없으나, 교회의 영적 체온을 측정하는 하나의 기준이 되기도 한다. 왜냐하면, 숫자가 감소하는 교회는 확실히 어떤 이유가 있기 때문이다. (물론 성장하는 교회가 꼭 참되다는 확신이 들지는 않지만, 그래도 성장하는 교회라면 뭔가 영적으로 가치 있는 일어나고 있는 교회라는 생각이 저절로 들기 마련이다.)

그러나 우리는 숫자에 여러 가지 한계가 있다는 사실을 깨달을 필요가 있다. 왜냐하면, 비록 숫자가 가장 손쉬운 측정 방법이기는 하지만, 무딘 도구이며 '실제로' 일어나는 일과 무관한 경우도 자주 있기 때문이다. 심지어 숫자는 특정 상황의 진실을 감출 수도 있다. 1970-1980년대로 거슬러 올라가 보면, 교회 성장운동은 영성을 측정하는 핵심 도구로서 계산 가능성을 아주 많이 강조했다.[5]

---

[5] 이 견해에 대한 전형적인 해설에 대해서는 Donald A. McGavran, *Understanding Church Growth* (Grand Rapids: Eerdmans, 1980, 2nd edn); Wayne Weld and Donald A. McGavran, *Principles of Church Growth* (Pasadena CA: William Carey Library, 1974); Charles L. Chaney and Ron S. Lewis, *Design for Church Growth* (Nashville: Broadman Press, 1977); M. Wendell Belew, *Churches and How They Grow* (Nashville: Broadman Press, 1971); C. Peter WAgner (ed.), *Church Growth: State of the Art* (Wheaton IL: Tyndale House Publishers, 1986); William M. Easum, *The Church Growth Handbook* (Nashville: Abingdon Press, 1990)을 보라. 비록 이 사상을 주장하는 학파가 당시에는 많은 비판을 받았지만, 그럼에도 서구 문화 가운데 교회의 쇠퇴하는 상태를 강조하는 데 기여했으며, 오늘날 소위 서구 '기독교' 국가들이 실제로 가장 중요한 선교 현장들 가운데 하나라는 사실을 깨닫도록 교회 지도자들의 생각을 재정향하는 중요한 요소였다. 교회 성장운동에 대한 가장 균형 잡힌 비평들 가운데 하나에 대해서는 Lesslie Newbigin, *The Open Secret: Sketches for a Missionary Theology* (Grand Rapids: Eerdmans, 1978)를 보라. 또한, 맥도날드화되어 가는 경향들을 피하려는 시도를 하면서 뉴비긴의 통찰들을 주장했던 학자들에 대해서는 Kennon Callahan, *Effective Church leadership* (San Francisco: Harper & Row, 1990); *Twelve Keys to an Effective Church* (San Francisco: Harper & Row, 1983); Tex Sample, *US Lifestyles and Mainline Churches* (Louisville KY: Westminster John Knox Press, 1990)를 보라.

그러나 영성은 숫자로 측정할 수가 없다. 심지어 성장하는 교회에서도 정작 문제가 되는 것은 숫자 자체가 아니라, 그 숫자들이 대변하는 실체들이다. 현재 서구 문화에서 일어나는 대부분의 교회 성장은 사실 결코 교회 성장이 아니다. 분명 몇몇 교회는 성장하고 있다. 그러나 늘어난 사람들이 어디에서 오고 있는가를 물어보면, 십중팔구는 다른 교회에서 온 사람들이라는 게 드러난다. 따라서 한 교회가 성장하면, 저절로 다른 교회는 쇠퇴하게 되어 있다. 물론, 지역에 따라 달라지기도 하고 이런 경향과 반대인 예외들도 있겠지만, 오늘날 소위 성장하는 교회에서는 이런 현상이 분명 절대 우위를 차지하고 있다.

그렇지 않았다면, 우리가 살펴본 서구 세계 전체에서 지난 30년간 그리스도인이 전 인구에서 차지하는 비율이 증가하지 않고 사실상 감소한 이유가 어디 있겠는가?

양을 강조하다 보면, 우리는 실체를 외면하고 일어나고 있는 실상을 왜곡할 수 있다.

'진짜 성장'이 일어나는 상황에서조차도(사람들이 신앙을 갖게 되거나 한 때 잃어버렸던 신앙을 다시 찾는 것을 의미함), 계산 가능성에 관심을 기울이다 보면, 인간성을 앗아가는 구조들을 만들어 내기 쉽다. 영국 교계가 보여 준 고무적 징표 가운데 하나는 (모든 교파를 통틀어) 새로 설립되는 교회의 숫자다(영국 전체를 놓고 보면, 스코틀랜드와 웨일스의 주요 교파들은 교회 설립이라는 전략에 공공연히 적대감을 표시하지는 않았어도 그리 열심을 내지 않았다).

전형적인 교회 개척은 대개 건물이 아니라 사람으로부터 시작한다. 그러다가 '교회다운' 교회가 되려면, 꼭 그래야 되는 것은 아니지만, 교회 건물을 갖추는 게 바람직하다고 생각하는 때가 찾아오기 마련이다. 나는 미국의 한 주요 대형 교회의 설립자가 내게 한 말을 기억한다. 그는 사람에서 건물로 목회 중점을 바꾼 것이 어떤 의미에서는 큰 성공을 거뒀으나 사실은 이 때문에 사람들의 영성이 퇴보했음을 알 수 있었다고 말했다.

그가 간명하게 표현한 대로, 건물에 치중하다 보니 그 자신이 '사람들의 영혼을 채우기보다 교회 건물을 채우는 데 주안점을 둔' 목회 방법을 채택할 수밖에 없었던 것이다. 그는 단지 17명의 신자들로 교회를 시작했는데, 3,000명이 넘는 교회가 됐다. 하지만, 그 과정에서 이 교회는 인격이 없는 기계가 되어 버렸다. 이것은 교회의 첫 구성원들이 염두에 두고 공표했던 신학적 열망들에 어긋난 것이었고, 그 교회에서 무슨 일이 벌어지고 있는가를 실제로 사람들이 깨달았을 때는 이미 때가 너무 늦었다. 성장 때문에 신자수가 늘어났고, 이 때문에 이 신자들을 수용할 더 큰 공간이 필요하게 되었다.

이런 상황은 건축 자금을 마련하고 건축 계획을 세울 것을 요구했고, 이 자금을 마련하고자 융자를 얻어야 했다. 이는 다시 융자금을 갚을 수 있는 돈을 마련할 목적으로 교인들의 출석을 최대로 늘릴 효과적인 마케팅과 세일즈 기술을 강구하게 했고, 계속하여 이런 인과 관계의 악순환으로 이어졌다. 이 모든 일이 함께 나타나면서, 인간 관계와 실제 영적 성장이라는 관점에서 볼 때 병리학적으로 자기를 파괴하는 시스템이 구축되었다. 그러나 그것은 '성공'의 덫을 유지하기 위해 반드시 필요한 것이었다. 내가 그 목사를 만났을 때, 그는 자신의 평생 일터였던 곳을 이미 떠나 있었다(그는 20년이 넘는 세월을 그 교회에서 일했다). 그는 자신이 그 탄생을 도운 괴물(기계로 변한 교회)에 환멸을 느꼈고, 그 괴물의 탄생을 돕는 과정에서 자신의 영적 에너지와 활력을 잃어버린 것을 느끼고 있었다.

리처는 우리가 "맥도날드화된 시스템을 일상사처럼 조직적으로 사용하는 것을 피해야 한다"라고 경고했다. '이 시스템들을 습관처럼 사용하다 보면, 사회 전체의 안녕과 우리의 육체적, 심리적 안녕이 파괴된다'는 것이 그 이유였다. 그 목사는 리처가 던진 이런 경고의 배후에 도사린 실상을 쓰라린 경험을 통해 발견했다.[6]

---

6   Ritzer, *McDonaldization of Society*, 182.

그런가 하면, 숫자에 얽매인 마음은 정반대로 작용할 수도 있다. 나는 어떤 식으로든 일정한 수의 회중을 유지해 보려고 여러 해 동안 안간힘을 썼던 영국의 한 도심 교회를 떠올려 본다. 사실, 그 교회는 주일에 많은 사람을 끌어 모을 수 있는 기회가 거의 없었다. 그 교회가 사람들을 끌어와야 할 인접 지역의 인구가 아주 적었기 때문이었다. 그러나 그 교회는 번화가인 비즈니스와 쇼핑 구역의 중심에 있었다. 그 교회 평신도 지도자들은 이 번화가야말로 그들이 가장 큰 영향을 끼칠 수 있는 곳임을 알아차리고, 신중하게 여러 단계를 거쳐 월요일부터 금요일까지 모임을 갖는 활력이 넘치는 매력적인 공동체로 바꾸어 나갔다.

그들은 두드러진 성공을 거두었으며, 그 교회와 꾸준히 접촉을 가진 2,000명의 사람들과 같은 곳에서 특히 그 성공을 확인할 수 있었다. 주중에 일어난 일들 대부분이 '영적' 핵심을 갖고 있음을 확인할 수 있었다. 그 결과, 사람들은 그 교회를 비단 공동체 센터뿐만 아니라 예배와 선교 센터로도 여기곤 했다. 그러나 교단은 이를 두고 볼 수가 없었다. 교회를 늘 개방하려면 그 교회에는 최소의 숫자이나마 주일 예배에 꾸준히 참석하는 사람이 있어야 하며, '적절한' 교회가 되려면 전임목사—물론, 전임목사는 주일 예배를 인도하는 것 이외에 아무 일도 하지 않는 사람이었다. 문제의 그 교단은 목회의 본질을 이 기준을 따라 정의했다—가 있어야 한다는 것이 그 교단이 요구하는 규정이었기 때문이다. 장기간에 걸쳐 교단의 맥도날드화된 시스템과 신자들의 자발적인 영성 사이에 싸움이 벌어졌지만, 결국 시스템이 이겼다. 그것은 특히 교단이 논리적인 전제들을 갖고 있었기 때문이다. 무미건조하고 현실을 반영하지 못하는 방식으로 정의된 계산 가능성은 인간의 가치와 영적 가치를 질식시켰다.

수량으로 측정할 수 있는 것만을 지나치게 강조하다 보면, 개인의 성장과 영혼 성장의 뿌리까지 파먹지는 않더라도 그 성장을 대체로 저해하게 된다. 숫자는 분명 그런 성장의 질을 이해하거나 해석하는 데 사용할 수 없다. 제자도와 갱신과 성숙에 초점을 맞추는 것이 위험을 감내하는 일이라 하여 이 일을 사람 수를 따지는 것으로 대체해서는 안 된다. '교회에 얼마나 많은 사람이 있는가?'가 아니라 '우리가 얼마나 그리스도와 비슷해 졌는가?'가 실체를 더 확실하게 일러 주는 질문일 것이다. 즉, 예수님 자신이 세상을 변화시키기 위해 단지 11명의 핵심 제자들만 남겨 놓았다는 것을 기억해야 한다. 많은 프로그램을 성공과 동일시한다면(우리가 가진 프로그램과 숫자, 수많은 상이한 그룹에 적용할 프로그램을 갖추었는가 등등을 기준으로 성공 여부를 가늠한다면), 영성을 분주함과 혼동하게 되고 인간의 '진짜' 문제들을 다루는 대신 새로운 프로그램들을 만들어 우리 자신의 무능을 감추는 위험이 상존(常存)하게 될 것이다.

프로그램이 지배하는 교회는 계산 가능성의 노예가 될 수밖에 없다. 왜냐하면, 계산 가능성은 프로그램을 운영하는 핵심 요소이기 때문이다. 따라서 우리는 언제 프로그램이 시작되고 끝나는 지 알 필요가 있다. 아이러니 같지만, 이런 차원에서 수량을 질과 혼동하게 되면, 복음 전도와 영성 모두 자멸해 버릴 공산이 크다. 영적 탐구에 진지한 태도를 취하는 사람들은 교회의 예배와 모임이 더 많이 늘어나는 것을 보면서, 세련된 커피 애호가가 미지근한 인스턴트커피 한잔을 대접받을 때와 비슷한 인상을 받을 가능성이 크다.

오늘날의 생활 방식을 고려할 때, 대부분의 교회는 주말뿐 아니라 주중에도 신사들이 참석할 것을 기대하는 모임늘을 너무 많이 갖고 있다. 많은 사람이 이렇게 많은 모임을 힘들어 하는 것은 그 모임에 투자하는 시간 때문이 아니라, 그들이 경험하는 모임의 질이 투자하는 시간에 비추어 형편없기 때문이다. 시간은 실상 우리가 영적 탐구에 투자할 수 있는 가장 귀중한 자산 가운데 하나다. 영적 탐구자들이 목표를 이루고자 상당한 시간을 할애하는 경향이 점점 더 늘어나고 있다.

오늘날 사람들을 끌어당기는 영적 활동들은 비전 탐구, 고난 체험, 수련회(또는 피정)들이다. 이 모든 활동은 맥도날드화된 교회 문화가 보통 허용하려는 자세보다 더 느슨한 자세로 시간을 대할 것을 요구한다. 이런 현상은 북미 대륙에만 제한된 것은 아니다. 스코틀랜드 서남부에 있는 사미예 링(Samiye Ling) 티베트 불교 수도원은 고요하고 고독한 수련에 참가하려는 신청자들로 넘쳐 나고 있다. 현재 신청자들만으로도 4년 동안 수련회를 진행할 수 있을 정도다.

한 시간 이내로 예배시간을 제한하는 교회들이 어떻게 이와 같은 사람들과 어떤 의미 있는 관계를 갖기를 기대하겠는가?

예배가 예상했던 것보다 5분 이상 길어지면 참지 못하는 그리스도인들이 자신들의 '영성'으로 자신들보다 더욱 진지하게 영적 여정을 걸어가는 사람들에게 어떻게 영감을 줄 수 있겠는가?

우리는 이런 종류의 계산 가능성에 매달리고 있다. 이 바람에 우리 중 많은 교회는 사람의 의미를 찾고 있는 다른 사람들에게 다가가는 것은 관두고라도, 하나님을 찾거나 다른 그리스도인들과 의미 있는 사귐을 갖는 데 시간을 할애하려는 생각조차 하지 않고 있다. 영적 관점에서 본다면, 이것은 가장 적은 지출로 많은 음식을 먹을 수 있다는 맥도날드식 환상과 똑같은 것이다.

3. 예측 가능성

리처가 언급한 맥도날드화의 네 가지 주요 특성들 중 하나인 예측 가능성은 가장 쉽게 교회 안에서 확인된다. 리처는 예측 가능성을 다음과 같은 용어로 정의한다.

> 합리적인 사회에서 사람들은 모든 시대 상황에서 기대하는 바가 무엇인지 알려고 한다. 그들은 놀라운 것을 원하지도 않고 기대하지도 않는다. … 합리적인 사회는 시간과 공간을 초월하여 예측 가능성을 보장하기 위해 훈련, 질서, 시스템화, 형식화, 일상, 지속성 그리고 방법론적 운영과 같은 것

을 강조한다. … 이것은 수많은 사람이 패스트푸드 음식점에 매력을 느끼게 만드는 익숙하고 편안한 의식이다.[7]

불가피하게도 이런 방식에 '익숙하고 안락함을 느끼는 사람들'은 오직 특정 부류의 사람들로서, 과거에도 늘 존재했다. 리처가 강조하는 같은 요소들은 패스트푸드 매장들 못지않게 교회에도 적용된다. 그러나 역설적으로 교회의 사역에 대한 예측 가능성은 강점과 약점이 있다. 예측 가능한 것에 대한 안전은 실제로 사람들이 안전감을 갖게 하는 데 도움을 줄 수 있다. 그러나 단점은 모든 것이 판에 박힌 일상이 된다는 것이다.

더욱이(그리고 우리가 다음 장에서 이에 대해 더 깊이 탐구할 것이다) 오늘날 실제로 그런 종류의 안전을 추구하는 사람들은 단지 특정 부류의 사람들이다. 일반적으로 탈교회화된 사람들 중 많은 사람이 실험과 변화를 좋아하기 때문에 실제로는 예측 가능성을 싫어하는 반면, 이미 교회에 속한 사람들은 기질적으로 예측 가능성에 매력을 느끼는 사람들이라고 말할 수 있을 것이다.

실용적으로 오늘날 탈근대적 문화에서 맥도날드화의 이런 양상에 대한 교회의 열광은 효과적인 복음 전도의 주요 장애물이다. 이것은 어떤 교회에서도 정직성의 결핍을 손쉽게 부추길 수 있다. 내가 캘리포니아에 있는 풀러신학교 박사 과정 학생들과 이 질문을 놓고 토론할 때, 그들은 예측 가능성에 대한 열망이 때때로 건전한 의견 교환을 억누르는 데 사용될 수 있다는 점을 강조했다.

그들은 얼마나 많은 북미 교회에서 교인들이 특정 정치적 신학적 견해들을 갖고 있지만 거의 논의가 되지 않는 것이 당연한지를 내게 지적했다. 예컨대, 어떤 교회의 모든 신자는 낙태에 반대하거나 뉴에이지에 대한 특정 견해를 갖고 있거나 혹은 성경의 권위나 다른 이슈들에 관해 특정 견해

---

7 위의 책, 83, 85.

를 갖고 있을 것이라는 가정을 할 것이다. 내가 영국 교회들 안에 대개 같은 이슈들을 정확하게 예상했듯이, 이것은 미국만의 독특한 현상은 아니다.

또한, 나는 근원적인 가정들이 결코 논의될 것 같지 않다는 것을 알고, 특정 지역 교회나 특정 교단에 적을 두려고 의도적으로 선택한 사람들을 만나 보았다. 그 점에서 그들이 전혀 도전받지 않을 것이라는 것을 알고 있기 때문에, 그들은 '나는 모든 사람이 믿는 것과 같은 것을 믿습니다'라는 태도를 선호한다.

이 모든 것이 탈근대적 영적 탐구자들 가운데 효과적인 선교를 강요한다는 분명한 실질적 단점 외에도, 예측 가능성에 대한 논의가 신학적인 이슈들을 제기하는 이유는 그것에 대한 강조가 제자도와 생활 방식에 대한 우리의 모든 이해를 동질화(同質化)하려는 지속적인 압력을 가하기 때문이다. 이 과정에서 사람들을 처리하려는 유혹이 불가결하게 나타나기에, 그들 모두는 서로 복제 인간(clone)처럼 된다.

신앙 자체는 예측 가능한 것이 되며, 회심처럼 개인적이며 가변적인 경험들조차도 동일한 형태로 강요되기에 주어진 상황에서 한 사람의 신앙의 여정은 다른 사람의 신앙이 여정과 아주 비슷한 것으로 여겨진다. 왜냐하면, 그 모든 것은 당위적인 '참된' 회심에 대한 선입견(preconceived notion)에 의거하여 사전 포장되기 때문이다. 개인들은 사람들의 경험에 대해 듣고 성령에 대한 참된 (그리고 어쩌면 독특한) 체험에 대해 개방적인 방식으로 살아가며 믿기보다는 스스로 동일한 체험을 추구하려고 애쓴다.[8]

교육과 복음 전도 프로그램들에서도 이런 경향이 항구적으로 지속되는데, (예컨대) 단지 약간의 경험만으로도 알파코스(Alpha course)를 통해 영성

---

8 이에 대해 잘 수정된 연구에 대해서는 John Finney, *Finding Faith Today* (Swindon: Bible Society, 1992)를 보라. 또한, 회심 경험의 다양성에 관한 신학적 이해에 대해서는 Dick Peace, *Conversion in the New Testament* (Grand Rapids: Eerdmans, 1999)를 보라. 딕 피스는 그리스도에 대한 회심이 변함없이 다메섹 도상 형태의 순간적인 경험이라는 생각은 바울의 경험에 관한 지나친 강조와 예수님의 제자들의 경험을 무시할 때만 지지될 수 있다고 주장한다.

훈련을 받은 사람들과 엠마우스(Emmaus) 같은 프로그램을 통해 영성 훈련을 하는 사람들을 구분하는 것은 매우 간단하다. 신학자들조차도 이런 경향에서 예외적이지 않으며, 신앙 발달 단계 이론의 규범적 성격은 단지 영적 여정에서 전반적인 예측 가능성을 측정하려는 동일한 욕구의 다른 형태일 뿐이다.[9]

일반적으로 그들은 자신들이 알파코스 같은 접근들과는 전혀 관계가 없다고 믿는 반면, 신앙 발달 이론과 연관하여 끊임없이 자신을 분석하는 그리스도인들에 대해 들을 때('나는 주로 4단계에서 5단계로 가는 도중에 있다'), 나는 그 차이를 말할 수 없다고 인정한다. 그들은 가장 편협한 근본주의자처럼 전적으로 제한된 예측 가능한 믿음의 형태를 지나치게 갈망한다.

예측 가능성에 대한 이런 동일한 갈망은 특히 성공적이라고 여겨지는 다른 교회들을 '모방'하기 위해 다른 프로그램들을 채택하는 것으로 자주 이어진다. 이런 생각은 대개 성장하는 교회의 프로그램을 실행하므로 어느 교회에서나 성취한 것과 동일한 성장과 성공을 '보장'할 수 있다는 것이다. 즉, 우리가 다른 교회들과 똑같은 프로그램을 실행한다면, 똑같은 결과를 얻을 수 있을 것이라는 주장이다. 이런 현상은 지난 20년 동안 영국 교회의 주요 재앙들 가운데 하나였다. 한 교회가 효과를 보는 어떤 요

---

[9] 신앙 발달 단계에 대한 고전은 James Fowler, *Stages of Faith* (San Francisco: Harper & Row, 1981)이다. 원래 피아제와 콜버그 같은 발달 심리학자들의 통찰에 근거한 신앙 발달 단계의 후기 공식들은 캐롤 길리건(Carol Gilligan)의 책 *In a Different Voice: Psychological Theory and Women's Development* (Cambridge MA: Harvard University Press, 1982)에 나오는 비판들을 고려하여 조정되었다. 길리건은 이 모델이 남성 모델임을 강조했다. 비록 이론가들이 현재 파울러의 6단계를 직선적 모델이라기보다 순환적 모델로 말하는 것 같을지라도, 어떤 면에서 이 모델이 개인에게도 보편적으로 적용 가능한 인격적 성숙에 대한 규범적인 통로라는 생각에서 완전히 벗어나기 어렵다는 사실이 입증되었다. 이 개념에 관한 최근의 적용들에 대해서는 V. Bailey Gillespie, *The Experience of Faith* (Birmingham AL: Religious Education Press, 1988); Jeff Astley and Leslie J. Francis (eds.), *Christian Perspectives on Faith Development: a Reader* (Leominster: Gracewing, 1992); Mary Jo Meadow, *Through a Glass Darkly: a Spiritual Psychology of Faith* (New York: Crossroad, 1996); A. Eugene Dyess, *Faithing: A Reconstructive Method* (Lanham MD: University Press of America, 1994)를 보라.

인을 발견할 때, 다른 사람들과 그 통찰들을 나누는 것은 극히 자연스러운 일이다. 이것이 우리가 서로 격려하며 다른 사람들의 경험에서 배울 수 있는 방식이다. 그러나 우리의 신앙 이야기를 다른 사람들에게 판매할 수 있는 상품으로 변질(變質)시킬 때—마치 하나님만이 이런 저런 특별한 방법으로 일하시는 것처럼—마치 프로그램을 고안한 사람의 의도와는 달리 대개 그 프로그램은 지나치게 규범적인 것이 되고 만다.

특히, 교회가 결산을 위해 고심할 때, 교회 프로그램 판매에 대한 상업적 인센티브를 인정하는 것은 어렵지 않다. 그러나 실제로 한 문화에서 좋은 아이디어와 문화적으로 적합한 것이 다른 문화에서는 놀라운 아이디어 이상이거나 그 이하가 아닐 수도 있다. 우리의 사회적 상황은 너무 다양하기에 작은 소도시도 다양한 하부 문화들로 구성될 수 있으며, 복음은 각 문화 안에서 매우 다른 방식들로 상황화될 필요가 있기에 이웃 공동체에서 작동하는 프로그램이 다른 공동체에서는 작동하지 않을 수도 있다는 것이다. 물론 우리는 다른 그리스도인들의 경험—그들의 성공뿐 아니라 실패를 통해서—에서 배울 필요가 있다.

그러나 어떤 눈에 띄는 성장을 이루기 위해 우리는 다른 사람들의 것을 복제해서는 안 되고 우리 자신의 독특한 상황에서 필요로 하는 것이 무엇인지 물어야 한다. 사실 뭔가를 형성하고 만들어 내려는 끊임없는 관심은 실제로 근본적인 것은 변하지 않는다는 사실을 확증하는 전략이 될 수 있다. 왜냐하면—만일 다른 사람들의 아이디어를 채택(모방, 역자 주)하려고 애쓰며 모든 시간과 열정을 허비하지 않는다면—기존 프로그램의 운영을 위해 모인 사람들은 그들의 지역 상황 안에서 적절한 격려를 받으며 변혁적인 예배와 증거의 경험적 형태들을 창조하는 에너지와 통찰력을 갖고 있는 사람들이기 때문이다. 우리는 하나님이 어디에선가 행하신 일에 너무 쉽게 골몰하기에 하나님이 현재의 시공간 안에서 실제로 행하시는 것을 구별하지 못한다.

하나님에 대한 언급(마침내 독자들 중 몇몇이 의심 없이 하나님에 대해 생각하고 있다)은 결국 기독교 신앙이 전적 타자(the Other)에 관한 것으로 추정되며, 따라서 예측 가능한 것이 될 수 없음을 내게 상기시켜 준다.

성경적 하나님에 대한 믿음을 거부하거나 적어도 위태롭게 하지 않으면서 예측 가능성에 의해 지배되는 세계관—혹은 교회 구조—을 소유하는 것이 가능할까?

현재 서구 세계에서 주류 기독교 신앙에 대한 중요한 대안으로 부상하고 있는 이 모든 영적 방향이 신비적이고 초자연적이며 예측할 수 없고 비합리적인(물론 계몽주의에서 주장하는 비합리적인 것과 같은 것은 아닌) 중대한 요소들과 통합되는 것이 확실히 눈에 띠고 있다. 일상생활이 합리화되면 될수록 우리의 내적인 삶을 신비적인 것에 집중하는 것이 더욱 중요하다. 이런 현상은 신비감을 보존하고 있는 고대 의식들이 점점 크게 호소력을 발휘하는 점과 일치한다고 볼 수 있다.[10]

4. 통제

통제는 리처의 마지막 네 번째 범주다. 어떤 점에서, 나는 통제를 분리된 요소로 간주하는 것이 어렵다. 왜냐하면, 힘과 통제에 대한 이슈들은 실제로 지금까지 검토한 모든 요소를 관통하는 암묵적 요소(subtext)이기 때문이다. 우리는 일상생활의 너무 많은 분야에서 끊임없이 통제를 받고 있기에, 여기서 그 모든 것을 열거할 수 없다.

우리는 패스트푸드 음식점뿐만 아니라 슈퍼마켓에서도 엄격한 통제를 받는다. 우리를 움직이게 만들려고 줄을 서게 하는 방식, 선반에 상품

---

10 정교회 전통은 실제로 영국 전역에서 성장하고 있는 전통적 주류 교파에서만 나타난다. Peter Brierly (ed.), *UK Christian Handbook Religious Trends 2000/2001* (London: Christian Research, 1999), 2.14, 8.11-8.13을 참조하라.

을 진열하는 방식, 우리가 계산대에서 '신용 카드'를 사용할 때 무의식적으로 습득한 개인적 습관들에 관한 정보, 이것들 모두 효율성, 계산 가능성 그리고 예측 가능성을 보장하는 기본적인 하부 구조로서 통제에 대한 실례들을 제공한다. 비록 마켓은 우리에게 서비스를 제공한다는 자부심을 갖고 있지만, 실제 우리가 대부분의 일을 하고 있는 것이다. 어떤 곳에서는 우리가 바코드를 스캔하고 신용 카드로 물건 값을 지불한다. 따라서 슈퍼마켓 소유주들은 고용 인력을 줄이고 사업의 효율성을 높일 수 있다(노동력 감소에 따른 더 높은 이윤 추구 방식).

여기서 그리스도인들이 영성의 통제를 시도했던 방식들에 대한 많은 사례를 제시할 수 있다. 아마도 가장 명백한 사례들 가운데 하나는, 20세기에 걸쳐 십자군 복음 전도자들이 집회 말미에 청중들을 강단으로 초청하는 방식인데, 강단 초청을 받은 사람들이 강단으로 걸어 나가는 것은 테마파크의 인기 있는 놀이 기구 주변으로 사람들을 몰려들게 만드는 맥도날드화된 방식과 유사한 것으로서 광범위한 영적 사회화와 통제 과정의 진입점(entry point)이 되었다.

실제로 이런 비교를 숙고하면 할수록, 그 유사성들은 더욱 분명하게 드러난다. 테마파크들이 '직원/종사자들'(cast members)을 고용하는 반면, 십자군 집회는 '안내원들'(counsellors)을 갖고 있다. 이 모든 경우에, 이들은 보조적이고 비공식적인 외형상의 이미지를 갖고 있는 존재로서 실제적인 목적을 위해 자기 자신을 숨긴다. 이들은 기업의 목적과 모순되는 일들이 발생하지 않는다는 것을 보증하는 경호원들이다. 테마파크에서 놀이기구들을 안전하고 즐겁게 사용하는 유일한 방법이 있듯이, 십자군 집회에도 그리스도에게 헌신하는 유일한 방법이 있다. 테마파크 방문자들이 공원 안으로 음식을 반입할 수 없는 것처럼, 전통적인 '복음 전도' 형태인 십자군 집회는 오직 한 종류의 영적 음식만 제공된다는 것을 보증하는 비슷한 단계들을 취한다.

당신이 전에 보지 못했던 사람들이 갑자기 당신에게 영원한 우정을 장담하면서 친밀하고 인격적인 모습을 보이는 것은, 그들이 맥도날드화된 방식으로 훈련받았다는 것을 보여 주는 표시다. 그들은 테마파크처럼 특정 패션을 따르고 특정 언어를 하며 특별한 태도를 보이고 질문에 대해 예정된 대답을 하도록 변함없이 통제되었다. 세속 분야에서 일하는 사람들처럼 그들에게도 감독관이 있는데, 감독관들은 누구도 그 과정을 방해하지 못하도록 막기 위해 그들 주위에 있으며, 그들이 규정된 영역 밖으로 나오는 것을 발견하는 감독관들은 그들을 귀찮은 고객으로 규정할 수 있다.

내가 관찰한 몇몇 십자군 집회 가운데 테마파크의 통제 방법들과 비교해 볼 수 있는 마지막 상세한 장면은 '회심자들'이 집회에 참여한 것을 기념하는 기념품을(어떤 경우에는 집회의 주인공—물론 예수 그리스도가 아니고 설교자—의 사진으로 장식된 각종 성경책들을 포함하여) 판매하는 서점이나 상점들을 통과하여 나가게 만드는 것이다.[11]

교회와 연관된 이런 통제 사례는 아주 명백한(터무니없는) 것처럼 보이기에 굳이 강조할 필요가 없다. 그러나 내가 언급했듯이, 십자군 집회와는 상관없이 많은 교회에서 이와 동일한 경향을 나타내는 더욱 은밀한 사례들이 있다. 예컨대, 최근 몇 년 동안 '평신도 사역'을 시도하고 고무하는 경향이 유행했다. 물론 그런 경향은 신약성경에 근거한 사역 형태로서 아주 긴진한 것이다. 그러나 나는 그런 사역늘 대부분이 인격적인 온전함을 고취하기 위한 참된 헌신과 하나님의 나라를 섬기기 위해 여러 은사를 수용하는 것에 근거한 것이 아니라, 대부분 맥도날드화의 사고방식(최소 비용으로 최고 효율성을 추구하는)에 의해 유발된 것이라고 생각한다.

어떤 교회에서 '평신도 사역'은 신자들의 쇼핑백을 채우는 것(신자들의 필요를 채우는 것-역자 주)과 같이 되어 가는 듯하다. 우리가 나누는 평신도

---

11 테마 공원 문화에 대한 직감적 논의에 관해서는 Alan Bryman, "Theme Parks and McDonaldization", in Barry Smart (ed.), *Resisting McDonaldization* (Thousand Oaks CA: Sage 1999), 101-115를 보라.

의 은사 활용에 관한 대화들 가운데 대부분의 교회는 오직 성직자가 하지 않는 사역들을 맡기기 위해 평신도를 활용하며, 만일 그들의 타고난 은사와 재능이 독창적인 것이라면 우리가 새로운 사역을 위한 공간을 창출하기 위해 구조를 바꾸는 것이 상대적으로 어렵다는 것이 현저하게 드러난다. 이것을 확증하기 위해 우리는 단지 평신도가 자신의 영적 은사들을 확인하고 규정하는 데 도움을 주기 위해 공통적으로 사용되는 다양한 점검 목록들을 제시하고 테스트를 실시해야 할 필요가 있다. 우리는 사람들이 기술에 민감하며 교회의 삶에 그것들을 기꺼이 활용하기 원한다고 말하지만, 평신도들에게 가능한 일률적으로 제시되는 사역들은 특정 영역들— 그 모든 은사는 우리가 기존의 리더십에 도전하지 않는 은사들로 확인한 것들로서 조심스럽게 선택된 사역들—을 지나치게 강조한다.

또한, 교회 안의 소그룹의 발전—신중한 '셀 교회' 전략이든 아니면 보다 비형식적인 것이든—은 그런 그룹들이 내부에서 자체적으로 온전하게 기능하는 교회로 발전하는 공간으로 허용되지 않는다면, 분명 또 다른 통제 장치가 될 수 있을 것이다. 그렇지 않다면, 소그룹은 개방된 상호 후원, 격려 그리고 치유 네트워크로 발전되기보다는 외부에서 부과된 의제에 의해 엄격하게 통제된(종종 그런 구조가 도전의 중심에 자리하게 될 것이라는 두려움으로 인해) 천박한 '유사 공동체'가 될 것이다.[12]

나는 교회 안에서 모든 것을 할 수 있다고 주장하는 것이 아니라, 통제와 책무 간의 차이를 주장하는 것이다. 우리가 오로지 맥도날드화류의 차이에 대처하려는 것이 진실로 드러나면서, 너무 자주 다양성이라는 이상을 말로만 주장한다. 이런 현상들은 여러 나라의 전통음식(ethnic food)을 파는 음식점들이 보다 합리화된 레스토랑 체인들로 점점 바뀌고 있으며,[13]

---

12 '가정 그룹'과 '가정 교회'의 차이에 대한 신학적으로 적당하고 실제적인 논의에 대해서는 Robert and Julie Banks, *The Church Comes Home* (Peabody MA: Hendrickson, 1998)을 보라.
13 Richard Munch, "McDonaldized Culture", in Smart (ed.), *Resisting McDonaldization*, 139;

뉴에이지가 '[사람들이] 영적 지루함을 해결하는 데 반드시 필요한 장신구를 구입하는 것처럼 세련된 본질적 존재의 상징'[14]으로 비서구의 영성들을 수용하는 방향으로 나타난다.

나는 이런 현상이 여러 전통에 속한 교회들에서 왕왕 일어나는 것을 보았기에, 이에 대한 사례들을 제시할 필요를 거의 느끼지 않는다. 교회는 (자신의) 오른손에 권력과 통제를 유지하려는 관심을 갖고 있는 독재 군주들과 정치 선동가들이 공유하는 것보다 더 많은 것을 갖고 있는 것으로 나타난다. 전통적인 교회 계층들 안에, 통제에 골몰하는 속물들과 지위 간의 단순한 일치의 부재를 지적하는 것이 좋을 것이다.

내가 알고 있는 가장 민감하고 개방적인 사람들 중 몇몇 사람은 감독이자 교회의 고위층 지도자들이며, 내가 만났던 가장 권력에 굶주린 사람들 가운데 몇몇은 평신도 지도자들과 지역 교회 성직자들이다. 그러나 단지 교회의 이미지에 대한 커다란 손상은 이미지뿐만 아니라 복음의 주장에 대한 것으로서 그것들은 지역 교회에서 일어난다. 왜냐하면, 지역 교회는 바로 평범한 사람들이 교회를 경험하고 자신들의 삶과 기독교 신앙과의 연관성 유무를 결정하는 장소이기 때문이다.

권력과 통제 이슈는 맥도날드화된 형태로 작동하는 다른 모든 요소의 중심에 놓여 있다. 특히, 지역 상황과 보다 광범위한 교파적 상황에서 성직자에게 지위를 부여하기 때문에, 교회들마다 공유하는 시장을 확보하기 위해 의식적으로 경쟁하는 미국 교회 지도자들에게 숫자는 가장 중요한 요소로 간주된다. '건전한'(sound) 신학에 대한 지나친 강조는 이와 동일한 표현이다. 여기서 '건전성'이 보수적 신학이나 자유주의 신학의 기준에 따라 규정되는 것은 실제적 사안은 아니다. 어떤 방식으로 신학의 건전성

Ziauddin Sardar, *Postmodernism and the Other* (London: Pluto Press, 1998), 139. 채식주의와 연관된 동일한 현상에 대해서는 Keith Tester, "The Moral Malaise of McDonaldization", in *Resisting McDonaldization*, 217-219를 보라.

14 Sardar, *Postmodernism and the Other*, 259-260.

이 정의되든, 그것은 종종 '올바른' 결과를 얻기 위한 훈련 프로그램들을 통해 문제가 있는 사람들을 재교육하는 영적 과정을 통제하는 것을 의미한다. 교회의 목표를 세우는 좋은 실천조차도 전제된 특정 결과를 수용하도록 우리 자신을 프로그래밍하고 다른 가능성을 위한 여지를 차단하기에 필시 미묘한 통제의 형태가 될 수 있다.

이것이 나를 포함하여 우리 모두에게 제기된 주요 도전이다. 다른 사람들이 인격적 성숙, 깊은 영성 그리고 온전한 성장 등을 이루기 원한다면, 그들이 반드시 우리처럼 되리라 여기는 것은 인간의 자연적 성향처럼 보인다. 우리는 하나님이 다양성 가운데 인간을 창조했다는—그리고 예수님의 제자가 되기 위한 핵심 특징이 권력과 통제가 아니라 약함과 연약함이라고 말씀했다는—기독교 신앙의 핵심 요소를 너무 쉽게 잊는다. 리처가 관심을 갖는 다양한 주제들은 우리 문화에서 '성공'을 측정할 수 있는 모든 방법이다. 하지만 우리가 성공을 정의하는 방식에 관해 중요한 질문을 제기하는 기독교 영성의 관점에서 볼 때, 우리의 문화가 규정하는 성공이라는 기준에서 예수님을 전혀 '성공적인' 분이라고 간주할 수 없다는 사실은 분명하다. 이 주제를 다음 장에서 다시 다룰 것이다. 이 주제는 내가 21세기의 효과적인 영적 공동체의 성격에 관해 다루고자 하는 많은 주제의 핵심을 파고들기 때문이다.

5. 강점과 약점

나는 다소 흑백 논리로 이 주제를 제시하려는 것이 아니다. 나는 우리가 이 주제를 다룰 필요가 있다고 확신하기에 이 사안에 대한 몇 가지 중요한 점들을 강조하려고 이 주제를 신중하게 선택했다. 물론 현대 사회에 대한 리처의 분석에 의문의 여지가 있을 수 있다. 예를 들어, 실제로 리처가 맥도날드화의 양상들을 탐구하거나 인식할지라도, 맥도날드화의 몇몇 양상은 우리에게 이익을 주었고 계속하여 이익을 주고 있다.[15] 그가 이런 경향들을 식별하는 핵심 도구인 패스트푸드 기업은 가능한 한 많은 사람에게 접근이 용이한 이미지를 제공하지만, 동시에 그것은 일종의 모델처럼 고급 제품(up-market product)으로 간주되지 않는다는 점에서 그 과정을 폄하하는 경향이 있다.[16]

교회의 삶과 연관하여 내가 앞에서 언급한 것들 가운데 몇 가지는 지금까지 언급된 것들보다 더욱 조심스러운 뉘앙스로 다루어져야 한다. 예컨대, 많은 교회가 조직적으로 엉망이면서도, 보다 효율적으로 선교 사역을 하는 방법을 지속적으로 숙고함으로 유익을 얻을 수 있다. 다른 교회들을 모방하는 것이 반드시 필요한 것은 아닐지라도, 그들에게서 배우는 것은 유용한 경험이 될 것이다. 예측 가능성이 반드시 나쁜 것은 아니다. 홀리데이 인 호텔 체인이 사용한 초기 광고에 나오는 단어들은 다음과 같다. '최고의 놀라움은 놀라지 않는 것이다.' 우리 중 몇몇은 안전한 항공 운송 시스템에 대한 예측 가능성 없이도 해외 여행을 즐길 것이다.

또한, 영적 생활의 양상들에 대해서도 이렇게 말할 수 있을 것이다. 모든 것을 끊임없이 재발명하는 것은 무의미하며, 실제로 의식과 예전에 대한 예측 가능성은 우리가 새로운 통찰들을 얻기 위해 도전받을 수 있는 안전하고 익숙한 상황을 제공할 뿐 아니라, 사람들이 하나님에게 집중하도록 도움을 줄 수 있다. 정기적으로 그런 환경들을 재탐색하므로, 우리는

---

15 교정에 대해서는 Christiane Bender and Gianfranco Poggi, "Golden Arches and Iron Cages", in Smart (ed.), *Resisting McDonaldization*, 22-40을 보라. *The McDonaldization of Society*, 11-13의 2판(1996)에서 리처는 비록 맥도날드화 현상에 대한 그의 일반적인 접근이 여전히 전적으로 부정적이지만 맥도날드화의 긍정적 특징들의 목록을 포함시켰다.

16 "Theorizing/Resisting McDonaldization: a Multiperspectivist Approach", in Smart (ed.), *Resisting McDonaldization*, 187에 나오는 '맥도날드화의 패러다임으로서 악명 높은 패스트푸드 회사인 맥도날드의 이름을 따온 것은 [리처의] 분석을 부정적으로 왜곡하며 맥도날드화의 논리, 즉 긍정적이고 부정적인 특색들을 이해하지 못한다는 더글라스 켈너(Douglas Kellner)의 논평을 참조하라.

사람들이 재능을 연마하여 일을 더 잘할 수 있도록 도움을 줄 수 있다. 그것이 성령의 새로운 활동을 방해하는 프로크루스테스의 침대(Procrustean bed, 침대의 길이에 맞춰 사람의 몸을 자르는 그리스 신화의 인물-역자 주)가 되지 않는다면, 스트레스를 다루거나 정기적인 기도생활이라는 치유의 맥락에서 예측 가능한 규정들도 가치가 있을 것이다. 통제조차도—그에 수반하는 모든 위험에도 불구하고—획일적으로 나쁜 것은 아니며, 기본적으로 더 이상 통제의 형태를 보이지 않는 실천들은 실제로 예측할 수 없는 세계에서 안정적인 형태를 제공할 수 있다.[17]

정보화 시대의 중요성 가운데 하나는, 이 시대가 불확실성을 조장하므로 우리가 더 이상 유용한 생활의 기술 같은 기본 지식에도 접근하지 못한다는 것이다. 결혼은 더 이상 영속적인 것이 아니며 소수만 평생 같은 직업을 갖게 될 것이라고 생각하는 소수의 사람들과 더불어 다른 많은 기회가 우리에게 열려 있다. 이런 상황에서 복음은 사람들이 자신의 삶을 어떻게 통제하며—모든 시스템과 구조에 대해—도덕적이고 영적인 면에서 점점 더 통제하기 어려운 세계에서 어떻게 책임적으로 살아갈 수 있는지를 보여 주어야 할 것이다.

동시에 우리는 리처가 주장하는 설득력 있는 논리를 벗어날 수 없다. 왜냐하면, 그 증거는 우리의 일상생활 전반에서 나타나기 때문이다. 리처의 분석을 낳은 그의 원저작이나 어떤 문헌에서도 교회가 어떤 중요한 특색을 띠는 것으로 나타나지 않는다.[18] 아마도 교회에 대한 이런 접근 자체가 전반적으로 교회의 광범위한 역할에 관한 진술일 것이다. 혹자는—궁극적인 가치들에 관심을 갖고 물질적인 것뿐 아니라 영적인 것의 중요성을

---

17 Steven Miles, "McDonaldization and the Global Sports Store: Constructing Consumer Meanings in a Rationalized Society", in Mark Alfino, John S. Caputo and Robin Wynyard, *McDonaldization Revisited* (Westport CT: Praeger, 1998), 53-66을 참조하라.
18 리처 자신은 TV 복음 전도자들과 바티칸에 대해 그다지 중요하지 않은 몇 가지 논평을 했다. *McDonaldization of Society*, 58을 참조하라.

인식하는—기독교 전통이 삶의 상품화의 주요 대상이 되었을 것이라고 생각할 수 있다. 그것은 사실이 아니며, 교회가 적극적으로 맥도날드화를 촉진했다는 사람들의 주장은 너무 지나친 것이라고 생각할 수도 있지만, 교회가 맥도날드화에 거의 반대하지 않았다는 것은 자명하다.

실제로 베버의 최초 가설이 정확하다면(그리고 어느 누구도 그 가설을 부정하지 못한다면), 그리스도인들(특히 개신교 개혁 전통에 서 있는 사람들)은 베버가 주장한 개신교 노동 윤리와 우리가 현재 근대성이라고 칭하는 전 사회 구조 간의 연관성을 진지하게 검토하며, 사회의 일부인 교회가 사회적 실재에 의해 사로잡혀 있지는 않은지—그리고 우리의 신앙이 지금까지 안주하던 문화를 거부하지 못한다면 지금 우리가 무엇을 해야 할지—를 물어야 한다.

맥도날드화의 논지를 교회에 적용하려는 내 의도가 리처의 이론을 지지하는 자들과 반대하는 자들과 더불어 맥도날드화에 대해 그가 설명한 방식을 수정해야 한다고 제안하는 것이 내가 말하려는 요점이다. 맥도날드화 과정이 근대성(modernity) 아니면 탈근대성(post-modernity) 안에서 자리매김을 하는지에 관한 많은 논쟁이 있었다. 그러나 이 모델이 교회에 쉽게 적용될 수 있다는 것은 맥도날드화 현상이 단지 이해 가능한 문화적 기반 내에서 작동한다는 가정에 도전한다. 비록 기술의 부상과 기술 기반의 의사소통 도구들의 부상으로 인해 세계화가 가능하게 되었다는 주장이 널리 수용된다고 할지라도, 누군가가 세계화에 대해 생각하기 오래전에 교회가 세계화를 고안했다는 사실이다.

오늘날 우리의 지식과 실천에 비추어서, 기독교 왕국은 지금 우리가 사용하는 미디어의 인접성이나 확고한 힘을 갖고 있던 것으로 드러나지 않지만, 적어도 당시에 기독교 왕국은 맥도날드 이상은 아닐지라도 상대적으로 다국적 기업으로서 맥도날드가 갖고 있는 것만큼 강력했을 것이다. 사실 내가 여기서 교회 안의 '맥도날드화'로 확인한 특성들 가운데 많은 것이 수 세기 전에 발견된다. 리처가 상업적이고 산업적인 관심 분야에만 자신의 분석을 제한하기에, 그는 고상하게 묘사된 맥도날드화 현상의 역사적 차원을 놓쳤거나 차단했다. 교회와 연관하여 근대성의 압력은 이미 드러난 기존 특성들만 강화했는데, 그것은 맥도날드화가 전적으로 근대성에서 탈근대성으로 전이되는 문화 변화 패러다임에 위치할 때 맥도날드화가 충분히 이해되지 않는다고 제시한다.

이런 경향의 뿌리는 보다 정확하게는 초기 기독교 시대에 헬레니즘 세계를 지배하며, 특히 A.D. 312년 콘스탄틴 황제의 회심 이후 교회가 적극적으로 수용했던 그리스의 합리성과 로마의 기술적 실용주의의 결합으로 거슬러 올라갈 수 있다. 이런 인식은 현재 제시되는 영적 해결책들 가운데 많은 것이 실질적으로 이 시기만큼 거슬러 올라가야 되기 때문에 현대 서구 문화에서 진행되는 교회의 선교적 상황 파악을 위해 특히 중요하다.

예를 들어, 나는 최근 몇 년 내에 급격하게 출현한 신이교주의(neo-paganism)와 신비적이고 마술적인 경향들—그리스와 로마의 합의(Graeco-Roman consensus)에 의해 금지되었고, 그 이래로 서구인들의 삶의 주변에서 겨우 명맥이 유지되었던 모든 관습—에 대한 점증하는 관심사를 숙고하고 있다. 기독교 전통의 관점에서, 이런 경향들에 나타나는 고유한 긴장은 유형론적으로 그리스도인됨에 관한 로마 문화와 켈틱 문화 간의 특징적 차이에 기인한다. 역사적으로 이 사안들은 A.D. 664년 휫트비 시노드에서 명확하게 결정되었으나, 실제로 이 논쟁들은 전혀 종료되지 않았으며 이 차이의 해소와 연관된 이슈는 현재 교회의 삶과 선교에 핵심이 될 것이다.[19]

리처의 논제가 원래 그가 주장했던 것보다 덜 정확하거나 포괄적인 것으로 입증된다면, 그것이 여전히 교회가 제기할 필요가 있는 이슈들을 이해하는 데 활용 가치가 있는가를 합리적으로 질문할 것이다. 실로 그 대답은 매우 단순하다. 그의 논제가 작동한다는 것이다. 그것은 리처의 첫 번

---

19 오늘날 교회가 직면하는 도전과 연관된 이슈들에 관한 간결한 진술에 대해서는 John Finney, *Recovering the Past: Celtic and Roman Mission* (London: Darton, Longman & Todd, 1996)을 보라.

째 책에 대해 논평한 대다수가 동의하는 하나의 결론이다.

리처는 베버의 사상에 너무 의존하고 있다는 비판을 받았는데, 그 이유는 맥도날드화가 근대화의 산물인지 아니면 탈근대화의 산물인지 혼돈을 초래했고, 보통 사람들의 실제적 경험이라는 문화적 차원들을 충분히 고려하지 않았으며, 모든 상황에 보편적으로 적용되지 않는 논제를 발전시켰기 때문이다.[20] 그러나 이 모든 비판에도 불구하고, 이 모델은 오늘날 사람들이 삶을 경험하는 방식의 중요한 양상들을 명확하게 포착한다. 이것이 바로 피터 빌하스(Peter Bilharz)가 '캔 오프너'(a can opener)로 묘사한 것이며,[21] 리처가 자신의 접근 방식을 '종료점이 아니라 다른 사람들이 그 과정에 대한 우리의 지식을 확장시킬 수 있는 기초'로 묘사한 것이다.[22]

6. 실천신학으로의 회귀

방법론적으로 실천신학은 내가 이 논제의 사용을 이해하는 방식이다. 그것은 본질적으로 교회의 삶과 선교와 연관된 몇몇 이슈에 관한 사고로 초청한다. 나는 아마도 리처의 논제가 특히 명백하거나 분명하게 표현된 이론적 근거를 갖고 있지 않다는 주장과 같은 비판들에 대해 열려 있다.[23]

이미 제1장에서 지적했듯이, 나는 실천신학의 초석으로서 이론적 근거를 먼저 발전시킬 필요가 있다는 혹자의 견해가 학문적 훈련의 본질에 대한 오해라는 것을 주장했다. 그러나 이런 접근이 주관성의 대양을 표류하는 것임을 말하려는 것은 아니다. 오히려 그것은 절충적 방법론의 한 예로

---

20   요컨대 이 비판은 Alfino et al., *McDonaldization Revisited*; Smart (ed.), *Resisting McDonaldization*에서 제기된 비판들의 요점이다.
21   Peter Bilharz, "McFascism?", in Smart (ed.), *Resisting McDonaldization*, 222.
22   George Ritzer, "Assessing the Resistance", in Smart(ed.), *Resisting McDonaldization*, 238.
23   물론 리처는 그의 책 *The McDonaldization Thesis: Explorations and Extensions* (Thousand Oaks CA: Sage Publications, 1998)에서 이런 많은 비평을 했다.

서―말하자면 역사 사회학이나 문화 연구와는 구별된―앨빈 굴드너(Alvin Gouldner)가 '뉴스페이퍼 사회학'(newspaper sociology)으로 묘사한 것이다.[24]

이런 경향을 세심하게 파악하는 사람들은 그 절차가 이론적인 가설을 구체화하지만 데카르트 철학의 자율적이고 합리적인 개인에 의해 쉽게 인식되는 추상개념들로 표현되는 것이 아니라는 사실을 깨닫게 될 것이다. 반대로 확고한 삶의 경험들에 대한 주장을 구체화하는 것은 개념을 설명하고 확장하는 과정에서 본질적일 뿐 아니라 자체적으로 발전하는 논제의 일부다. 이것은 단지 '실제로 우리는 결코 이론에서 실천으로 움직이지 않는다. … 이론은 항상 실천 가운데 구체화된다'라는 신학의 본질과 연관된 브라우닝의 주장을 설명하는 다른 방법일 뿐이다.[25]

다른 이미지를 사용하여 브라우닝은 '한 번에 한 장면을 촬영하기 위해 움직이는 영상을 정지시켜' 조작하는 영화 촬영 기법인 싱글 프레임과 유사한 실천신학과 '필름에 예술적인 화려한 장식들을 편집하고 음향과 조명을 추가하여 방영하는'[26] 것을 구분했다. 내가 이 주제에 접근하는 방식은 필름을 돌아가게 하는 것은 한 번에 한 프레임을 찍는 것보다 훨씬 더 중요하다는 것이다.

앞에서 설명했듯이, 내가 근대성에서 탈근대성으로 문화적 패러다임의 전환 가운데 전적으로 맥도날드화의 부상에 대한 리처의 위치에 관해 보다 신중하기를 원할지라도, 아마도 이 전환은 선교학적으로 오늘날의 그리스도인들이 관여해야 할 핵심 이슈임을 그런 대로 살펴볼 수 있다.

근대성의 소멸(보다 정확하게는 사회 내부에서 근대성에 관한 심각한 불안이 표면화됨)이 교회의 영향력과 신뢰성의 추락을 수반했다는 것은 거의 우연의 일치가 아닐 수 있다. 왜냐하면, 수 세기 동안 이 둘 사이에는 공생 관계가 유지되었기 때문이다. 어쨌든 교회가 표면상 부상하는 문화 내의 '세속적'

---

24 A. Gouldner, *The Dialectic of Ideology and Technology* (London: Macmillan, 1976), 114.
25 Don Browning, A *Fundamental Practical Theology* (Minneapolis: Fortress Press, 1991), 9.
26 위의 책, 135.

세력들에 의해 장악되는 것을 허용했다고 생각하기는 쉬운 반면, 제임스 백포드(James Backford)가 지적했듯이 현실은 그보다 더 복잡했다.

> … 근대화에 대한 문화적, 정치적 추진력은 영국 사회의 강력한 조직들과 영국 정부의 법적이면서도 유사 공공 기관들에 의해 보호받고 도움 받던 개신교에 종교적 뿌리를 두고 있다. … 그러므로 영국에서 조직된 종교적 세력들과 근대화 세력들 간의 전투적 이미지를 떠올리는 것은 매우 잘못된 것이다. 그것은 근대성에 대한 종교의 '인정'(concessions)에 관한 질문이 아니었다. 오히려 20세기 초까지 진보는 있었지만, 국가의 적극적 보호 아래 많은 종교적, 과학적, 경제적 그리고 정치적 관심사 간의 매끄러운 수렴이 항상 존재하지 않았다. … 아주 소수의 영국 주류 종교 단체가 사회 생활에서 과학과 기술의 점증하는 지배를 저지하려고 적극적으로 노력했다.[27]

이런 입장에서 내가 한 가지 수정하기 원했던 것은, (대부분의 사회학자에게 공통적인) 개신교가 이런 합리적인 특징들을 보여 주는 기독교의 유일한 요인이라고 백포드가 당연히 믿었던 것이다. 우리는 근대성의 근본적 원리를 제공한 계몽주의라는 묘책이 고대 헬라의 세계관과 상당히 유사한 표현이라는 것과, 따라서 종교개혁에서 근대 세계의 출현뿐 아니라 헬레니즘 문화에서 기독교 왕국과 르네상스로 거슬러 올라가는 문화적 연속성과 분명한 발전 과정을 끌어내는 것이 어렵다는 것을 잊지 말아야 한다.

그럼에도 우리의 직접적인 관심은 확실히 보다 최근 시기에 관한 것인데, 근대주의 이론가들이 꿈꾸던 일종의 세속 사회의 명백한 몰락으로 교회는 점점 더 근대성의 마지막 요새들 가운데 하나로 무미건조하게 고립될 위험에 처해 있다. 조직적인 관점에서 주류 교파들은 이미 고립된 빅토

---

27 James A. Beckford, "Religione e società nel Regno Unito", in *La religione degli Europei* (Torino: Edizione della Fondazione Giovanni Agnelli, 1992). 여기에 나온 인용문은 백포드가 내게 제공한 미간행 영어 소논문에서 발췌했다.

리아 시대의 관료 계층인 마지막 근대주의자들이라는 것은 논의의 소지가 있다.[28] 그것은 충분히 문제가 되는 듯하다. 그러나 단순히 조직적인 사안으로서 어려움을 제기하는 것으로는 아무것도 해결할 수 없을 것이다. 자신들의 운영 시스템에 현대적인 경영 기술들을 선택적으로 도입하여 문제를 해결하려던 교회들은 현저한 쇠퇴를 막지 못했다. 실로 그런 시도들은 쇠퇴와 몰락을 가속화하기까지 한다. 왜냐하면, '일상화는 그 안에 생명력 없는—어떤 즐거움과 정신없이 한 과제에서 다른 과제로 옮겨가는 사람들—아이디어를 갖고 있기 때문이다.'[29]

사회적 합리화에 대한 논의에서 교회의 삶의 양상들과 리처가 '맥도날드화'로 칭하는 양상들 간의 유사성이 1978년에 관찰되었다.[30] 그러나 사회과학자들은 패스트푸드 비즈니스 '의례들'과 교회 안에서 진행되고 있는 일들 간에 거의 선택 사양이 없다는 결론에 만족할 것이다. 왜냐하면, 그리스도인들에게 근본적인 이슈는 정직성을 요구하는 것으로서 역사적으로는 다루기 훨씬 어려운 불가능한 것이기 때문이다. 아주 단순히 말하자면, 우리는 영적 사회에서 세속적 교회로 종국을 맞이하는 듯하다. 우리가 이런 현상을 어떻게 이해할 수 있으며, 이런 이슈를 다룰 수단들을 어떻게 발견할 수 있는가에 대해서는 뒤에서 다룰 것이다.

---

28 William Storrar, "From *Braveheart* to Faint-heart: worship and culture in postmodern Scotland", in Bryan Spinks and Iain Torrance, *To Glorify God* (Edinburgh: T&T Clark, 1999), 69-84를 참조하라.
29 Ron D. Depsey, *Faith Outside the Walls* (Macon GA: Smyth & Helwys., 1997), 9.
30 C. P. Kottak, "Rituals at McDonald's", in *Natural History* 87/1 (1978), 75-82.

제4장

우리가 접근하려는 대상은 누구인가?

현재 우리가 처한 위태로운 상황에 대한 내 분석이 대략 정확하다면, 오늘날 교회는 어려운 도전에 직면해 있을 뿐 아니라 큰 기회를 맞고 있다. 한편으로 분명한 사실은 서구 교회들이 사양길에 접어들었다는 것이다. 다른 한편에서 논쟁의 여지가 없는 사실은, 우리가 지금보다 영적 의미에 대한 명백한 탐구가 강렬한 적이 없던 시대에 살고 있다는 것이다. 30년 전 내가 학생이었을 때, 대개 세상에서 교회의 공신력은 과학적 합리주의의 끊임없는 발전으로 인해 휘청거리는 것처럼 보였다.

대다수 영국 지식인 진영에서 과학적 합리주의가 소비에트 제국으로 대표되는 마르크스주의를 포용하는 경향을 띠었을 때, 교회의 상황은 냉전 시대의 중심에 있었다. 실로 영국의 몇몇 저명한 대학 교수는 구소련의 대리인들처럼 활발하게 활동했으며, 마르크스주의에 대해 학생들과 동료들을 설득하려고 애썼다.

더욱더 많은 사람은 세상 어디엔가 어떤 가치가 존재할 수 있는 한, 공산주의로 대표되는 기계적이고 무신론적 세계관은 아마도 마르크스주의에서 발견될 것이라고 당연히 확신했다. 어떤 종류의 영적 실재를 믿는 것은 반드시 유행하는 것은 아니었기에, 종교적 신념을 갖고 있는 학생들은—그것이 확고한 근거가 있다는 기대에서—교수들이 그들에게 힘든 시간을 부여했다고 당연히 믿었다. 동시에 나와 같은 세대에 속한 많은 사람은 어떤 거대한 사건이 일어나고 있다는 것을 감지했다. 왜냐하면, 그 시기는 의미와 인격적 온전함에 대한 탐구가 반드시 앞선 세대들부터 전해진 전통적 시스템들을 통해 성취되지 않는다는 사실을 발견하는 시기였기 때문이다.[1]

많은 사람에게—고전 음악 작곡가들의 작업이나 20세기 초 대중 음악과 비교해 보면—이 시기는 보다 원시적이고 구조화되지 않은 것처럼 보였지만, 전통 음악이 결코 이루지 못했던 우리의 영혼을 울리고 우리의 존재를 어루만진 바로 그 이유로 인해 팝 음악의 리듬과 운율이 도래했다.[2] 미국과 구소련의 가장 유망하고 뛰어난 사람들이 상대방을 전멸시키기 위해 전력을 다하는 가운데, 전 세계에서 가장 강력한 국가인 미국은 베트남 전쟁에서 승산이 없다는 것을 확인하고 그 상황에 관해 아무것도 할 수 없다는 사실을 감지하는 가운데, 전통적 시스템의 붕괴를 경험했다.

결국, 독불장군(maverick)인 리처드 닉슨(Richard Nixon)이 그런 갈등에서 미국의 상황을 예측하는 데 성공했던 것은 우연의 일치가 아니었다. 왜냐하면, 기존의 패러다임들—물론 나중에 닉슨 대통령의 하야로 이어진 일련의 습관—에 순응하지 않고 차별화된 행동을 할 인물을 요구했기 때문이었다. 동시대에 마틴 루터 킹(Martin Luther King Jr.)이 주창하고 주도한 시민운동(Civil Rights Movement)은 그 나름대로 같은 문제를 강조하고 있었다. 먼저 노예 제도를 만든 것은 인간에 대한 합리적인 견해였는데, 비록 이론적으로는 노예 제도가 오래전에 폐지되었지만, 실질적 효과를 보기에는 충분한 합법화가 이루어진 것처럼 보이지 않았다. 그것은 마음과 정신의 변화를 필요로 했으며, 진정한 동반자로서 아프리칸 아메리칸과 백인을 통합하는 새로운 존재 방식을 포용할 것을 요구했다.

1　See Arthur Marwick, *The Sixties* (Oxford: Oxford University Press, 1998).
2　현 세대와 차세대들과의 관계에서 교회의 명시적인 무능력한 의사소통과 연관하여 팝 음악이 담당하는 핵심 역할에 관해서는 Tex Sample, *The Spectacle of Worship in a Wired World* (Nashville: Abingdon Press, 1998), 34-44를 자세히 살펴보라.

1970-80년대에는 동등한 파트너로서 남녀의 지위와 연관된 패러다임 변화를 위한 유사한 필요성이 제기되었다. 뒤늦게 깨달은 것이지만, 지금 우리는 이 모든 이슈가 서로 연결되어 있다는 것을 볼 수 있으며, 21세기에 들어서면서 50년 전과는 전혀 다른 세상이 도래할 것이라고 확신했다. 새로운 과학적 패러다임의 출현은 이미 기계론적 세계관에 대해 심각한 의문을 제기했으며—1990년대 초 동유럽 전반에 걸쳐 놀라운 형태로 붕괴가 일어난 것처럼—머지않아 가장 확고한 기계론적 세계관에 기반을 둔 문화가 내부적으로 붕괴되고 와해되는 것은 필연적이었다.

20세기 후반 대다수 교회는 일반적으로 발생하고 있던 문화 변화에 대해 양가적 태도를 취했다. 1960년대에 청소년이었던 나는 교회 지도자들이 비틀즈와 부상하는 다른 팝 그룹들의 콘서트에 가거나 의상을 모방하는 것은 고사하고, 그들에 대해 폭언을 퍼부으며 그들의 음악을 듣는 것이 위험하다고 젊은이들에게 엄중하게 경고하던 것을 기억하는데, 그것은 존 레논(John Lenon)이 '지금 우리는 예수보다 더 위대하다'라는 유명한 주장을 하기 전이었다. 나 역시 불길한 기분에 휩싸여서 남아프리카공화국에서 사역하던 한 선교사가 내 고향 교회를 방문하여 자신의 선교 사역에 대해 보고하던 것을 기억하는데, 그는 내가 나중에 깨닫게 된 인종 차별 제도(apartheid system)에 대해 온정적으로 칭송하며 넬슨 만델라(Nelson Mandela)와 마틴 루터 킹 같은 사람들의 활동을 가차 없이 비난했다.

이 두 개의 특정 사례들은 대개 오늘날 그리스도인들의 견해를 반영하지는 않지만(비록 내가 여성과 남성의 동등성에 대한 언급을 했다 할지라도 그것은 다른 이야기였을 것이다), 문화와 연관된 동일한 종류의 애증 관계는 여전히 많은 교회와 초교파 단체에 널리 퍼져 있다. 현재 나와 같은 세대가 교회 지도자들이다. 즉, 나와 같은 세대의 사람들이 현재 교회 지도자들이다. 그들은 리더십 그룹에 남아 있던 반면, 우리 세대의 대다수가 교회를 떠났는데, 정확하게 그 이유는 교회가 '실제로' 그들에게 제시했던 것과 그들이 삶의 경험을 통해 이해하고 의미를 제공한다고 알았던 것을 수용할 수 없었기 때문이었다.

　제2차 세계대전 말부터 1960년 말 사이에 출생한 사람들('베이비 부머')은 그야말로 문화 변화의 시기에 태어난 것이 분명하다. 계몽주의 이념에 의해 고취되었고 산업화를 통해 일상의 생활 방식으로 변형된 존재 방식들은 당시에는 전혀 명확하지 않았지만(아직은 도래하지 않은), 이전에 작동하던 것들과는 명백하게 다른 가정들에 근거하여 작동하는 기제들에 의해 소멸되고 대체되는 과정 중에 있었다. 홀로코스트(Holocaust) 같은 독재 정치에 관한 많은 정보가 개방되고 산업화를 통해 추진할 수 있었던 것(나치가 유대인들과 다른 인종들을 학살한 것은 고도로 합리화된 산업화 과정이었다)에 대해 우리가 깨닫게 되면서, 인류가 급진적인 패러다임의 변화 없이 오랫동안 생존할 수 없다는 사실이 분명해졌다.

　그러나 이 주장은 이 세대에서 보편적으로 제시된 결론이 아니었고, 내게는 현재 교회가 처한 대부분의 곤경이란 직접적으로 지도자들의 인격적 불안정 때문인 것처럼 보인다. 비록 사회 분석가들이 베이비 부머들이 출생한 특정 시기를 통상적으로 정한다 할지라도(대개 1943-1960년), 사안은 그렇게 단순하지 않다. 베이비 부머 세대들은 그처럼 획일적이지 않다.

　근대성과 탈근대성이라는 두 세계관 사이의 불안정한 상황에서 태어났다는 것은, 한편이 근대성 쪽에 서 있는 반면, 다른 편은 필연적으로 탈근대성 쪽에 서 있다는 것을 의미했다. 나는 분명히 탈근대성 편에 속해 있었기 때문에, 나와 비슷한 연령대의 사람들이 어떻게 그리고 왜 여전히 근대성의 사고방식에 갇혀 있는지 잘 이해할 수 없었다. 비록 그것이 단지 어떤 직감일지라도 아마도 기질이나 성격과 연관된 것일 수도 있다. 왜냐하면, 나는 이 질문을 다룬 어떤 리서치도 알지 못하기 때문이다. 그러나 내게 분명한 한 가지 사실은 대체로 교회가 근대성을 신봉하는 사람들을 포용했으며, 보다 자연적인 존재 방식인 탈근대적 삶의 방식을 따르는 사람들에게 접근하는 방법을 실제로 모른다는 것이다.

나는 몇 년 전 한 회의에 참석했는데, 그 회의에서 한 유명한 영국 복음주의 신학자가 어떤 면에서 호의적이고 도움을 주려는 의도에서 나를 한쪽으로 데려가서 내게 유감을 표했다. 그 이유는, 내가 주장하는 절충적인 견해들로 인해 내가 '매우 위험한 인물'(그녀가 정확히 표현한 대로)로 간주되고 있다고 내게 말하면서 그녀가 영향을 미치는 진영에서 내가 의구심의 대상이 된다는 것이었다. 나는 정중하게 웃음을 지었지만, 나중에 내가 아닌 다른 어떤 사람이 될 수 없다는 것과—복음주의자이든 자유주의자이든 아니면 어떤 다른 부류이든—신학적 근대성의 합리화된 도식에 맞추는 것은 내 성향이 아니라는 것을 깊이 생각했다. 물론 내가 그렇게 할 수는 있었으나, 만일 내가 그렇게 했다면 어떤 면에서 삶을 보다 쉽게 살아갈 수 있었지만, 그 과정에서 나 자신의 실재를 부정해야 했을 것이다.

나를 비판한 (그녀는 자기 방식으로 영국 교회에 중대한 공헌을 했다) 그녀를 비방하려고 이런 말을 하려는 것이 아니라, 이에 관해 아무것도 알지 못하는 젊은이들은 말할 것도 없고 탈근대적 패러다임을 편하게 느끼는 나와 같은 세대들에게 교회가 직면한 주요 도전처럼 보이는 효과적인 복음 전도를 강조하려는 것이다. 탈근대주의자들(post-moderners)의 핵심적인 특징은 분류되는 것을 싫어한다는 것이다.

우리는 삶이 생각보다 훨씬 더 복잡하다는 것과 우리의 풍부하고도 다양한 경험들이 예측 가능한 일련의 합리적 범주들로 축소되는 것이(내가 말하려는 것은 다른 사람들뿐 아니라 하나님에 관해서도) 너무 제한적이고 너무 불확실하다는 것을 파악했다. 이것이 리처가 의미하는 '맥도날드화의 철장'의 일부분이며, 사람들이 이런 문제를 일상생활에서 직면하게 될 때 점점 더 많은 사람에게 문제가 된다면, 그것은 교회와 연관된다. 그것은 이미 자신들을 탈근대주의자들이든 아니면 아직 도래하지 않은 세대들로 간주하는 사람들에게 당연히 접근하고 도전할 수 있는 방법은 아닐 것이다.

만일 상황이 그렇게 단순하다면, 우리는 현대인들이 복음을 들을 뿐 아니라 급진적인 도전을 수용하고 다른 이들과 기쁜 소식을 나눌 지지적인 공동체를 발견할 수 있도록 만든다는 점에서, 이 이슈를 다루는 것은 개혁하는(reinvent) 진솔한 작업이 되어야 할 것이다.

어떤 사회 조직이 그 자신의 불가피한 소멸을 보장하는 방식들을 열렬하게 포용할 수 있는가?

그러나 교회의 경우에 그것이 이야기의 전부는 아니다. 우리가 알고 있는 교회들이 점점 더 많은 사람의 영적 관심과 무관한 한편, 그들은 영적 탐구를 통해 다른 사람들을 돕거나, 그렇지 않다면 아마도 그들이 현재 돕고 있는 사람들보다 더 적은 소수의 사람의 주의를 끌 것이다(우리가 잊지 말아야 할 것은, 미국의 여러 지역에서 교회에 가는 것이 여전히 문화적 규범인 반면, 영국 교회의 모든 쇠퇴에도 불구하고 영국에서 정기적으로 예배에 참석하는 교인 수는 여전히 스포츠 경기 관람자의 수를 넘는다). 그리스도인들이 그렇듯이 우리 자신을 폄하하는 대신, 적어도 우리가 성취한 것에 갈채를 보내야 한다. 즉, 2-3세기 동안 종교적 신념에 대한 지속적인 사상적 공격 후에도 우리 선조들은 생존했을 뿐 아니라 특정 부류라는 좁은 한도 내에서 번창하는 교회를 우리에게 물려주는 데 성공했다.

예를 들어, 영국 교회들 중 예배에 참석하는 노령 인구가 대략 일반적인 노령 인구의 증가와 일치한다는 점에서, 1989년부터 1998년에 실질적으로 증가했다. 어떤 면에서 이 통계는 일종의 고무적인 지표로 해석될 수 있다.[3] 그러나 그것은 단지 절반의 사실일 뿐이다. 왜냐하면, 우리는 다가올 세대들에게 어떤 교회를 물려줄 것인가를 질문해야 하기 때문이다. 어떤 지역 상황에서 교회들은 민감한 질문이 제기되는 지점을 넘었다. 왜냐하면, 이미 그들은 중장년층을 집중적으로 보존(관리)하는 기관이 되었기 때문이다. 더욱이 그리스도인 부모들은 자기 자녀들이 의미 있는 신앙을 계속 유지하며 성인이 되도록 힘겹게 애쓴다. 이것은 그런 상황에 처해 있

---

3 그것은 정확하게 Peter Brierley (ed.), *UK Christian Handbook Religious Trends No. 2: 2000/2001* (London: Christian Research, 1999), 0.3-0.4에 나온 스핀 현상이다.

는 가족들에게는 개인적인 비극일 뿐 아니라, 복음 전도와 연관된 중요한 질문을 제기한다.

만일 교회에서 성장한 사람들에게(아마도 그것이 다른 것보다 낫다고 짐작하는) 교회의 삶이 그들에게 영적 지침을 제공하지 못한다는 것을 깨닫는다면, 어떻게 우리가 청렴한 모습으로 다른 사람들을 기독교 신앙으로 초대할 수 있겠는가?

이 모든 요소가 총체적으로 암시하는 것은 문화 변화의 도전에 직면한 우리에게는 교회를 개혁할 수 있는 일련의 단순하고도 보편적으로 적용 가능한 방법이 없다는 것이다. 다양한 상황에 따른 다양한 해결책이 있을 것이며, 대부분의 경우에 동일한 상황에서도 다양한 상관적인 해결책들이 있을 것이다. 내가 보기에 어느 때보다 다양성에 대해 개방적인 문화에서 우리의 문제들 가운데 많은 것은 오로지 특정 부류의 관심사와 부합한 교회의 모습에서 대개 기인하는 것 같다.[4]

이런 문화적 다양성이 내포하는 함의들을 드러내기 위하여 우리가 접근해야 할 대상이 어떤 부류인지를 파악하고, 이미 우리가 앞 장에서 확인한 삶의 불연속성과 연관된 다른 삶의 방식들과 관심사들에 관해 생각할 시간이 필요할 것이다. 그것들에 대한 내 분석은 타당한 이유들로 다소 선별적이다. 사회 경제적 지위에 따라 사람들을 분류하는 전통적 방법들은 오늘날 사람들의 영적 열망을 이해하는 데 점점 더 부적절하다. 한 때 연관성이 있었던 수익 취득 능력(earning capacity)과 교회에 대한 헌신 간의 상호 연관성은 단순히 동일하지 않다.

교회 지도자들이 중산층 중심으로 변해 가는 것에 대해 슬퍼하는 소리를 자주 들을 수 있지만, 나는 문제가 되는 사안들이 그런 분석보다 더 복잡하다는 것을 확신한다. 영국과 미국에서 가장 번창하고 발전하는 몇몇

---

[4] 베이비 부머 세대에 대한 특별한 참고 문헌으로 이런 각도의 탐구에 대해서는 Dean R. Hoge, Benton Johnson and Donald A. Luidens, *Vanishing Boundaries: the religion of mainline Protestant Baby Boomers* (Louisville KY: Westminster John Knox Press, 1994)를 보라.

교회는 다양한 종족들과 노동자 계층에 견고한 기반을 두고 있다. 비록 전통적인 중산층의 가치들이 교회 문제의 일부라고 믿고는 있지만(마지막 장에서 이 문제를 다룰 것이다), 교회의 선교와 관련하여 사람들을 이해하는 보다 유용한 방법은, 그들이 어떻게 합리성과 삶의 무의미성을 다루는가를 확인하려고 노력하는 것이다.

나는 무엇보다 문화적이며 선교학적 분석으로서 이에 대해 생각하며, 이것을 근거로 교회가 복음 전도의 명령을 성취하기 위해 관계를 맺어야 할 사람들에게 적어도 7개의 구별된 집단들을 확인할 수 있다고 제안한다. 그들 가운데 기독교 신앙과 가치에 대해 맹렬하게 반대하는 세속주의자들과 다른 집단들인 공동의 성취자와 냉담한 자들은 접근하기 매우 어려운 반면, 원칙적으로 각 집단이 교회 공동체에 속하게 만드는 방법이 있는데, 그것은 진지한 제자도의 삶을 통해 도전하는 형태로서 그들에게 복음에 대면하는 실제적인 가능성을 제공하는 것이다.[5]

1. 절망적인 가난한 자

최근 몇 십 년 내에 일어난 급격한 사회 변화의 결과들 가운데 하나는 빈곤 상태에서 살아가는 인구가 급격하게 증가했다는 것이다. 가진 자들과 못 가진 자들 간의 격차가 벌어졌으며, 현재 눈에 띌 정도로 서구 도시

---

[5] 내가 믿기에는 일련의 좋은 사례가 이와 유사한 선상에서 북미 문화를 분류하는 것으로 이해될 수 있을지라도, 이 집단들에 대해 내가 정의하는 바는 영국 문화에 대한 내 이해에 근거한다. 비록 내가 미국과 영국의 문화적 혼합이 텍스 샘플이 제시하는 것보다 더욱 복잡하다는 것을 확신할지라도, 그가 문화적 좌파, 문화적 중도파 그리고 문화적 우파로 묘사하는 세 집단들에 익숙한 독자들은 이 집단들과 내가 영적 탐구자들, 협력적 성취자들 그리고 전통주의자들로 부르는 집단들 간의 어떤 대략적인 일치를 인식할 것이다. Tex Sample, *US Lifestyles and Mainline Churches* (Louisville: Westmister John Knox Press, 1990)를 보라.

의 거리는 우리 조부모들이 믿을 수 없을 정도로 노숙자들이 넘쳐 난다. 더욱이 절망적인 가난한 자들은 고용자들처럼 그들의 개인적 성취 가능성이 맥도날드화에 의해 영향을 받는다는 사실을 알게 된다.

예컨대, (실제적으로 영국이나 미국보다 훨씬 가난한 나라인) 인도에서 신체 건강한 노숙자는 자기 생활 방식을 개선하려고 자발적으로 여러 가지 시도를 할 수 있다. 서구인들에게는 그런 기회들이 하찮은 것으로 보일 수도 있지만, 구두를 닦거나 가정 용품을 만드는 도구들이나 옷가지를 담는 나무 상자를 들고 거리 한 모퉁이에 서 있는 사람은 서구의 노숙자들에게서는 볼 수 없는 존엄성이 느껴진다. 서구의 노숙자들은 노동 허가증, 상거래 허가증, 정부에서 발행한 등록증이 없거나 근대주의에 의해 합리화된 국가에 의해 규정된 모든 절차를 따르지 않고서는 주도적으로 이런 일들을 할 수 없을 것이다. 이것이 바로 소위 전 세계 선진국에서 가장 처참한 소외 현상이 나타나고 있는 이유들 중 하나다. 물론 거기에는 다른 기여 요인들이 있다. 거기에는 대개 종족적 요소가 있다.

예를 들어, 미국에서는 노예 제도로 인해 극히 소수의 아프리칸 아메리칸들이 산업 혁명의 사회 경제적 이득을 공유할 수 있었다. 그들은 비효율적인 구식 통신 시스템이 구비된 도심지에 거주하기 때문에 컴퓨터 혁명의 혜택도 받지 못하고 있다. 호주 원주민들 혹은 전혀 영어를 배울 수 없어서 전후 수년 동안 경제 성장의 기회를 놓치고 그 불이익의 결과로 자녀들과 손자들이 여전히 고통을 받고 있는 영국의 이민자들은 이와 유사한 불이익을 받고 있다. 절망적인 가난한 자들 가운데 다른 주요 집단은 현재 여러 가지 정신 건강 문제들로 어려움을 겪고 있는 사람들을 포함한다. 그들은 적절한 치료를 받기 위한 펀드를 모금할 자원을 갖고 있지 않으며, 그들이 다른 사람들에게 위협이 되는 행동을 보여 주지 않는 이상 국가는 그들에게 거의 관심을 갖지 않는다는 사실을 발견한다.

기독교 메시지는 그들에 대한 부유한 사람들의 책임에 관해 많은 교훈을 제시하며, 교회들(특히 영국과 호주 교회들)은 그것을 인식하고 정부가 이런 중대한 이슈를 다루는 정책들을 채택하도록 촉구하기 위한 모든 기회를 잡으려고 신속하게 움직였다. 그러나 그리스도인들이 예배 공동체를 '가난한 자들을 위한 교회'로 변혁할 수 없었기 때문에 그런 불의에 대한 정당한 관심은 종종 그리스도인들 가운데 무력감으로 귀결되는 것처럼 보였다. 분명한 것은, 급진적인 변화가 없이는 대부분의 교회가 가난한 자들에게 결코 접근하지 못할 것이라는 사실이다. 틀림없이 일상적으로 지배적인 경제적 계층이 교회 신자였던 중세 봉건 사회를 제외하고, 나머지 역사에서 교회는 결코 가난한 자들과 함께하지 않았다.

이와 유사한 형태가 미국 남부 몇몇 지역에서 여전히 지속되고 있지만, 서구 세계가 만든 19세기 대규모 산업화와 도시화 현상이 시작된 이래 가난한 자들은 실제로 서구 교회의 일부가 결코 아니었다. 그것은 그리스도인들이 과거에 영향을 미치지 못했다는 것이 아니다. 그들은 영향을 미쳤다. 아마도 구세군이 이에 대한 가장 적절한 실례일 것이지만, 구세군의 창시자인 윌리엄 부스(William Booth)의 영적 고향인 감리교회를 포함하여 다른 교회들도 19세기 후반에서 20세기 초반에 걸쳐 영국 전역의 가난한 자들의 영성 생활과 탐구뿐 아니라 교육적인 면에서 중대한 공헌을 했다.

20세기 초반 중서부 스코틀랜드 산업 노동자들 가운데 일어난 많은 독립선교회 역시 빈민 공동체의 사회적 응집력 형성에 중대한 공헌을 했다. 평신도 리더십에 높은 가치를 부여한 그들의 신학으로 인해, 주중에는 그야말로 산업 기계의 톱니바퀴인 노동자들에게 독립선교회들은 주일에 그들의 가치를 발견하는 중요한 장소가 됐다. 복음에 대한 그들의 통찰력은 어느 모로 보나 공식 신학 교육을 받은 사람들의 견해만큼 교인들에게 환영을 받았다. 실로 그들은 주변의 이웃들이 직면한 사회적 현실에 대한 깊은 이해를 통해 진심으로 표명했기에 종종 더 많은 환대를 받았다.

이보다는 덜하지만 (전문적이고 경영적인 계층들에게 지배를 받았기 때문에) 플리머스 형제단(Plymouth Brethren)은 당시 가난한 자들의 삶의 개선을 위해 동일한 기회를 부여했다. 그러나—이것은 내가 지적하려는 점을 제공한다—주류 교회들은 결코 가난한 자들과 지속적으로 실질적인 관계를 가질 수 없었다. 그러나 그들의 뛰어난 독창성과 두드러진 성취에 있어서 예외가 있었다. 스코틀랜드 글래스고의 산업 지역 목회자인 조지 맥클레오드(George Macleod)의 사역은 20세기 중반 아이오나 공동체(Iona community)를 설립하는 계기가 되었다. 그러나 이 모든 운동은 어떻게 해서라도 가난한 자들과 함께 효과적으로 사역을 감당하기 위해 주류 교회를 벗어날 필요를 느꼈던 개개인의 영적 비전이 되었다.

이와 동일한 형태가 대개 미국에서 반복적으로 나타났는데, (그 상황에서 대개 도시 빈민들과 인접해 있는) 게토들(ghettoes)과 그리고 소수 민족들에게 영향을 미칠 수 있는 교회들은 독립교회였는데, 그런 환경을 개선하기 위한 특별한 소명과 비전을 갖고 있는 사람들에 의해 주도되었다.[6] 어떤 급진적인 변화 없이 일반 교회는 우리 문화 안의 절망적인 가난한 자들에게 다가갈 수 없을 것이라는 결론은 피할 수 없는 듯하다. 아마도 대다수 그리스도인은 전문 사역자들이 빈민 사역을 가장 잘 할 것이므로 할 수 있는 모든 자원을(재정적 도움뿐 아니라 영적 도움) 동원하여 가난한 자들을 도울 준비가 되어 있다는 사실을 단순히 받아들일 필요가 있을 것이다.

그러나 만일 곤경에 대한 보다 급진적인 해결책들이 준비되어 있다면, 다른 문화의 영역에 속한 사람들이 직면하는 문제들에 대한 창의적인 영적 해결책을 제공하는 한편, 가난한 자들에게 힘을 실어 줄 수 있는 교회 됨의 방식을 상상하는 것이 가능할 것이다.

---

6 예를 들어, Don S. Browning, *A Fundamental Practical Theology* (Minneapolis: Fortress Press, 1991), 26-33, 243-277에 나오는 사도적 하나님의 교회(Apostolic Church of God)에 관한 논평들을 보라.

2. 쾌락주의자

이와 유사한 특성을 두 번째 집단에서도 대부분 쉽게 확인할 수 있을 것이다. 오늘날 수많은 사람이 삶의 불연속성과 압력을 파티에서 해소한다. 그들은 자기 자신을 위해서 산다. 어떤 사람들에게 이것은 사회의 지배적인 가치들을 무의식적으로 채택하는 것인 한편, 다른 사람들은 점증하는 관용적인 문화 특성을 이용하며 선택할 기회를 잡고 개인적인 권리를 주장한다.

비록 노동 계층의 삶이 한편으로는 쾌락주의적 행동과 다른 한편 종종 깊은 종교적 헌신 간의 긴장이라는 특징을 띤다고 할지라도, 오늘날 출현하는 파티에 참석하는(party-going) 생활 방식들은 과거 토요일 밤에 맘껏 술에 취해 다음날 아침 회개하려고 교회에 가는 사람들이 취했던 생활 방식과는 전혀 다른 성격을 띠고 있다. 전통적인 사회 경제적 용어로 그들은 내가 여기서 생각하는 것보다 훨씬 더 다양한 집단이며 적당한 소득을 얻는 중산층뿐 아니라 부유층을 포함한다. 비록 그들 중 대다수는(이 집단이 전부는 아니지만 대개 20-30대) 자신들의 삶의 현실에서 직면하는 문제들을 다루는 것이 너무 고통스럽다는 것을 발견한다 할지라도, 분명히 일부는 자신들이 긴장 상태에 있다는 것을 의식한다. 다른 사람들은 과거의 신념 구조의 붕괴로 인해 환멸을 느낀다.

더글라스 쿠플랜드(Douglas Coupland)는 『하나님 이후의 삶』(*Life after God*)에서 "비록 우리가 목표로 하는 곳에 도달하려고 무수한 길을 택했지만, 기묘하게도 우리의 삶은 동일한 종류의 임의적인 공간(non-place)으로 귀결되었다"[7]라고 말했는데, 그들은 모두 쿠플랜드의 주장에 나타난 정서에 공감할 것이다. 그들은 오로지 그 모든 것에서 탈출하므로 자신들의 문제를 극복할 수 있으며 고통으로 마비시키는 모든 순간의 활동을 허비하는 것 같다. 그 과정에서 그들은 건강을 해치며 수명을 단축시킬 수도 있

---

[7] Douglas Coupland, *Life after God* (New York: Simon & Schuster, 1994), 279.

을 것이다. 모스크바 같은 도시에서 알코올 중독으로 인한 쾌락적인 도피주의와 사망률 간에는 연관성이 있다는 사실은 오랫동안 알려졌으며, 영국에서 진행된 최근의 연구들은 주말 파티와 심장 마비로 갑작스러운 죽음 간의 유사한 상호 연관성을 보여 주었다.[8]

우리 모두가 직면한 맥도날드화된 사회의 압력들 외에도, 많은 사람은 자신들이 견뎌 낸 분열되고 깨어진 가정 환경과 연관된 개인적 외상들(traumas)로 고통받았다. 여러 세대에 걸쳐—영성의 개념과 개인적 정체성에 대한 모델들을 포함하여—부모에게서 자녀에게로 가치가 전수되었지만, 다른 가정들에서 형성기를 보낸 젊은이들에게 성인으로서 의미 있는 정체성을 발견하고 규정하는 것은 매우 큰 문제를 일으키는 과정일 수 있다. 많은 젊은이는—선택의 여지가 없는 것이 아니라 그들에게 개방된 어떤 다른 선택권이 없는 것처럼 보이기에 선택을 하지 않는—혼돈 상태에서 냉소적인 자신들의 모습을 발견한다.

이 책을 쓰는 동안 나는 현대 영화와 새롭게 출현하는 문화와 연관된 이미지의 문제를 살펴보려고 영화 제작자들, 스토리텔러들 그리고 신학자들이 함께 모인 할리우드의 한 컨퍼런스에 참석했다. 그 컨퍼런스의 일환으로 한 젊은 그룹이 자신들의 관심사를 공유했다.[9] 그들은 다른 종족적·사회적 배경을 갖고 있었고, 로스앤젤레스의 갱(gang) 문화와 얽혀 있는 젊은이들뿐 아니라 중산층 젊은이들도 포함되었다. 그러나 그들은 단순하고 순수할 뿐 아니라 경종을 울리고 도전을 주는 메시지를 제시했다. 그들은 자신들이 적절한 역할 모델들을 찾아낼 가능성을 너무 조직적으로 조롱했기에 그들 중 한 젊은이는 자신들이 "더 이상 현실에 대한 확실한 생각을

---

8 Christine Evans et al., "I don't like Mondays" in *British Medical Journal* 320/7229 (22 January 2000), 218-219를 참조하고, 계속되는 논의와 추가 참고 문헌들은 http://www.bmj.org/cgi/content/full/320/7229/218을 참조하라.
9 제6회 시티 오브 엔젤스 필름 페스티벌(City of the Angels Film Festival)의 일부로서 캘리포니아주 버뱅크에 있는 <CBS> 스튜디오에서 1999년 11월 6일에 열린 *Reel Spirituality*.

갖고 있지 않다"라고 우리에게 말했다. 다른 젊은이는 고등학교를 다니며 역할 모델을 갖고 있지 않는 것이 얼마나 중요한지 들었다고 말했다. 이것은 개인적 약함의 표시일 뿐 아니라(무엇보다 중요한 개성) 성공한 유명 인사들도 실패하고 실수를 저지른다는 것을 우리 모두 알고 있기에 어떤 사람도 존경할 만한 점이 없다는 것이다.

모든 인간과 사물을 해체하는 경향으로 인해 우리가 본받아야 할 영웅적 인물들이 사라졌으며, 따라서 대다수 젊은이는 실제로 믿는 것에 대해 긍정적이고 명확한 생각을 갖고 있지 않고 더 이상 믿을 만한 가치란 없다는 것을 더 잘 알고 있는 듯하다. 그들이 정체성을 형성하는 데 도움을 줄 수 있는 인물들에 대한 조언을 구할 때, 가능한 모든 것은 뮤직 비디오들과 홍보의 조합이며, 그런 것들은 '멋지거나'(cool) '시시한' 것을 결정하는 데 사용되는 '태도'나 '분위기'(aura)에 불과한 것들로서 본질적인 것을 제공할 수 없다. 이것은 내 말이 아니다.

내가 인용 부호를 넣지 않은 표현도 그들의 경험이었기 때문에, 나는 그들이 말하는 것을 아는 젊은이들이 사용하는 용어들을 반영했다.

점점 더 많은 사람이 인간의 여정이란 심사숙고하기에는 너무 고통스럽다는 것을 발견하기에, 고통 가운데서 우리가 할 수 있는—그러나 흘러가 버릴 수도 있는—행복의 기회를 붙잡을 필요가 있다는 가정에 근거하여 쾌락적인 생활 방식을 채택하는 것이 놀랍지 않은가?

우리 자신을 방치할 때, 다른 사람들과 관계를 필요로 하는 인간으로서 우리 영혼은 부서지기 시작한다. 광란의 파티로 가득 찬 생활 방식은 깊은 만족감을 주는 관계적인 것이 될 수는 없지만, 적어도 같은 시공간에는 수많은 다른 사람이 존재할 것이다. 이런 방식으로 초월을 탐구하는 수많은 사람을 고려하면, 교회는 그들에게 접근하려는 관심을 거의 갖지 않았다. 그런 일들은 한 가지 이유로 대개 한밤중에 일어난다. 그들의 생활 방식은, 전형적으로 주중의 고된 노동을 마친 금요일 오후 이른 저녁 식사를 마치고 밤 9:30이나 10:00에 영화나 쇼를 관람하고 다음날 새벽 2시나

3시까지 계속되는 파티를 즐기는 것이다. 이런 파티는 토요일에도 반복되며 일요일에는 월요일 아침에 일터에 가려고 회복하는 시간을 갖는다.

가난한 사람들처럼 파티에 가는 사람들은 항상 우리 주변에 존재하며, 그들은 실질적으로 전혀 교회에 나오지 않는다. 그 이유들 가운데 하나는, 확실히 이런 종류의 무질서한 행동이 오늘날 대부분의 삶 가운데 경험하고 있다고 느끼는 통제와 억압에 대해 사람들이 경멸감을 표현하는 한 방식이기 때문이다. 주말에는 거의 다른 인격체가 되는 사람들은 일에 얽매인 엄격한 주중의 시스템에 대처할 수 있는 내구성을 발견한다. 존 스트리트(John Street)는 "쾌락을 추구하는 가운데 우리만의 것을 움켜잡고 우리 자신을 표현하려고 탐욕스러운 자들과 힘 있는 자들의 권리를 부인한다"라고 말한다.[10]

바로 이런 이유로 인해, 오늘날 교회들은 이들에게 다가가지 못하는 것처럼 보인다. 왜냐하면, 교회가 종종 지배적인 사회 질서를 대표하는 기관처럼 보일 수 있으므로 교회는 해결의 일부가 아니라 문제의 일부인 것처럼 보이기 때문이다. 만일 이들이 적절한 방식으로 복음을 들으려면, 기존의 패러다임에서 벗어날 준비가 된 비전과 영감을 주는 그리스도인들을 필요로 할 것이다. 사람들의 이런 모습이 저항적 담론의 일부이며, 가장 깊은 의미에서 개인적인 괴로움과 공동의 비통함의 표현임을 깨닫지 않고 교회가 이렇듯 분명하게 지나친 행동들을 비판하기는 쉽다. 이런 성향들에 관해 숙고하기 위해 쿠플랜드는 세 명의 젊은이들이 시간을 내어 일상 생활을 벗어나 의미를 찾는 과정을 그린 자신의 소설 『X 세대』(*Generation X*)에서 깊은 통찰력을 가지고 다음과 같이 주목했다.

> 냉담의 껍질은 클레어에게는 너무 심한 것이야. … 그녀는 약간 격리된 상태로 흥분된 순간을 지속하며 살아가는 것은 건강한 것이 아니라고 말하며 침

---

10 John Street, *Rebel Rock* (Oxford: Blackwell, 1986), 226.

묵을 깨뜨린다.

"우리의 삶이 이야기가 되지 않으면 그 이야기들을 전하는 방법은 없을 거야." 나도 그 말에 동의하고 대그도 그 말에 동의한다. 바로 이것이 우리 셋이 일상을 떠나—이야기를 하고 이야기를 나누며 삶을 보람 있는 이야기로 만들기 위해—사막으로 들어간 이유다.[11]

그리스도인들이 이런 근본적인 관심을 갖지 않는다면, 그런 사람들에게 아무 말도 하지 못할 것이다. 게다가 쾌락적인 생활 방식에 끌리는 사람들을 위한 효과적인 영성은 놀이로서의 예배를 이해하고 파티로서 하나님의 나라(이것들은 성경적 개념들이다)를 볼 수 있는 체화된 영성이어야 할 것이다. 그러므로 전통적 방식의 주일 예배로 모이는 교회들은 당연히 그들에게 다가가기 어려울 것이다. 실제로 주중에 모이는 교회들도 그들에게 다가가기 어려울 것이다.

3. 전통주의자

비록 미래주의자들은 전통주의자들의 중요성을 소극적으로 다루는 경향이 있지만, 대다수는 이 범주에 속한다. 나는 그들을 전통주의자라고 부른다. 왜냐하면, 사용가능한 다른 용어 대부분은 호도할 수 있으며, 내가 피하기 원하는 부정적 함의를 내포하기 때문이다. 기본적으로 전통주의자는 현재의 상황에 만족하는 사람들이다. 그들이 원하는 변화는 거의 없다. 이런 의미에서 그들은 문화적으로는 보수적이지만, 단순히 그들을 '보수적'(conservative)으로 분류하는 것은 그들을 진드기(tick)와 같은 존재로 이

---

11 Douglas Coupland, *Generation X* (New York: St Martin's Press, 1991), 8. 영성을 탐구하고 표현하는 방식으로서 이야기의 중요성에 대한 추가적 논의에 대해서는 7장, 133-154를 보라.

해하는 부적절한 방법일 수 있다. 그들의 세계는 물리적으로 그들에게 접근 가능한 사람들과 장소들—가족과 지역 공동체—을 중심으로 움직인다. 가족과 지역 공동체는 국가라는 보다 광범위한 상황 안에 위치하며, 그들은 가족과 공동체의 유산에 대해 냉소적이라기보다 더욱 자랑스럽게 여긴다.

그들은 구술 문화를 대표하는데, 월터 옹(Walter Ong)이 주목하는 것처럼, 현재에 충실하려고 과거의 이야기들과 기억들을 사용하듯이, 사람들은 정말로 과거에서 살지 않는다.[12] 전통적인 것에 대한 관심은 인간이 사물의 거대한 설계에 부합하는지를 이해하는 방식이 된다. 특히, 자신들이 물려받은 전통적 방식들이 항상 위협에 처해 있다고 느끼는 사람들에게 그렇다.

사회학적으로 전통주의자들은 절대 빈곤층은 아니지만 일상생활 가운데 목적을 달성하기 위해 애쓰는 대다수의 노동자 계층이나 육체(blue collar) 노동자를 포함한다. 그러나 이것은 경제적 범주와 같은 것이 아니라, 신분 상승을 추구하는 소위 중산층들은 내가 여기서 전통주의자라는 용어를 사용한다는 의미에서 전통주의자들이다. 그들은 자신들이 역사를 만들어 나가거나 세상을 변화시키는 데 관심 갖기보다 주변의 가까운 사람들을 위해 살아간다. 사실 세상이 눈에 띄게 변화되었다면 그들은 불안해 했을 것이다.

그들의 세계는 가족을 중심으로 돌아가며 가장 중요한 가치들 가운데 하나는 아마도 가족 내 여러 세대가 같은 학교를 나오고 때로는 같은 직업을 이어받는 상황에서 느끼는 연속감이다. 같은 이유로 이들에게 (영국의) 지역 상점들과 (미국의) 작은 마을 카페들은 매혹적인 쇼핑몰이나 유행하는 음식점들보다 항상 더 중요할 것이다.

그들이 도시에 사는지 아니면 농촌에 사는지에 따라, 전통주의자들의 생활 방식에는 상세한 차이가 있는데, 예를 들어 영국과 미국과 호주의 인생관에는 다소 차이가 있다. 그러나 지역적·국내적 편차들은 우리가 예상

---

12 Walter Ong, *Orality and Literacy* (London: Methuen, 1982), 48.

하는 것보다 적으며, 이 세 나라의 전통주의자들은 문화의 근간이다. 전통적인 가족 가치들을 고수하는 것과 국가 제도에 대한 그들의 충성으로 다른 사람들은 그들을 지나치게 감상적이거나 맹목적인 애국주의자로 간주할 수도 있지만, 그들은 거칠면서도 열심히 일하는 사람들이다. 이런 사람들 대부분은 사회적 행동주의자는 아니며, 자신들이 더 잘 알고 있다고 여기는 다른 사람들이 모순되고 부조리하다고 간주하는 가치들을 지지할 수도 있을 것이다.

예를 들어, 영국에서 군주제를 강력하게 지지하는 많은 사람은 과거 대영 제국 식민지의 이민자 공동체에서 발견된다. 보다 진보적 사상가들은 이런 경향에 당혹스러워 한다. 왜냐하면, 그들은 서구 식민주의와 제국 건설로 표면적으로는 고통을 받았던 바로 그 사람들이기 때문이다. 그러나 그들의 국가관은 국가와 왕족이 의미하는 가족으로서 가족 지향적이고 왕족은 그 네트워크의 자연스러운 일부다. 비록 전통주의자들이 보수적인 사회적 도덕적 성향을 갖는 부류로 보일지라도, 그것은 정치적이나 이념적인 산물이 아니라, 가족적인 삶의 환경에서 나온 것이다. 그들이 외부인들에게 중요한 윤리적 규칙들로 보이는 것을 위반할 때조차도, 그들은 외부인들에게 중요한 인물처럼 보이는 융통성 있고 지지적인 사람들일 것이다.

그들은 정치가들과 교회 지도자들에게 가장 오해를 받았던 사람들이다. 특히, (미국과 호주보다 더 심한) 영국의 정당들은 사람들이 이런 존재 방식에서 '벗어나는' 것을 기뻐할 것이라는 오도된 신념으로 전통적인 삶의 방식을 폐지하려는 프로그램으로서 성명서(manifesto)를 정기적으로 국회에 제출한다. 1950-60년대에 영국의 도시 계획 담당자들은 거주자들이 환영할 것이라고 짐작하고 전통주의자들이 사는 전 주거 지역을 허물었다. 그러나 그들은 전혀 그것을 환영하지 않았으며, 강요된 혼돈으로 많은 전통주의자는 자신들이 와해된 삶을 살고 있다는 것을 발견했고 어떤 사람들은 범죄자로 변두리를 방황했다.

교회는 동일한 실수를 저지르는데, 기독교 성직자와 고학력층이 근본주의자처럼 보이지만 실제로는 다른 공동체적 삶의 형태를 갖고 있는 전통주의자들을 다루는 것이 어렵다는 것을 발견하고 교회가 그들과 타협하는 방안을 강구하면서, 이번에는 성경을 강조했다. 성경은 이들에게—신학적 중요성이 아니라 공동체의 정체성과 연관하여—누가 '내부자'이며 누가 '외부자'인지 아는 것이 중요한 이유를 설명한다. 이것은 신학적으로 훈련받은 사람들과 그들이 신학을 개념화하는 문학적 방식이 사고하고 말하는 '올바른' 방식이라고 생각하는 사람들을—소위 문화 권력을 소유한 사람들의 담론을 인식하는 대신—매우 혼란스럽게 만들 수 있다.

그리스도인들은 15세기 전에 아빌라의 감독이 철학자인 안토니오 드 네브리자(Antonio de Nebrija)를 대신하여 스페인의 이사벨라 여왕에게 "언어는 제국의 완전한 도구"[13]라고 주장한 사실을 결코 잊지 말아야 한다. 이에 대한 무지는 그렇게 많은 정열적인 젊은 성직자가 대다수 노동 계층 전통주의자와 함께 교구에서 쇠퇴한 핵심 원인이며, 또한 그들이 도심지의 게토에 거주하든 도심 외곽에 거주하든 교회가 도심지 빈곤 지역에서 의미 있는 공동체를 확립하고 유지하는 것이 그렇게 어렵다는 것을 찾아낸 이유를 설명하는 데 큰 도움이 된다.

또한—비록 이런 현상이 대개 그들의 신학과는 덜 연관되며 모임에서 이루어지는 의식의 중요성에 대한 인식, 특별한 영적 장소에 대한 그들의 인식 그리고 집단의 정체성을 공고히 하는 것을 돕는 공동체 축제의 중요성에 대한 그들의 이해와 보다 직접 연관될지라도—그것은 명백하게 '근본주의' 교회들이 그런 곳에서 번창하는 것처럼 보이는지를 설명한다. 동일한 이유들로, 성인 세례를 실시하고 통과 의례로서 세례의 기능을 강조하는 집단들은 그런 공동체들에서 완전히 유아 세례를 주장하는 사람들(paedobaptists)보다 전반적으로 발전하는 경향이 있다. 그리고 나중 집단에

---

13   J. B. Trend, *The Civilization of Spain* (London: Oxford University Press, 1944), 88.

속한 가족들 가운데 신앙이 없다고 파악된 구성원에 대한 그들의 평가에 근거하여, 어린이들에 대한 세례를 거부하는 사역자들이 전적으로 오해를 받는 것처럼 보인다.

전통주의자들에게 교회 프로그램은—법인 경영에서 나온 모델들에 근거한 성장 전략들이든 전통적 조직신학의 공식들과 연관된 교육 모델들이든—약간의 호소력을 가질 것이다. 화자(speaker)의 마음에서 바로 나오며 개인적인 신앙 이야기를 공유하는 말(spoken word)은 항상 추상적 이론을 넘어설 것이다. 상호 반응을 통한 나눔과 질문, 성경뿐 아니라 실제 생활에서 나온 생생한 묘사와 이야기들, 높은 엔터테인먼트적 가치 그리고 행동을 촉구하는 직접적이고 특별한 도전을 제기하는 아프리칸-아메리칸 설교가 최상의 형태라는 사실은 우연이 아니다. 비록 백인들에게 점점 더 매력적인 영국 흑인들이 이끄는 교회들이 이런 질문과 연계된다고 하더라도, 전통적인 영국 교회에 이와 비교할 만한 현상에 대해 생각하는 것은 어려울 것이다.

얄궂게도 이런 '전통적' 형태를 띤 교회들이 성공을 하면서, 그들은 자주 기존 주류 교회들의 습관을 따를 필요성을 더욱 느낀다. 그 결과 그들은 사람들에게 다가가 섬기기 위해 최상으로 구비된 자신들이 바로 그 대상을 결국 소외시키게 되기 때문에 똑같은 침체의 소용돌이에 쉽게 빠져든다.

4. 영적 탐구자

만일 전통주의자가 흔히 자기 부인의 철학을 갖고 있다면, 영적 탐구자는 의심할 여지없이 자기 성취를 위한 갈망에 의해 동기를 부여받은 사람들로 특정될 수 있다. 이제까지 앞에서 언급한 세 집단들의 뿌리는 역사적으로 꽤 오래전으로 거슬러 올라갈 수 있는 반면, 영적 탐구자들의 뿌리는 탈근대(post-modern) 문화가 제공하는 기회들과 더욱 밀접하게 연관되는 것처럼 보인다. 내가 이들을 영적 탐구자로 묘사하는 것은, 다른 사람들이 궁극적인 의미를 탐구하지 않을 것이라는 주장을 내포하지 않는다. 그러나 이들은 자신들의 탐구에 대해 가장 잘 알고 있는 사람들인데, 전통주의자가 삶의 의문점에 대한 해답을 찾는다는 면에서 의미를 규정하는 경향이 있는 한편, 영적 탐구자에게 탐구 자체는 지극히 중요한 것 같다.

이들은 누구인가?

이 책을 쓰면서, 어느 토요일 나는 운동을 하면서 기분 전환을 하려고 남부 캘리포니아 산타모니카 해변으로 나갔다. 내 아내와 나는 수 킬로미터에 걸쳐 뻗어 있는 넓은 사이클 트랙(운동을 하도록 되어 있는)을 따라 롤러블레이드를 타다가 잠시 쉬려고 나이가 많이 들어 보이는 한 노인 옆에 앉았다. 의례적인 인사말을 나눈 후에 그는 우리에게 자신을 소개했는데, 거의 무의식적으로 자기 삶의 영적 철학에 대한 이야기를 시작했다.

데이비드(그의 이름)는 70대 후반이었는데, 그의 이야기는 내가 지금까지 들어 왔던 근대성에서 탈근대성으로의 전환에 관한 간결한 이야기였다. 그는 리처나 맥도날드화에 대해서는 전혀 언급하지 않았지만, "나는 우리가 실제로 이성을 원래의 자리에 두어야 한다고 생각해요. 그리고 마음에서 우러나오는 대로 살아가야 해요. 합리성은 삶에 유익을 주기에 당신이 잊지 말아야 하지만, 합리성은 관계에 매우 나쁜 길잡이가 되며 영적 생활에는 더 나쁜 것입니다"라는 그의 마지막 말에 비추어 보아 그의 삶의 이야기는 합리적인 삶에 대한 불만족스러운 이야기들이 대부분이었다.

그리고 그는 유럽과 남미의 잘 알려진 성스러운 장소에 대한 여행담을 언급하면서 자신이 영적 의미를 탐구했던 장소와 『기적의 과정』(*Course in Miracles*)[14]과 『천상의 예언』(*The Celestine Prophecy*)[15]과 같은 다양한 형이상학

---

14 James Redfield, *A Course in Miracles* (New York: Foundation for Inner Peace, 1975).
15 James Redfield, *The Celestine Prophecy* (New York: Warner, 1993).

책들에서 발견한 영감에 대해 우리에게 말하기 시작했다. 그러나 그는 특히 춤추고 노래하며 이야기를 듣고 말하기 좋아하는 애리조나의 한 공동체를 지목했다. 비록 우리가 스코틀랜드에서 온 켈틱 사람들이라는 이유로 그의 눈에는 우리가 특별한 영적 신뢰성과 가치를 갖고 있다고 확신했을지라도, 아마도 그는 자신의 말을 기꺼이 듣기 원하는 모든 사람과 자신의 모든 경험을 나누는 그런 사람임이 분명했다.

영국과 미국 교인은 그런 이야기들을 대단히 냉소적으로 듣는 경향이 있다. 왜냐하면, 그들이 끊임없이 내게 말하듯이, 그 노인과 같은 사람들을 전혀 만나지 않기 때문이다. 그것은 대다수 그리스도인이 교회 안에서만 너무 많은 시간을 보낼 뿐, 보다 넓은 문화에 속한 사람들과는 충분히 관계를 갖지 않기 때문이다. 그런 대화가 남 캘리포니아에서만 독특하게 일어나는 것은 아니다. 아마도 그런 일들은 영국의 해변에서 덜 일어나는 듯하지만, 그것은 단지 기후 때문이다. 영국의 평범한 칵테일 파티에서 내가 만나는 사람들은 데이비드와 같은 사람에게 전적으로 안락함을 느낄 것이다. 그리고 그에게 한두 가지를 가르칠 수 있었을 것이다.[16]

이런 현상은 전 서구 문화의 대다수 중산층 전문직 종사자가 현재 자신들을 찾는 장소인 것처럼 보인다. 비록 뉴에이지가 이 집단을 이해하는 확실한 하나의 방법일지라도, 그들에 대한 보다 깊은 이해 없이 나는 그들에게 '뉴에이지'(new age)라는 딱지를 붙이기를 주저한다.[17] 보다 일반적으로 그들은 탈근대적 상황에 편안함을 느끼며 현재 규범으로 간주되는 이미지가 지배하는(image-dominated) 문화에 안락함을 느끼는 사람들이다. 문화적 정체성에 관한 TV의 영향에 관한 연구에서 조지 괴탈스(George T. Goethals)

---

16 내 책 *The Bible Phenomenon* (Oxford: Lion, 1999), 7-10을 보라. 또한, 내가 그런 사람들을 만난 유일한 사람이 아니라는 증거에 대해서는 Paul Vallely, "Evangelism in a Post-Religious Society", in *Setting the Agenda* (London: Church House Publishing, 1999), 30-43 (Church of England Board of Mission Occasional Paper No. 10)을 참조하라.

17 이 모든 것에 관해서는 내 책 *What is the New Age Still Saying to the Church?* (London: Harper Collins, 1999)를 보라.

는 데이비드와 비슷한 성향을 가진 사람들이 전적으로 편안함을 느끼는 것을 다음과 같이 밝혔다.

> 노래, 춤 그리고 스토리텔링을 통해 사람들은 사회와 동일시한다.[18]

물론 여기서 언급된 다른 모든 집단이 교회의 선교에 중요하지만, 아마도 영적 탐구자들은 보다 넓은 문화 안에서 수적인 크기와 그 영향력으로 모든 집단 가운데 가장 중요한 집단일 것이다. 이 집단은 그 자체로 세대적인 집단은 아니지만, 여러 모로 모든 젊은 세대가 이 범주에 속하며, 내가 만났던 데이비드에게서 볼 수 있는 것처럼 훨씬 나이 든 사람들도 이 집단에 속하듯이, 여기서는 대다수 베이비 부머가 이 범주에 속한다. 사회학적으로 이들은 30년 전에 교회의 중추적인 역할을 하던 바로 그 사람들이다.

그들은 지역 공동체에서 영향력을 미치는 사람들이다. 그들은 대개 비형식적이고 단일 이슈 중심의 압력 집단과 네트워크를 통해 캠페인을 조직하고 청원서(petition)를 제시하는 사람들이다. 그들은 조직적 관료 제도에 대해 의구심을 갖는데, 그것은 그들이 지역 평의회 선거에는 좀처럼 나서지 않는다는 사실을 의미한다(분명히 전통주의자와 세속주의자는 선거에 가장 관심을 갖는 사람들이다. 탐구자는 단순히 우리가 물려받은 제도들이 더 이상 작동하지 않는다는 자신들의 편견을 확증한다). 비슷한 이유들로 인해 영적 탐구자들은 교회가 지나치게 종교적이지만 영적인 면에서 약화되었다고 간주하며 교회에 매력을 느끼지 못하는 것 같다. 아마도 그들은 자신들이 의미하는 '영성'이 무엇인지 정확히 알지 못하지만, '종교'(혹은 경건-역자 주)와 대조되는 방식들 가운데 한 방식인 영성을 전 삶에 의미를 부여할 수 있는 포괄적인 실재로 간주하려 한다.

---

18 Gregor T. Goethals, *The TV Ritual: Worship at the Video Altar* (Boston: Beacon Press, 1981), 6.

교회는 일주일에 한두 번 공적 예배(organized services)를 드리는 것으로 인식되는 반면, 그들의 영적 탐구는 단지 주일날 한두 시간의 예배가 아니라 주중의 삶을 통해 영향을 주는 총체적인 내용을 발견하는 데 관심을 기울일 것이다. 이런 주장이 교회에 대한 오해에서 기인하며 그리스도인의 삶이 일상의 급진적인 생활 방식과 연관되지 않는다면 복음은 아무것도 아니라는 주장에 대해 그리스도인들은 합리적으로 이의를 제기할 수 있지만, 그리스도인들의 삶에서 그에 대한 증거를 거의 보지 못하는 영적 탐구자들에게는 아무런 소용이 없다. 그들에게 교회의 중대한 어려움은 단지 교회가 연관성이 없다는 것이다. 즉, 교회가 영적 탐구자들에게 증언하는 능력을 상실했다는 것이다. 그들은 분명히 반 그리스도인이 아니다. 실로 그들 중 많은 사람은 교회가 자신들의 부모와 조부모에게 제공하던 방식이 더 이상 그들에게 적용되지 않는 것에 은근히 유감을 갖고 있다. 교회가 그들의 삶의 경험과 연관성을 갖지 못한다는 그들의 관점은 당연하다.

시간을 투자하여 오늘날 교회가 제공할 수 있는 것을 보다 신중하게 탐구하는 사람들은 종종 진심으로 영적 탐구에 관심을 갖고 있는 사람들에게 교회가 불친절한 곳이라는 결론을 내릴 것이다. 그리스도인들이 하찮게 여기는 것들이 영적 탐구자들에게는 중요한 것일 수 있다. 예를 들어, 신앙에 접근하는 그리스도인들의 명백한 진지함의 결핍에 관해 영적 탐구자들은 종종 내게 질문을 제기했다.

왜 우리는 성경이 이 세상에서 가장 중요한 책이라고 말하면서 성경을 단편적으로 읽는가?

만일 그것이 사실이라면, 우리는 더욱 더 진지하게 성경을 다루어야 하지 않겠는가?

『기적의 과정』(*A Course in Miracles*, 성경의 예수와 다른 예수에 관해 인류에게 주는 현대적 메시지-역자 주)과 같은 텍스트와 씨름하기 위해 전혀 다른 사고방식의 재교육을 준비하는 사람들에게, 그리스도인들은 성경에 관해 이례적으로 무관심한 것처럼 보일 수 있다. 비슷한 이유로—특히 음악 분야에서—최신 스타일의 예배를 위한 노력이 미숙하고 확신이 부족한 것처럼 보일 수 있다. 교회는 구조적으로 여성을 위한 실제적인 배려가 없고, 지도자들이 과도한 상향 하달식의 통제(지도자들이 여성이든 남성이든 상관없이)를 실시하는 비정상적 가부장 제도라는 인상을 주는 듯하다. 여성의 위치—하나님에 대한 단독자로서—에 대한 인식 부재는 남녀 영적 탐구자들 모두를 소외시킨다.

이들은 극단주의자도 아니고 무정부주의자는 더더욱 아니다. 지금까지 언급한 모든 집단 가운데 영적 탐구자는 차세대에 대한 자신들의 책임을 가장 진지하게 다루는 사람들이다. 그들은 자녀를 임신하고 양육하는 방법에 관해 자의식적으로 의도적인 것 같으며, 균형을 잘 유지하여 발달된 개인으로 성장하는 구체적인 단계들을 밟아 나갈 것이다. 그들은 서구 문화의 해체와 분열을 충분히 인식하고 있으며, 대처하기 원한다. 비록 그들의 가치가 문화적 공룡들(cultural dinosaurs)처럼 우습게 보이는 전통주의자들의 전형적인 '가족적 가치들'은 아닐지라도 그들에게 가치는 중요하다.

영적 탐구자는 개방적이고 관용적인 자신들의 모습에 자부심을 가지는 한편, 그들의 관용은 보다 보수적인 방식으로 사물을 다르게 보는 사람들로 확대되지는 않을 것이다. 전통주의자의 생활 방식은 흔히 영적 탐구자의 것과는 분명히 상반되기 때문에 이 두 집단의 성향은 양방향으로 나타날 것이다. 역설적으로 영적 탐구자는 대개 자신들과 자녀들을 위한 도덕적 규범들을 확립하기 위해 가장 열심히 일하며, 기존의 가치들과 영성 모델들에 대한 수용 가능성의 부재 가운데서도 그들이 찾아낼 수 있는 어떤 재료라도 사용하여 자기 자신의 영성과 가치 체계를 창조하는 경향을 띨 것이다.[19]

---

19 특별히 이런 사람들에 대한 관심을 표방하는 통찰력 있는 이야기에 대해서는 Paul Valley, "Evangelism in a Post-Religious Society" in Church of England Board of Mission, *Setting the Agenda: the Report of the 1999 Church of England Conference on Evangelism* (London: Church House Publishing, 1999), 30-43을 보라.

이들은 일반적인 사회 규범을 따르지 않는 비타협주의자들이지만, 전통적인 의미에서 그렇지는 않다. 그들의 존재 방식은 과거의 모든 세대와 오늘날 문화적 상황 가운데 존재하는 다른 모든 집단으로부터의 급진적 일탈이다. 그들은 실험을 통해 배우고 적어도 한번은 모든 것을 시도하려는 심층적인 욕구를 갖고 있다. 그들이 침묵과 신비에 매혹되듯이—단지 자신들을 위해 그렇게 할 수 있는 한—소음과 흥분에도 매료되는 것처럼 보인다. (바르다고 느끼는) 직관과 감정은 수량과 이성보다 더 중요하다.

그러나 이와 함께 거기에는—삶의 의미에 관한 추상적인 전제적 개념을 드러내는 것이 아니라 서로의 경험에서 이야기를 나누고 배운다는 의미에서—같은 여정 가운데 있는 다른 사람들에게 배우고자 하는 깊은 욕구가 있다. 레이스 앤더슨(Leith Anderson)의 논평은 영적 탐구자의 분위기를 정확하게 포착한다.

> 옛 패러다임은, 당신이 바른 교훈을 갖고 있다면 하나님을 경험할 것이라고 가르쳤다. 새로운 패러다임은, 당신이 하나님을 경험한다면, 바른 교훈을 갖게 될 것이라고 말한다.[20]

영적 탐구자와 관계하는 교회의 능력 부재는 아마도 현재 우리가 우리 자신을 발견해야 하는 상황을 설명하는 가장 중대한 이유일 것이며, 만일 우리가 삶의 의미와 방향을 발견하려는 그들의 깊은 갈망과 연관하여 교회를 재상상하지 못하거나 재상상할 때까지, 분명히 최근 일어나는 교회의 쇠퇴가 지속될 것이다.

---

20 Leith Anderson, *A Church for the Twenty-First Century* (Minneapolis: Bethany House, 1992), 21.

5. 공동의 성취자

과거 공동의 성취자는 영국 주류 교회의 중추였으며, 여전히 미국 교회의 중심이다. 그들은 경력을 중시하는 사람들이다. 이 점에서 그들은 정규직을 단지 목적을 위한 수단으로 간주하며 지역 공동체 안에서 그리고 가족 관계를 통해서 자신들의 참된 정체성을 찾는 전통주의자와는 다르다. 또한, 비록 그들이 성공적인 경력을 갖고 있을지라도 공동의 성취를 삶의 목표로 보지 않으며, 특히 관계적인 분야에서 다른 삶의 영역을 향상하기 위해 예측 가능한 출세가도를 포기할 할 수도 있는 영적 탐구자들과도 다르다.

분명한 것은 정상에 이르는 성공적인 사람들이 항상 소수이기에, 대부분의 공동의 성취자는 (적어도 그들 자신의 기준으로는) 전혀 성취자들이 아닐 것이다. 그들은 끊임없이 자신을 향상시키려고 노력하는 것처럼 보일 것이다. 그 과정에서 그들은 자신이 실제로 성공했다는 것을 이웃에게 알리기 위해 고안된 방식과 오직 정당한 방법으로 증진이 이루어진다면 성공의 함정들에 대처해 나갈 수 있다는 것을 고용인들에게 알게 하려는 의도에서 분수에 넘치는 생활을 하는 특정 '성공' 이미지를 투사해야 할지도 모른다.

이런 삶의 방식이 고독하고 분열된 생활 방식으로 이어진다는 것은 말할 필요도 없다. 비록 완전한 잠재력에 도달하기 위한 그들의 능력이 오직 자신과 자신의 내적 자원들에 의존한다는 완강한 개인주의에 의해 표면적으로는 이끌린다 할지라도, 그런 사람들은 흔히 역설적으로 공동의 이미지와 '성공'을 위한 부단한 분투로 인해 희생되며 자부심과 개인적 정체감을 거의 발견하지 못하게 된다. 아마도 이들은 여기서 논의하는 다른 어떤 집단들보다 더 진정한 고독을 느낄 것이며, 경쟁적인 개인주의가 불가피하게 자아의 사회적 측면을 파괴하는 방향으로 귀결되기 때문에—가정이나 확대 가족 안의 개인적 기반이든 균형 잡힌 조화로운 사회를 만들기 위해 서로를 필요로 할 것이라고 가정하는 일종의 사회 의식에 관해서이든—관계가 어렵다는 것을 알게 된다.

지금까지 확인한 모든 집단 가운데 공동의 성취자는 맥도날드화된 세계에서 가장 안락함을 느끼는 부류인 것 같다. 확실히 그들은 인간성을 위험에 빠뜨리는 방식으로 전문적 활동을 훨씬 넘어서 그 영향력을 확장할 것이다. 그들이 관계에 어려움을 겪는 이유 중 일부는, 그것이 무엇이든 제품을 마케팅하는데 있어서 모든 사람을 합리화하고 범주화하려는 경향 때문이다.

공동의 성취자가 근본적인 세계관으로 수용하는 경향을 띠는 맥도날드화된 사고방식과 잘 들어맞는 한에 있어서만 그들은 이해되고 가치를 인정받는다. 가치가 사람의 정체성에 근거한 것이 아니라 직업이나 지위와 연관된 문화에 의해 형성된 시장행동주의(activism in market-place)에 대한 강조는 사람들이 이 상황에서 느끼는 삶의 공적 양상과 사적 양상 간의 분열감을 고조하는 데 기여할 뿐이다. 사실은 모든 삶이 단순히 승리와 정상에 오르는 철학에 근거할 수 없다는 것이며, 그것은 이런 사람들이 인간적인 경험을 할 수 있는 유일한 방법이란, 공적 이미지와 사적인 삶 간의 엄격한 분리를 유지하는 것을 통해 이루어진다는 것을 의미한다.

이런 시도에서 실패하는 사람들은 결국 개인적인 관계의 붕괴를 경험하는데, 특히 배우자나 다른 중요한 사람들이 삶에 대한 맥도날드화된 동일한 관점을 공유하지 않는 경우에 그러하다. 이것은 영적 탐구자를 공동의 성취자와 구분하는 핵심 특성들 가운데 하나다. 즉, 이 두 집단 구성원들은 같은 전문직에 종사하고 있는 것으로 쉽게 드러나는 한편, 영적 탐구자는 이런 방법으로 상업적인 가치들을 결코 내면화하지 않는다. 그들의 삶의 공적 양상과 사적 양상 간의 이분법이 있을 수 있다는 생각은 영적 탐구자들에게는 저주일 것이다. 공동의 성취자와는 달리 영적 탐구자들은 개인적 가치와 공적 모습 간의 갈등이 없는 총체적 생활 방식을 조화시킬 수 있는 방법들을 끊임없이 찾고 있다.

영성이 이런 존재 방식과 연관되어 있는 한, 모든 것이 그러하듯이 영성은 순전히 기능적인 방식으로 사용되는 경향을 띤다. 영성은 공동의 성취자들의 공적 이미지와 직접 연관되기 때문에 관습적으로 종교 의식을 준수하는 것은 어떤 영적 열정보다 수용 가능한 것 같다. 이것은 중산층의 경건한 의례이며, 이런 영성에 대한 지속적 추구는 주류 교단의 몰락에 크게 기여했다. (나를 포함하여) 우리들 중 주류 교단 교회와 연관된 사람들은 당회와 위원회에서 이런 사람들에게 투표하는 것을 지나치게 만족했으며, 그들이 당회와 위원회에 들어갔을 때 그들의 관점과 동기에 대해 도전하지 않고 지나치게 침묵했다.

이런 성향은 명목적이고 비활동적인 교인들을 형성한 근본적 원인들 가운데 하나이며, 우리가 이미 논의했던 것처럼 그들이 공동체의 다른 그룹들과 관계하는 가운데 리더십을 점유하는 양상은 많은 교인의 변화가 불가능하다는 사실을 인식하는 주요한 이유다. 만일 교회가 맥도날드화된 이유를 알기 원한다면, 역사적으로 평신도 지도자들의 수준에서 살펴보아도 될 것이다. 그들은 대개 영적 은사와 능력이 아니라 교회의 프로젝트 적합성에 따라 임명되었다. 때때로 그들은 그런 세계에서 자신의 지위 향상을 위해 교회를 이용했을 뿐 아니라, 교회에 세속적 기업 철학을 도입했다. 아마도 이에 대한 가장 명백한 증거는 너무 많은 교회가 최신 경영 기법을 교회에 도입하도록 설득당했다는 점이다.

그러나 그것은 모든 요인 중 가장 해를 끼치는 것은 아니다. 왜냐하면, 신학적인 측면에서 이런 방식으로 개인적인 가치(personal worth and value)가 작동된다는 생각은 복음과 매우 상반되며, (성경적 메타포를 사용하자면) 만일 그들이 인생의 어려움을 겪게 된다면 자신들만을 탓하는 일종의 세속화된 행위로 말미암은 의(works-righteousness)가 되기 때문이다. 이런 발상은 돌봄 공동체로서 교회의 능력을 약화시킬 뿐 아니라 바로 그런 이유 때문에 세속적 세계관을 갖지 않은 사람들을 소외시킨다.

이에 대한 가장 명백하고 설득력 있는 표현은 케년(E. W. Kenyon), 케네스 쿠플랜드(Kenneth Copeland), 케네스 해긴(Kenneth Hagin) 그리고 그들의 동료들과 같은 사람들의 소위 말씀 중심의 신앙(Word-Faith)에 대한 가르침에서 발견되지만,²¹ 대부분의 교회는 그들이 일하는 방식에 영향을 미치는 범위를 조사하는 진지한 활동에서 이 모든 것을 발견한다. 텍스 샘플(Tex Sample)은 이들에 관해 논평하면서 그들이 "가장 접근하기 어렵고 해방적이고 변혁적인 방향으로 움직인다"라고 말한다.²² 만일 그들이 실제로 주류 교회의 리더십 구조에 속박되어 있다면, 그것에 대해 많은 설명을 할 수 있을 것이다.

6. 세속주의자

통계적으로 세속주의자는 상대적으로 중요한 소규모 집단이다. 이들은 적어도 복음을 들을 수 있는 기회를 가장 덜 가진 사람들처럼 보일 뿐 아니라, 매우 영향력 있는 사람들이다. 피터 버거(Peter Berger)는 그들을 '글로벌 엘리트 문화'(globalized elit culture)를 구성하는 집단으로 묘사한다.²³

일반적으로 그들은 고등 교육을 받은 사람들, 학자들, 특히 인문학 분야에서 고위층에 있는 전문가들이며, 사실 자의식적으로 계몽주의 세계관이 표명하는 관습적인 '진보적'(liberal) 신념들에 의존하는 현존하는 유일한 집단이다. 그들이 점유하는 이런 지위들 때문에 그들은 서구 교육 제도와 미디어 그리고 특정 정부 부처들에 반영된 실재와 의미에 관해 공식적으로 승인된 정의를 결정하는 데 큰 역할을 한다.

그들은 세계 어디를 여행하든 대개 자신들과 같은 부류와 대화하는 사람들로서 매우 강력한 하부 문화를 형성한다. 그들은 오늘날 전 세계에서

---

21   이런 경향에 대한 확실한 비판적 분석에 대해서는 J. A. Matta, *The Born Again Jesus of the Word-Faith Teaching* (Bellevue WA: Spirit of Truth, 1987)을 보라.
22   Sample, *US Lifestyles and Mainline Churches*, 145.
23   Peter L. Berger (ed.), *The Desecularization of the World* (Grand Rapids: Eerdmans, 1999), 10.

일어나는 영적 관심의 거대한 폭발에 대해—이해하는 것은 말할 것도 없고—믿기 어려운 사람들이다. 왜냐하면, 그들은 영성에 대한 폭발적인 관심이 일어나는 대중문화에 속하지 않기 때문이며, 대중문화와 대면하는 경우에도 그것을 진지하게 다루기를 거부하기 때문이다. 제한적인 범위에서 세속화는 분명히 일어난 일이기에 그들의 세계에서 (근대화의 과정이 불가결하게 영성을 소멸시키는) 세속화 논제는 여전히 통용되고 있다.

교회는 이 집단의 영향을 깨닫는 것보다 더욱 고통을 받았다. 1940년대에서 1980년대 중반까지 대개 공적인 삶에서 세속주의자들의 영향으로 인해 교회 지도자들은 그들의 요구를 들어주려는 헛된 노력에 많은 에너지를 쏟아 부었다. 가끔 그들을 더 잘 파악해야 했던 교회 지도자들은 실질적으로 세속주의자들과 힘을 합했으며, 그 과정에서 사회적 개선이나 개인적 치료 요법 프로그램의 일환으로 기독교 신앙을 제시하기 위해 복음의 영적 차원들을 과소평가했다. 물론 기독교의 총체적 메시지는 그 모든 것과 그 외의 것들을 포함한다. 그러나 20세기 중반의 편향된 강조는 서구 교회가 세속화와 최근에 부상하는 새로운 대중적 영성과의 연관성을 파악하는 것을 방치하게 만들었다.[24] 최악의 경우에 대중적 영성은 교회가 아무것도 제공하지 못한 영적 탐구자들 가운데 자각을 유발했으며, 신을 찾기를 기대하는 누군가에게 가장 마지막 장소가 될 수도 있었다.

동시에 일찍부터 세속주의자들에 순응했던 교회 지도자들은, 민일 교회와 복음에 대한 실제적 위협이 있다면, 세속주의는 앞으로 전개될 동향이라는 것을 정확하게 이해했다. 25년 동안 나는 이런 사람들이 철저하게 지배하는 영국의 한 대학교에서 가르쳤는데—그들은 편협하고 옹졸한 방식으로 그 일을 했는데, 그것은 내게 성공할 것 같은 확신을 주지 않았다—기독교 신앙을 파괴하려는 그들의 결심은 확고했다. 내심 근대성을 옹호

---

24 이에 대한 배경에 대한 보다 자세한 사항은 Tony Campolo, *Can Mainline Denominations make a Comeback?* (Valley Forge PA: Judson Press, 1995); Robert Wuthnow, *The Crisis in the Churches* (New York: Oxford University Press, 1997)를 참조하라.

하는 자들에 대한 확신이 남아 있는 한편(이것은 사회적 특권과 지위를 그들에게 부여한다), 세속주의자들은 종종 선별된 양상의 탈근대적 사고를 택한다.

특히, 해체는 그들이 선호하는 무기가 되었다. 그 이유는, 해체가 우월성을 확립하기 위해 진리와 권력 다툼을 하는 제국주의자들의 동조자로 조롱거리가 된 앞 세대 그리스도인들의 실패와 약점을 부각하는 데 아주 수월하게 사용될 수 있기 때문이었다. 나는 신앙의 선조들이 범했던 실수를 부인하거나 경시하려는 의도를 갖고 있지는 않다. 사실 나는 지금 우리가 그들이 행한 일을 바로잡고 그들을 대신하여 사과하는 적극적인 단계를 밟아 나가야 된다고 생각한다.

그러나 나는 앞 세대들의 의식적인 권력 쟁취(power game)로 간주하는 사람들이 증폭시킨 신랄한 공격을 이해하면서, '같은 처지에 있는 사람이 상대방을 이해한다'(it takes one to recognize one)는 유명한 속담에 대해 언급하며 더욱 열정적으로 응답하고 싶다. 비록 세속주의자들이 자신들을 (짐작건대 그들이 서구적인 체제 안에서 자신들의 지배적 위치를 고수해 온 방식을 설명하는) 민주주의의 옹호자로 제시할지라도, 그들이 누리는 자유만 오로지 자유로 규정하는 방식은 실제로 그들이 소중하다고 주장하는 바로 그 자유에 대한 부정이다. 지아우딘 사르다르(Ziauddin Sardar)의 주장 가운데 이런 관점은 '반대 의견을 제시하는 것이 아니라 의심의 정통성과 도덕적 상대주의 교리 그리고 기세등등한 세속주의 신조를 제시하는 것이다. 그것은 스페인 종교 재판(Spanish Inquisition)의 고문 도구만큼이나 해방적인 것이다.'[25]

더욱이 그것은 역사와 인간 본성에 대한 왜곡되고 편향된 견해를 제시한다. 사람들이 항상 그 점에서 자신들의 야망을 성취하지는 않지만, 단지 권력에의 욕망에 의해서만 동기를 얻는다는 개념은 터무니없을 뿐 아니라, 실로 자신이 선을 위한 잠재적인 가능성을 갖고 있다고 여기는 대부분의 사람의 경험에 비추어 사실처럼 들리지 않는 주장이다. 그들은 인간 본성

---

25 Ziauddin Sardar, *Postmodernism and the Other* (London: Pluto Press, 1998), 195.

에 대한 냉소적인 탈육신적 견해(disembodied view)를 제시하는 한편, 그리스도인들이 이 세상에서 일어나는 잘못된 모든 것에 대해 책임이 있다는 생각으로 성경과 식민주의 역사에 나타난 상반된 운동들을 무시하는 편의적인 선택을 하므로 서구 제국주의의 종교적 차원들을 지나치게 중시한다. 더욱이 사르다르에 따르면(그의 책은 이 연계성에 보다 상세하게 주목할 것이다), 이런 세속적 엘리트들은 교회에 특별한 위협을 제기할 뿐 아니라, 다른 문화들을 지속적으로 착취하는 데 앞장선다.

이런 사람들에게 복음의 변혁적 능력으로 접근할 수 있는가?

물론 너무 높은 기대를 해서는 안 된다. 그 이유는 무엇보다 그들이 복음을 거부하는 세계관을 갖고 있으며, 여기서 규정한 다른 범주에 속한 사람들, 즉 실제로 전혀 복음에 대해 들어보지 못한 대다수와는 매우 다른 부류이기 때문이다.

7. 냉담한 자

나는 이 범주를 마지막에 배치했지만, 아마 많은 사람이 이 범주에 속할 것이다. 사실 이 집단은 다른 여섯 집단과 동일한 범주가 아닐 수도 있다. 그리고 나는 분명히 어떤 경멸하는 의미로 '냉담'이라는 용어를 사용하지 않는다. 그러나 사실은 의미와 정체성과 연관된 큰 이슈들에 대해 조금도 생각하지 않은 많은 사람이 있다는 것이다. 그들의 삶은 다른 사람들이 사소하게 여길 수도 있는 것들에 집중하는 것처럼 보인다.

예를 들어, 내 친구의 남편은 평생 교회나 인생의 원대한 비전과 연관된 사안에 관심을 갖지 않았다. 그의 삶은 매우 진부하고 예측 가능한 패턴으로 이루어진다. 그는 방해받지 않는—개와 함께 산책을 하며 작업장 안에서 일하고 정해진 시간에 담배를 피우는 등의 활동들—일상적인 의식을 구조화한다. 그에게 자유 시간이 많지만, 그의 일상은 매주 똑같은 순서에 따라 일하는 정해진 방식을 따르며, 비록 표면적으로 그렇게 하는 것이 특히 불편한 상황을 유발하지는 않지만, 그 일정은 변경될 수 없다. 자연적으로 그런 사람들의 삶에는 친구들이나 친척들의 죽음, 관계의 파괴 같은 불연속성과 주요 질문들이 매순간 밀고 들어온다. 그러나 그들은 전혀 그런 것에 의미를 두지 않는 것처럼 보이며, 그들의 중요한 일들은 바로 일상의 자잘한 일들에 묻혀 버린다.

이들은 종종 일을 위해 산다. 야망과 같은 것이 좀처럼 드러나지 않는 것처럼 보이기 때문에 공동의 성취자들과는 같은 방식이 아니라 야망이 삶의 리듬을 제공해 주기 때문에 일을 위해 산다. 그들에게는 계속하여 분주하고 일에 매여 있는 것이 중요하며, 그런 의미에서 그들은 영적 탐구자와는 거의 정반대다. 그들이 미신적일 수도 있지만, 그것은 '영적'인 것으로 인정될 수 있는 것과 가장 가깝다. 그들이 삶의 어떤 가능성에 관해 도전을 받을 때—그것들을 반드시 믿거나 그것들에 관한 생각을 갖고 있기 때문이 아니라, 단지 그런 도전적인 사안들에 더 깊이 연루되는 것을 피하는 일련의 방법으로서—세속주의자들이 옹호하는 주장을 수용하는 경향을 보일 것이다.

제임스 레드필드(James Redfield)는 이런 사람들의 분위기를 포착한다.

> 그들은 삶을 오로지 실제적인 고려 사항들로 축소하고 정신을 다른 곳으로 돌리려고 그들의 일상을 사용한다. 그리고 그들은 삶의 불확실한 이유에 관해 생각하지 않으려고 그런 일상을 이용한다.[26]

냉담한 자와 쾌락주의자 사이에는 어떤 유사성이 있을 것이다. 왜냐하면, 이 두 경우에 종종 고통과 상처에 대한 근원적 의미가 있으며, 어떤 명백한 의미에서도 그것을 다루는 능력이나 의향이 없기 때문이다. 그들에

26　James Redfield, *The Celestine Prophecy* (New York: Warner, 1993), 27.

게 회피는 가장 손쉬운 전략이며, 교회는 단지 그들이 관계를 맺으려고 애쓰는 현대적 삶의 한 국면인 것 같다. 그들은 (교회와 마찬가지로) 자신들과 상관없는 것으로 여기는 정치에 관해 부정적이며 냉소적인 것 같다.

이런 성향으로 인해 변혁적인 방법으로 이런 사람들에게 접근하는 것이 어려운데, 특히 이 집단 가운데 나이 든 사람들과 거의 어떤 열망을 갖고 있지 않은 사람들, 그리고 대개 세상에서 일어나는 위대하고 선한 일의 어떤 가능성에 관해 비관적인—비록 위대하고 선한 일이 일어날지라도 그것은 여전히 그들의 관심사가 아닐 것이다—사람들이 그렇다.

더글라스 쿠플랜드(Douglas Coupland)의 『마이크로 서퍼』(Microserfs)에 등장하는 인물들 가운데 한 사람의 아버지가 주장하듯이, "당신이 나이가 들면서 중요한 사실은 최선을 다해 살아남는 것이다."[27] 냉담한 자들은 단지 보통 사람들만이 아니라 대부분의 교회, 특히 주류 교단에 속한 교회들에서도 발견될 수도 있다. 그들이 어떤 집단에 소속될 때, 아마도 공동의 성취자들과 함께—소속은 되나 거의 헌신하지 않는 사람들—대다수의 명목상의 그리스도인으로 구성될 것이다. 그들의 여생에서 자신에 대한 관심 이외에 교회와의 연관성은 의미가 없을 것이다.[28]

8. 개인적 필요 제기

나는 이 7개의 범주가 오늘날 변화하는 서구 문화에 관한 모든 것을 다 보여 준다고 주장하는 것은 아니다. 또한, 나는 그 범주들 간의 어떤 엄격한 구분에 대해 논하기 원하는 것도 아니다. 예를 들어, 쾌락주의자, 공동의 성취자 그리고 세속주의자의 특성은 분명히 중복된다. 왜냐하면, 공동

---

[27] Douglas Coupland, *Microserfs* (London: HarperCollins, 1995), 41.
[28] 이런 현상에 대한 광범위한 논의에 관해서는 Eddie Gibbs, *In Name Only: Tackling the Problem of Nominal Christianity* (Wheaton IL: Bridgepoint, 1994)를 보라.

의 성취자와 세속주의자 가운데 많은 이가 공적으로는 전혀 상이한 이미지를 보여 주는 반면, 사적인 생활에 있어서는 쾌락주의자이기 때문이다.

절망적인 가난한 자들로 구성된 대부분의 사람 또한, 전통주의자의 범주에 속하는데, 그들 중 많은 이가 홈리스라는 점에서 절망적으로 가난한 자들이 아니면서도 그럼에도 사회적 척도에서는 하류층이다. 전통적 가족 구조에서 성장한 젊은이들이 고등 교육을 받듯이, 그들은 종종 자신들의 뿌리에서 벗어나서 공동의 성취자들과 합류한다. 그들은 영적 탐구자들과 합류하는 것처럼 보이지는 않는다. 대개 그런 생활 방식에서 원하는 것을 얻을 수 없다는 불가능한 상황에 직면한 공동의 성취자들은 노력을 포기한다. 그리고 그런 일이 일어날 때, 그들은 대부분 쾌락주의자나 냉담한 자와 합류하는 것처럼 보인다. 그 외에 다른 유형들이 있다.

어떤 사람들에게 한 집단에서 다른 집단으로의 이동은 삶의 다른 단계들을 반영할 수도 있다. 전통주의자들이 전근대적 세계관에 보다 편안함을 느끼며 공동의 성취자들과 세속주의자들이 근대성을 대표하고 영적 탐구자들과 쾌락주의자들이 전적으로 탈근대성을 대표하듯이—항상 그런 것처럼 가난한 자들은 거의 완전히 문화에 통합되지 않는다—이 집단들은 문화 변화의 다른 양상들을 반영한다고 주장하는 것이 가능할 것이다.

이 모든 이유로 나는 오히려 이런 명칭들을 유연하게 사용할 필요가 있다고 본다. 그러나 그것은 여기서 우리가 지향하는 목적을 위한 일련의 유형(typology)으로서 유용하다. 사람들이 한 유형에서 다른 유형으로 이동할 수 있고 이동하는 것이 바로 그런 경우일 것이다. 그것은 현대적인 삶의 특징이다.

우리가 더 이상 출생에 따른 사회적 계층에 속박될 필요가 없듯이, 삶에 대한 우리의 근원적 전망을 혼합하고 조화하는 것도 가능하다. 그러나 놀랍게도 소수의 사람만이 그렇게 하는데, 바로 교회가 다가가려고 애쓰는 사람들을 바라보는 이런 방법이 현재 우리가 직면하는 도전들에 더욱 날카롭게 집중하는 데 도움을 줄 것이라고 내가 확신하는 이유다.

현재 교회 안에서 가장 흔하게 발견되는 집단은 누구인가?

내가 지적했듯이, 당연히 세속주의자는 자신을 배제하는 한편, 실제로 절망적인 가난한 자와 쾌락주의자는 교회에서 전혀 발견되지 않는다. 또한, 영적 탐구자를 교회에서 발견하기가 어렵다. 사실 대부분의 교회에는 아마도 주변을 배회하는 소수의 냉담한 자와 더불어 전통주의자와 공동의 성취자만 있다. 이런 현상은 전통적 주류 교단들처럼 독립교회에서도 나타난다. 대부분 이것은 (그들 자신의 성향에 따라 다르지만) 전통주의자나 공동의 성취자 가운데서 가장 안락함을 느끼는 목회자들을 반영하는 현상이다. 하지만 아이러니는 모든 전통주의자와 공동의 성취자가 결코 교회 안에만 있지 않기 때문에 우리가 실제로 이 사람들에게 매우 성공적으로 접근하지 못한다는 것이다.

이에 대한 직관적 인식이 있는 것처럼 보이는데, 그 이유는 복음 전도와 관련된 최근의 모든 발전은 이 두 집단, 특히 공동의 성취자를 목표로 해왔기 때문이다.

윌로우크릭교회의 구도자 예배 모델은 이들에게 사적인 개인주의(individualism and privatism)를 판매하는데, 그 방법은 그들이 비즈니스 경쟁자에 관한 정보를 찾아내는 것과 동일한 방식으로 기독교 신앙의 양상들을 탐구할 수 있는 상황을 제공하며, 익명의 사업 프로모션이나 제품 설명회에 참석하도록 하고, 배운 것을 실행하기 위해 그들의 내석인 삶을 사적인 영역으로 후퇴하게 만드는 것이다.

알파코스는 모든 것을 범주화하기 위해 이런 사람들의 필요에 호소하며, 단순한 인과 관계의 신학을 그들에게 제공하는데, 그 결과는 대차 대조표에서 연 수익을 예측할 수 있는 것과 대동소이한 방식으로 작성될 뿐 아니라, 미리 신자들이 성령을 받을 것이라고 예상하는 주식을 미리 일러 주는 것으로 이어진다. 릭 워렌(Rick Warren) 목사가 시무하는 남 캘리포니아의 새들백커뮤니티교회(Saddleback Community Church)가 성취하고 대중화한 '목적이 이끄는 교회'(purpose-driven church)는 상승을 지향하는 공동의 성취자들이 편안함을 느끼는 일종의 분위기인데, 그 이유는 그 배후에 있는 대부분의 사고방식이 무엇보다 세속적 비즈니스 세계의 사고방식이기 때문이다.

내가 이런 사례들을 언급하는 것은 그들을 모욕하려는 것이 아니라, 오히려 우리가 탈교회화된 사람들(the unchurched)에 대한 관심을 나타내는 한에 있어서, 우리의 시도의 많은 부분이 단지 한 부류에게 집중되는 것처럼 보인다는 사실을 지적하려는 것이다.

누가 쾌락주의자나 전통주의자에게 마음을 쓰는가?

또한, 누가 영적 탐구자나 냉담한 자에게 접근하는 방법을 아는가?

전통주의자가 다른 집단들보다 교회가 더 이상 매력적인 곳이 아니라는 것을 발견하지 않는다면, 사실 그들은 전통적인 교회에 만족할 것이라는 주장이 제기될 수도 있다. 책을 좋아하는 성향과 대조적으로 구술적 의사소통에 대한 그들의 편애는 말할 것도 없고, 우리는 이들의 가족과 공동체 지향성과 복음을 연관 짓는 데 도움을 주는 교회를 재창조(reinventing the Church)하는 방식들을 찾아내야 한다. 이것은 오늘날 교회들이 접근하지 못하는 영적 탐구자들에게도 마찬가지다.

놀랍게도 이 두 집단들을 소외하는 양상들 가운데 하나는 일상과 영성을 분리하는 학문적인 신학적 담론의 형태에 대한 지나친 강조로서 교회 안에서 행해지는 학문 중심적 방식이다. 그들은 신앙에 대한 (혹은 신앙과 연관된 것들에 있어서) 전통적인 귀납법적 접근에 관심을 기울이지 않는다. 이들에게 사고가 행동을 유발하는 방식(the thinking-leads-to-doing way)은 문화적으로 이질적일 뿐 아니라 일종의 형식주의와 예측 가능성으로 이어지는데, 그들은 이런 방식을 그들의 삶의 경험과 조화시키는 것의 어려움을 알고 있다. 물론 역설적으로 그것은 다른 유형의 사람들에게 알파코스와 같은 접근 방식을 권하는 바로 그런 유형이다. 그러나 이것은 전통주의와 영적 탐구자가 공통적으로 공유하는 유일한 특징이 아니다.

이 두 집단은 의미 있는 관계에 매우 굶주려 있으며, 그런 상황에서 그들은 자신들이 속한 공동체 안에서 사회적 행동에 기꺼이 참여할 것이다.

또한, 그들은 이런저런 전제적 진리 주장들보다는 자신들이 공유하는 신앙 이야기를 통해 궁극적인 의미를 탐구하는 것에 더 편안함을 느낄 것이다. 만일 냉담한 자가 어떤 방식으로든 접근 가능하다면, 전통주의자와 영적 탐구자 역시 동일한 상황에서 의미를 발견할 수 있을 것이다.

이 다양한 집단들의 관심과 필요에 있어서 표면적 불일치를 고려해 볼 때, 우리는 이 모든 집단을 아우를 수 있는 교회를 상상할 수 있는가?

비록 매우 명확하게 몇몇 가능성을 부각시킨 최근 몇 년 사이에 일어난 한 사건이 있기는 하지만, 어느 정도 그것은 우리의 상상력이 얼마나 유연한가에 달려 있을 것이다. 나는 1997년 8월 웨일스의 다이애나 왕세자비의 죽음에 대한 (영국뿐 아니라 전 세계에 걸친) 광범위한 반응에 대해 언급하려 한다. 가장 예상치 않은 장소에 가장 예상치 못한 사람들이 그녀를 위한 성지(shrine)를 세웠으며, 교회와는 전혀 상관없는 사람들이 그녀를 위한 추모 의식을 고안했는데, 그 사건을 조망할 수 있는 사람들에게 그 사건에 나타난 대중적인 영성에 대한 마음에서 우러나온 많은 표현은 이 책에서 제기한 일종의 질문들을 관통하는 핵심적인 통찰을 제공하기 때문에 나는 그것이 무엇이든 의심하지 않는다. 나는 이미 이 사건에 관해 꽤 긴 글을 썼기에 여기서는 더 이상 반복하고 싶지 않다.[29]

그러나 이 사건에 대한 직접적인 논의와 관련하여 다이애나 왕세자비의 죽음이 (만일 우리가 다이애나 왕세자비의 기념품 시장을 포함하려 하지 않는다면) 냉담한 자들과 공동의 성취자들을 제외하고 다른 모든 집단을 결속시키는 것처럼 보였다. 절망적인 가난한 자들은 다이애나를 자신들과 같은 가난한 자들을 돌본 사람으로 보았다. 즉, 런던 중심가의 홈리스와 빈민 보호소에 두 아들을 데리고 간 이야기가 그들 가운데 회자되고 있었기에 그들은 다이애나를 알고 있다고 생각했다. 쾌락주의자들 역시 그녀의 죽음을 애도했는데, 그 이유는 그녀를—삶이 너무 고통스러웠기에 끊임없는

---

29 내 책 *Changing Culture and Biblical Faith*, 78-103을 참조하라.

파티, 섹스, 쾌락만이 유일하게 남아 있는 초월적 가능성이었던 비극적 인물―그들 가운데 하나로 보았기 때문이다.

영적 탐구자들은 그녀를 그들이 사랑하는 일종의 단일 이슈 압력 집단들(single-issue pressure groups)의 핵심 관심사를 갖고 있던 운동가로 보았다. 또한, 그녀를 방송 매체들을 방문하여 자신의 과거에 대해 두려움 없이 말하는 '영적' 인물로 보았다. 전통주의자들은 그녀가 충직했으며 TV를 통해 그들의 모든 가정을 방문했으며 실제적으로 '가족 가운데 하나'처럼 느꼈다는 이유로 그들대로 그녀를 사랑했다. 추모 의식이 궁극적으로는 의미가 없다고 느꼈음에도 불구하고 세속주의자들도 추모 의식에 참여했다. 의심의 여지없이 일단의 공동의 성취자들 역시 다이애나 사건에 대한 공적인 응답에 대해 대부분 냉소적으로 의문을 제기한 집단이었지만 깊은 유감을 표시했다. 아마도 그것은 교회가 대부분 의식하지 못하는 사이에 그 모든 것에 현저하게 사로잡혔으며, 효과적인 예배와 복음 전도를 위한 장기적인 시사점들을 볼 수 없었던 이유를 설명한다.

우리는 복음이 항상 급진적인 변화에의 도전을 초래한다는 사실과, 다른 유형의 사람들은 분명히 다양한 도전들을 접해야 한다는 사실을 잊지 말아야 한다. 절망적인 가난한 자들은 그리스도의 치유의 능력과 다른 사람들의 도움을 통해 자신들의 삶을 통제하는 능력을 얻을 수 있다는 것을 깨닫도록 도전을 받아야 할 것이다. 쾌락주의자들은 자신들의 행복을 위한 이기적인 생활 방식과 책임에 관해 도전받아야 할 것이다.

일부 전통주의자들은 자신들이 속한 여러 공동체의 고질적인 인종주의에 관해 도전받을 것이다. 영적 탐구자들은 합리적인 것이란 인간됨의 일부이며 다양성을 수용하는 것이란 그들이 실제로 싫어하는 사람들에 대한 박애임을 배워야 할 것이다. 공동의 성취자들은 삶의 공동체적 차원의 중요성을 저해하는 개인주의적이고 경쟁적인 태도에서 벗어나야 할 것이다. 비록 영적인 것만으로는 세속주의자들을 신앙으로 인도하지 못할지라도, 그들은 영적인 것이 역기능적인 상태가 아님을 상기해야 할 것이다. 또한,

냉담한 자들은 삶이란 다른 사람들과 함께 살아갈 때 더욱 활력적이고 풍성한 의미를 갖게 된다는 사실을 발견하므로 고무되고 감격해야 할 것이다.

그러나 이 모든 집단이 함께 복음을 접할 수 있는가?

복음 전도에 관한 오랜 전통적 사고는 모든 집단에게 똑같은 방식으로 복음을 전하는 것은 무익한 일이기에, 교회는 의식적으로 명확하게 규정된 동질 집단들(homogeneous units)에게 작동하는 방법을 선택해야 한다고 말한다. 그 원리를 가장 격렬하게 반대했던 사람들이 거의 모든 교회가 이미 다른 사람들을 위해 단일 종족이 세운 동질 집단이라는 사실을 편의적으로 무시했지만, 모든 사람이 그것을 이론적 원리로 수용하지는 않았다. 내가 여기서 대략적으로 서술한 범주화는 동질 집단의 원리를 강화하는 데 사용될 수 있는데, 물론 나는 이런 방식으로 사람들을 재단하고 규정하려는 시도가 바로 제3장에서 비판한 맥도날드화의 또 다른 형태로서 쉽게 비판받을 수 있다는 사실을 아주 잘 알고 있다. 그것은 합리적 사고의 형태로 항상 위험성을 내포할 것이다.

이런 범주들 간 차이점들이 여전히 존재하는 것처럼 보이며 그것을 부인해 봐야 소용없다. 교회마다 각기 다른 속도로 다른 부류의 사람들과 함께 앞으로 나아가는 것이 가능하다는 것을 발견할 것이지만, 우리의 궁극적인 목표가 관용적인 다양성에서 활발하게 촉진하는 화해로 나아가야 한다는 시각을 결코 상실하지 말아야 한다. 만일 교회가 이미 세상 안에 편만한 분열을 되풀이한다면, 미래를 소유할 가치가 없을 것이다. 리처는―내 견해로는 공정하게―과거와 현재보다 더욱 인간 정신을 옥죄는 미래를 예견하는 냉혹한 조망으로 인해 비판을 받았다. 아마도 그것은 미래를 떠받치는 영성의 부재와 함께 지적 분석에 대한 불가피한 결론이다.

나는 그리스도인으로서 분명히 비판주의자의 모순을 발견한다. 복음은 단지 도전과 변화만 아니라 능력 부여와 새 생명에 관한 것인데, 그것은 현재 우리가 처한 상황에 관해 현실적인 한편, 범주화된 모든 상자를 유연성 있는 공간들로 바라보아야 한다는 것을 의미한다. 만일 우리가 삶 가운데서 하나님의 목적을 성취하려 한다면, 그것들은 해방되어야 할 공간들이다. 거기에는 경계선들이 있는데, 그것은 가장 위협적인 형태('철장') 안에 있다. 하지만 우리는 그 경계선 밖에서 생각하고 행동하는 방식을 배워야 한다. 하지만 만일 우리가 우리 자신들에 관해 철저하게 성찰할 준비가 되어 있으며 위험하다고 알려진 공간들을 점령하기 위해 믿음의 발걸음을 내딛는다면, 실제로 그것은 우리가 상상하는 것보다 쉬울 것이다.

제5장

신앙에 대한 경축

예배는 기독교 신앙의 중심이다. 실로 예배는 전 세계 모든 종교 전통을 포함하여 모든 참된 영성의 중심에 있다. 내가 '영적 탐구자'로 서술한 사람들은 보다 자연스럽게 삶에 의미를 불어넣을 본질적인 가치 추구에 대해 말할 수도 있지만, '영성'에 대한 그들의 정의는 역사적으로 변함없이 기독교 예배에 두드러지게 나타난 의식이나 예전과 유사한 것들을 포함한다.

또한, 예배는 인간됨의 근본적인 요소이기 때문에, 교회의 삶은 사람들이 듣고 이해할 수 있는 형태, 즉 창의적이며 복음 전도적인 방식들로 복음을 대면하지 못하는 사람들의 관심과 가장 손쉽게 만날 것이라는 점이 분명하다. 그러나 확실한 것은 점점 더 문제가 드러났다는 것이다.

교회를 찾는 사람들은 더 이상 그들에게 말하지 않는다. 그뿐 아니라 교회가 다른 사람들을 전도할 뿐 아니라 교인들의 신앙을 갱신할 수 있는지를 염려할 때마다 예배는 효과적인 진행 방식이라기보다는 갈등의 원천이 되어 가는 것처럼 드러난다. 나는 전 세계의 많은 교파 소속 성직자와 평신도와 대화했는데, 어느 누구도 우리가 드리는 예배에 대해 전혀 행복해 하지 않는 것처럼 보인다.

이에 대한 많은 이유가 있으며, 이런 불쾌함이 분명하게 보여 주는 것은 전통에 따라 다양하다. 그러나 우리는 예배에 대한 부정적인 경험들이 이 세상에서 우리의 선교와 연관되며 보다 넓게는 미래 서구 교회의 생존 기회들과 연관된다는 충격적인 영향을 무시할 수 없다. 일시적일지라도 여전히 사람들이 교회를 방문하고 있는 한(영국보다는 북미에서 일어나는 현상), 예배에 대해 부정적인 사람들이 오히려 예배와 친근하게 될 것 같으며, 그들이 만족하지 못하고 교회를 떠나는 시기가 교회가 그들에게 관심을 가져야 할 이유가 되어야 한다.

대부분의 사람보다 예배를 더 많이 경험한 신자의 자녀들이 부모와 거의 대화를 하지 않는 청소년기—혹은 그 이전에—에 교회를 떠나기로 결심하는 시기가 우리에게 더 큰 관심이 되어야 한다. 그러나 사실은 정기적으로 예배에 참석하는 엄청난 수의 성인들 역시 전형적인 예배 형식을 지루해 하는 것처럼 보이기 때문에 그보다 더 도전적이다. 만일 예배가 정기적으로 교회생활에 참여하는 많은 사람을 위해 '작동하는'(work) 것이 아니라면, 그런 예배는 우리 자신의 영적 활력을 침식할 뿐 아니라, 다른 사람들을 예배로 초청하려는 확신을 거의 갖고 있지 않다는 사실을 보장할 것이다.

1. 예배 전쟁

이 모든 것을 비난하기 위한 희생양을 찾는 것은 쉬운 일이며 우리 대부분이 그렇게 한다. 성직자는 보통 사람들의 관심과는 동떨어진 무관심하고 지루한 사람들로 비난받는다. 이런 비판은 종종 사실이지만 반드시 그럴 만한 가치가 있는 것은 아니다. 왜냐하면, 많은 성직자가 그런 면에 있어서 신학 교육의 희생자들이며, 어떻게 효과적인 지도자가 될 것인가에 대해 전혀 배우지 않았기 때문이다. 종종 교수들이 실천(praxis)을 배제한 커리큘럼으로 좁게 정의된 본문 연구에 치우쳐 있기 때문이다.

더욱이 그들이 받은 신학 교육은 인지적이고 명제적인 스타일을 통해 배운 것으로서, 때로는 신학 교육이 마치 그들과 같은 부류를 제외하고 어느 누구도 그들이 주장하는 것을 이해할 수 없다는 것을 보장하기 위해 고안된 것이었을지도 모른다. 나는—종종 많은 재정을 부담하여—신학을 시작하므로 삶의 중요한 부분을 포기하는 사람들에게 큰 연민을 갖고 있는데, 결국 그들 모두는 효과적인 사역의 핵심인 대인 관계 기술(people skill)을 여전히 구비하지 못하는 것을 발견한다.[1]

많은 성직자에게 가해지는 압력을 고려할 때, 성직자들이 퇴보하는 평신도 지도자들에 관해 흠잡는 것은 놀랍지 않다. 때로 그들이 성장하기는 하지만, 그것은 눈으로 보는 것처럼 간단하지 않다.

어디에서 평신도들이 교회의 모델을 배우는가?

그 답은 그들이 경험한 성직자에서 나온다. 만일 교회 리더십이 다양한 관심 집단들 간의 권력 투쟁으로 전락한다면, 그 이유는 권력과 통제를 숭배하고 목회 사역을 위한 협력적 방식들을 무시하는 많은 성직자에게서 일관되게 드러나는 리더십 스타일에서 발견된다. 따라서 이런 리더십 스타일은 지속되는데, 자멸까지는 아니더라도 결국 모든 사람이 누군가가 모든 것에 대해 책임을 져야 한다고 생각한다. 그리고 기껏해야 신자들이 역기능적이 될 때까지, 전통적인 성가대와 음악 담당자들은 현대 음악을 선호하는 사람들을 비난하며, 현대 음악을 선호하는 사람들은 오르간 연주자를 비난하고, 오르간 연주자는 비공식적이고 '비전문적' 음악 그룹들이 참여하는 것을 방어하게 된다. 비극적으로 소위 '예배 전쟁'은 흔한 일이 되면서 더 이상의 협력의 필요성을 상실한다.

그러나 우리가 논의하려는 중심 주제와 직접 연관된 이 모든 것에 대한 하나의 근본적 실재가 있다. 아마도 교회의 삶의 어떤 다른 양상보다 분명한 예배에 관한 논의들은—때로는 부지불식간에—그리스도인들이 리처(Ritzer)가 맥도날드화로 확인한 관념의 지배를 허용했다는 것이다. 산업 혁명 이후 인간의 삶의 방식이 유래 없이 협의적인 기계적 용어로 정의되어

---

[1] 신학 교육과 사역의 특징적 이슈들에 관해서는 내 책 *Cultural Change and Biblical Faith* (Carlisle: Paternoster Press, 2000), 104-153을 보라.

생산 중심적인 공장이 되었듯이, 교회 역시 이와 매우 유사한 많은 특징을 채택하므로 기계적이고 예측 가능한 기관이 되었다. (광범위한 가톨릭 전통에 나타난 것처럼) 그런 예측 가능성이 성만찬(Eucharist)에 집중된 예측 가능성이건 아니면 (개혁주의적 개신교에 나타난 것처럼) 설교에 집중된 예측 가능성이건 실제로는 거의 차이가 없는 듯하다. 왜냐하면, 예배에 대한 합리화된 방식을 포용하는 우리의 열망이 같은 문제들로 씨름하는 예상치 못한 에큐메니칼적 결과(에큐메니칼운동의 혼돈-역자 주)를 초래했기 때문이다. 그것은, 만일 우리가 예배를 창의적으로 다루었다면 우리에게 중대한 기회를 제공할 수 있었던 사건이었다.

그 이유는, 만일 우리가 기관(교파와 교회 리더십-역자 주) 대신 서로의 경험들을 통해 잘 배울 수 있다면, 신자들의 지체를 세우고 예수를 따르는 제자들을 위한 안전한 공간을 형성하는 방향으로 나갈 수 있었기 때문이다.

매튜 폭스(Matthew Fox)는 『일의 재발견』(*The Reinvention of Work*)에서 7가지 전통적 교회의 핵심 특징들을 밝히는데, 그는 그 특징들은 그리스도인이 근대 문화의 세속적인 영향을 수용한 무비판적 방식에서 직접 그 기원을 찾을 수 있다고 믿는다.[2] 그 특징들이 나에게는 우리 자신의 위치에 대한 정확한 반성처럼 보일 뿐 아니라, 우리로 하여금 승자와 패자를 규정하는 예배 전쟁이 시간 낭비라는 것을 직시하도록 도와주기 때문에 고려할 만한 가치가 있다. 마치 예배가 단지 개인적인 선호도로 인한 권력 투쟁으로 비춰지듯이, 서로 공격하면서 우리는 잘못된 질문들을 제기하고 있다.

우리가 고투하고 있는 것들은 문화 변화와 중대한 신학적 가치들과 연관되는데, 이 두 요소는 개인적으로나 사회적으로 훨씬 더 중대하다. 따라서 그런 이중적 준거틀(dual frame of reference)에 제기된 도전들은 지금까지 예배에 관한 대부분의 논의를 지배한 새로운 음악이나 개정된 예전들에

---

2 Matthew Fox, *The Reinvention of Work* (San Francisco: Harper-SanFrancisco, 1994), 256-260.

관한 내부적 논의들보다 만족스러운 해결을 위해 훨씬 포괄적인 교회 갱신을 요구할 것이다. 전반적인 교회생활에 대한 보다 포괄적인 갱신을 통해 만족스러운 해결 방법을 요구할 것이다.

폭스는 내가 연속적으로 제기하는 질문에 대해 다음의 요점들을 제시한다.

(1) 기계 문명의 영향 아래 우리의 종교 의식들조차 영성과 기도가 결핍된 기계처럼 변질되지는 않았는가?

(2) 우주와 자연계를 활력을 상실하고 궁극적인 목적도 없는 것으로 이해한 세계관에서 사람들이 무기력하고 궁극적인 목적도 없는 의례들에 만족하게 되는 것이 필연적이었는가?
'의례에 대한 순수한 권태감을 견디는 것이 우리의 영혼 없는 우주에서 미덕이 되었는가?'[3]

(3) 물질이 오직 비활성 물질인 원자들로 구성된다고 주장되는 세계관에서 활력적이고 열정적이기보다 혼합되고 색깔이 없어야 된다는 사고로 길들여진 교회 지도자들의 사고방식 가운데 불활성(inertness)이 형성되었는가?
'오늘날 미래의 예배 인노자들에 대한 신학교의 훈련이 영적으로 활력을 불어넣기보다 불활성과 부합하며, 마음에서 우러나오는 기도라기보다 암기된 기도에 부합하고, 거룩한 열정과 파토스(pathos)를 경축하기보다 텍스트에 집착한다'[4]라는 폭스의 주장은 극단적으로 들릴 수도 있다. 그러나 불행하게도 나는 신학대학들과 대학원들이 내부적으로 너무 만족하여 그런 성향에 반대하려는 시도조차 하지 않

---

3 위의 책, 258.
4 위의 책, 258.

는다는 것을 알고 있다. 이런 성향은 성직자를 양성하는 신학 교육 방법을 수출하는 영국, 미국, 호주와 다른 지역에서도 당연하게 수용된 표준 성직자 훈련 모델들에 너무 안주하기 때문이다.[5]

(4) 만일 지구가 죽었다면, 세속을 위한 공간, 특히 우리의 몸으로 표현되지 않는 예배 형식이 가능한가?

다시 말하면, 폭스는 아프리카계 미국 교회들을 제외하고(이에 대해 나는 미국의 히스패닉 교회들과 아프리카와 남미 지역의 토착 교회들 그리고 영국의 아프로-캐리비안 교회들을 추가하고 싶다), '몸을 움직이고 춤을 추며, 땀을 흘리는 예배 장소는 없다. 예배당 의자는 우리의 몸이 활발하게 움직이지 못하도록 고정되어 있다'[6]라고 정곡을 찌르는 논평을 한다.

(5) 자발성과 자유가 결핍된 세계관에서 의례는 불가피하게 '책과 법과 위원회에 의해 결정된' 동일한 관점을 반영하는가?[7]

(6) 근대성은 참여가 아니라 거리(distance)라는 핵심 가치로서 공간을 만들어 내므로 예배자들을 오로지 관람객으로 만드는 교회 건축 양식의 지배를 촉진했는가?

(7) 이 모든 것이 '영원하고 절대적이며 변함없는 율법을 선포하는 최상의 기술자나 수학자'로서 계몽주의에 의해 영감을 받은 하나님, 즉 동종의 합리적인 형태로 예배받기를 요구하는 하나님에 대한 견해에

---

5 교회의 선교를 위한 모든 중요성에 관해서는 Robert Banks, *Reenvisioning Theological Education: Exploring a Missional Alternative to Current Models* (Grand Rapids: Eerdmans, 1999)를 보라.

6 Fox, *Reinvention of Work*, 258-259

7 위의 책, 259.

근거하는가?[8]

물론 폭스는 현재 교회의 신앙과 실천에 관한 이런 비판적 질문들을 제기하므로 명성을 얻었다. 삶보다 큰 실재를 묘사하려는 폭스의 경향은 종종 그 가치보다 그의 의견들을 묵살할 정당성을 비평자들에게 부여했다.[9] 근대의 모든 예배가 이와 같지는 않았기 때문에, 위에서 열거한 모든 관찰은 계산된 과장의 요소를 담고 있다. 그러나 잘 확립된 일반적인 관점은 지난 여러 세기에 걸친 전반적인 세계관적 가정이 현재 교회에 작동하는 것을 우리가 인식하는 것보다 더욱 더 영향을 미쳤다는 것이다. 특히, 우리의 모든 전통 가운데 예배자들이 일관되게 수동적 관망자의 역할을 해왔고 예배 장소와 공간들이 뉴톤식의 합리화된 범주들로 정의되었다는 것이 명백한 사실임을 개연적으로 질문하는 것은 내게는 의문이다.

2. 예배를 위한 공간 형성

예배와 연관된 공간의 중요성은 21세기 예배학자들 가운데서 충분히 토론되었지만, 몇 가지 주목할 만한 예외들과 함께 우리는 일반적으로 예배 공간에 관해 많은 것을 할 수 없었거나 기꺼이 하지 않았다. 20세기 중반 예배당 디자인과 구조에 관한 논쟁들은 대부분 교회 비품이나 가구에 초점을 둔 것이었고, 강대상이 강단 중앙에 위치해야 하는지(고전적 개혁 전통에 나타나듯이), 테이블과 강대상과 세례를 주는 곳이 똑같이 현저하게 드러

8　위의 책, 259.
9　나는 여기서 내가 그의 사역에 대해 결코 무비판적이 아니라는 것을 지적할 필요가 있다. 내 논문 "Matthew Fox", in Trevor Hart (ed.), *Dictionary of Historical Theology* (Carlisle: Paternoster Press, 2000)를 보라.

나야 하는지에 관한 논의들이 주를 이루었다.[10]

이 논쟁의 양상들은 여전히 연관성을 갖고 있지만, 보다 최근 교회의 본질에 관한 신학적 반성은 교회 가구에 관한 이런 논쟁들을 훨씬 넘어섰다. 이 두 모델은 사실상 예배가 사역자들과 다른 전문 성직자들에 의해 '수행되는' 것이라고 가정했다. 신학적으로 신앙 공동체에 대한 이런 이해는 온 교회의 역할에 대한 새로운 이해와 매우 단순한 고대의 진리에 대한 재발견으로 대체되었다. 이 예전은 '사람들의 일'이다(헬라어 *leitourgia*의 문자적 의미).[11]

그러나 우리가 여기서 주로 옹호하는 실천-반성-행동(practice-reflection-action)의 형태라기보다 계몽주의에 의해 고취된 연역적인 행동에 따른 반성(deuctive Enlightenment-inspired reflection-followed-by-action)의 형태로 신학을 지속했기 때문에, 신학은 우리의 실천을 넘어서지 못했다. 이런 응

---

10 이 시기의 일반 저서들에 대해서는 Donald Bruggink and Carl Droppers, *Christ and Architecture* (Grand Rapids: Eerdmans, 1965); Gilbert Cope, *Making the Building Serve the Liturgy* (London: Mowbrays, 1962); Peter Hammond, *Liturgy and Architecture* (New York: Columbia University Press, 1961); William Lockett (ed.), *The Modern Architecture Setting of the Liturgy* (London: SPCK, 1964)를 참조하라. 공간과 신학의 관계에 대한 폭넓은 개관에 대해서는 Harold W Turner, *From Temple to Meeting House* (Hawthorn NY: Mouton de Gruyter, 1979); James F. White, *Protestant Worship and Church Architecture: Theological and Historical Considerations* (New York: Oxford University Press, 1964)를 보라. 보다 특별한 '탈근대적' 공헌들로 간주될 수 있는 것들에 대해서는 James F. White and Susan J. White, *Church Architecture: Building and Renovating for Christian Worship* (Nashville: Abingdon Press, 1988); E. A. Sovik, *Architecture for Worship* (Minneapolis: Augsburg, 1973); Kennon L. Callahan, *Building for Effective Mission* (San Francisco: Jossey-Bass Publications, 1997); Richard Giles, *Re-Pitching the Tent: Re-Ordering the Church Building for Worship and Mission in the New Millennium* (Norwich: Canterbury Press, 1999)을 참조하라.

11 예를 들면, Leonardo Boff, *Church, Charism and Power* (New York: Crossroad, 1985); Rosemary Radford Ruether, *Women-Church* (San Francisco: Harper & Row, 1985); John Macquarrie, *Theology, Church and Ministry* (New York: Crossroad, 1986); Peter C. Hodgson, *Revisioning the Church: Ecclesial Freedom in the New Paradigm* (Philadelphia: Fortress, 1988); Rémi Parent, *A Church of the Baptized* (New York: Paulist Press, 1989); Hans Küng, *Reforming the Church Today* (New York: Crossroad, 1990); Letty M. Russell, *Church in the Round* (Louisville KY: Westminster John Knox Press, 1993); R. Paul Stevens, *The Equipping Pastor* (Washington DC: Alban Institute, 1993)를 보라.

집력의 결핍은 예배 형태에 대한 우리의 빈약한 적응에서 기인한 것처럼 보이는데, 그것은 한때 평신도들에게 사역자들이 하던 것과 같은 사역을 하도록 하는 것과 마찬가지다. 분명히 그것은 단지 현 상태에 대한 최소한의 중단을 요구하고 예배 공간에 대한 질문에 거의 주목하지 않기 때문이다.

'매체가 메시지'(the medium is the message)라는 주장이 사실이라면, 공동체의 축제가 일어나는 공간은 우리의 신앙의 근원적 실재에 대한 증거를 품고 있을 뿐 아니라, 여러 면에서 그것을 규정하고 결정하는 데 공헌한다는 것이 틀림없다. 예배를 위한 '공간' 개념이 여러 함의를 내포할 수 있으며, 모든 예배 공간이 반드시 건물의 물리적 공간과 반드시 연관되지는 않지만, 그리스도인들이 전형적으로 공동의 예배를 위해 모인 물리적 장소에 관한 숙고를 통해 이 질문에 대한 우리의 탐구를 시작하는 것이 부적절하지 않을 것이다.

사실은 대개 외적 공간이 예배자들이 하나님과 만날 수 있는 개인적인 내적 공간을 결정한다는 것이다. 유럽의 유구한 문화들에서 기독교 예배를 위한 공간(기독교 예배의 의미)은 종종 길고 좁은 교회당 내부의 날개 부분과 원형 기둥이나 다른 형태의 기둥들로 이루어진 고딕 양식의 교회 건축으로 결정된다. 이런 공간은 오직 한 가지 메시지만을 줄 수 있다. 그런 예배는 형식과 계층에 관한 것이다.

그러나 다른 건축 양식들은 자체적인 메시지를 갖고 있다. 몇몇 개신교 개혁자는 콘스탄틴적 모델과 중세 모델로부터 나온 예배 형태를 수 세기의 걸친 예배의 남용으로 간주하고 사람들을 본래의 예배로 돌아가게 했다고 생각했을 수도 있다. 그러나 그들은 단순히 기존의 관망자적 사고방식을 영구화했으며, 설교에 초점을 둔 교육 공간, 즉 중세 대중들의 편의를 도모하는 극장과 같은 공간으로 대체했다.[12]

---

12 이에 대한 분명한 설명에 대해서는 Gordon Donaldson, *The Faith of the Scots* (London: Batsford, 1990), 65.

복음 전도가 예배와 축제와 분리된 활동으로 규정되었을 때, 대개 세속적 엔터테인먼트 모델에 근거한 다른 종류의 공간이 창조되었다. 20세기 초 개신교회는 그 당시 극장들이 주요 예식을 위해 연단과 오르간을 나란히 배치했던 것과 매우 같은 방식으로 아주 가시적인 요소들로 강단과 파이프 오르간을 배치한 빅토리아 시대 콘서트홀처럼 보이도록 건축되었다. 최근에는 보다 새로운 개신교회들(특히 아이러니하게도 예배를 사람들의 일로 인식하는 것에 가장 관심을 기울인다고 종종 주장하는 독립교회들과 초대형 교회들)은 무대와 조명 그리고 극장 좌석과 같은 것을 완벽하게 구비한 엔터테인먼트 공간으로 예배당을 만들었다.

축제 공간에 대한 논의는 이 책에서 예상하지 않은 침범 요소처럼 보이지만, 실질적으로 그것은 우리의 주요 관심이며 탈근대적 문화에서 선교적 갱신을 위해 가장 중요하다. 제2차 세계대전 이후에 영국 국회의사당을 새로 수리할 때, 윈스턴 처칠 경(Sir Winston Churchill)은 "우리가 건물을 디자인한 것이 아니라, 건물이 먼저 우리의 삶을 디자인했습니다"라고 논평했다. 오늘날 공간은 실제로 효과적인 선교를 재고하는 핵심 요소가 될 것이며, 때때로 우리는 공간에 모이는 것 이상의 중요한 의도를 배워야 한다. 물론 많은 신자가 건물이 교회의 기본 구조가 아니라는 점에서, 의미심장하게 개조할 수 없는 건물들에 둘러싸인 자신들을 발견한다.

특히, 이것은 역사적 건축물의 경우에 해당되는데, 정부는 적어도 건축물의 외장에 있어서만큼은 항상 '원형' 상태를 보존하기 원한다. 그러나 건물의 외형은 하나님 백성 공동체가 만나는 공간과 같은 것이 아니며, 수많은 경우에도 건물의 외형을 바꾸는 것은 어렵지 않다. 만일 건물들이 가끔 보수하고 개조하기 위해서만 존재한다면, 모든 교회는 그들의 공간을 재설계할 정기적인 기회를 갖게 될 것이다. 건물의 개조가 기존 상태에 페인트를 다시 칠하고 장식하는 것으로 제한되는 것은 심각한 실수다. 만약 우리가 하나님께서 원하시는 백성이 되는 과정 가운데 있다면, 건물에서 하는 어떤 일도 우리의 선교를 재고하는 기회로 활용되어야 한다. 이것은 신앙 공동체로서 우리가 누구이며, 예배 장소가 재설계된 이래 우리의 영성에 일어난 변화가 무엇인지를 묻고, 복음을 전하려는 사람들에게 그것을 효과적으로 설명할 뿐 아니라 새롭게 변화하는 건물의 실재를 경축하기 위해 어떤 종류의 공간이 우리에게 힘을 북돋아 줄 것인가를 결정하는 데 도움이 되도록 활용하는 것이다. 우리가 이 모든 것을 진지하게 다루는 데 실패한다면, 우리가 확증하기 원하는 것을 실제로 부인하는 예배당의 형태를 취하므로 신학적 모순에 부딪치게 될 것이다.

매우 명백하게 그것이 예배이든 복음 전도이든 성도들이 하나님이 백성으로서 그들 자신의 소명을 진지하게 다루도록 힘을 북돋아 주며, 그리스도의 몸의 공동의 삶에 특별하게 기여하도록 그들을 구비하기 원하는 사역자는 단순히 강단의 설교를 통해서만 그 일을 할 수 없다. 분명히 공간의 몸 언어(설교자들의 말씀 선포-역자 주)는 강단 뒤(때로 강단 안)에 서 있는 사람이 앉아서 설교를 듣는 사람들보다 더 많은 지식과 능력을 갖고 있으며, 대개 더 잘 구비되었다고 말한다. 모순은 그런 방식으로 뭔가를 이루기에는 너무 소란스러운 것이며, 설교자의 모든 선한 의도에도 불구하고 공간의 메시지는 항상 말로 전달되는 메시지를 압도할 것이다.

프로이드(Sigmund Freud)의 책에 나오는 이야기를 기억하는데, 프로이드는 그 책에서 남편에 대한 변치 않는 신실한 사랑을 선언하는 한 여성과의 상담을 설명한다. 그 여성은 상담하는 내내 결혼 팔찌를 손가락에 넣었다 뺐다 하는 행동을 했다. 프로이드는 그녀의 행동에서 그녀의 말보다 마음에 반영된 보다 진정한 실재를 발견했다. 힘을 갖고 있는 위치에서 우리가 그리스도인들이 자신의 사역을 발견하고 사용하도록 고무할 때, 이와 유사한 일이 일어난다. 단순히 그 자체로 새장(cage)인 공간에서 교회가 맥도날드화의 철장을 부수려고 애쓰는 일은 작동하지 않을 것이다.

또한, 아름다운 건물을 갖는다는 것이 반드시 예배를 위한 적절한 공간을 갖는다는 것이 아니라는 사실을 되새겨 볼 만하다. 나는 교회 건물에 대한 야심만만한 개보수 프로젝트를 진행하는 과정에서 막대한 돈을 사용한 한 영국 교회를 기억한다. 소수의 열정적인 남성들(여성들은 없었음)이 그 프로젝트의 감독관으로 임명되었는데, 그들은 상당한 헌신과 책임감을 갖고 그 일을 감당했다. 그러나 그들은 모두 건축 기술자들이었다. 그들의 주요 관심은 교회 구조와 연관된 것이었고, 그들에게(그리고 건축가들에게) 있어서 좋은 디자인이란 그곳이 '실제' 교회처럼 보이게 만드는 것이었다. 그들은 그 목적을 달성했고, 새롭게 보수된 건물은 낡은 건물이 새롭게 변할 수 있는 사례로 널리 알려졌다.

그러나 신앙 공동체가 그 공간에서 예배를 드릴 때, 온갖 긴장들이 표면적으로 드러나기 시작했다. 그런 긴장감은 신자들이 집단으로서 자기 이해를 하는 과정을 제공했다. 그 찬란한 건물은 그들이 단순히 그 건물을 관망하는 자들이라고 말하고 있었던 반면에 그들은 하나님의 백성으로서 역동적이고 활동적이며 진취적인 비전을 발전시키고 있었다. 그들은 자신들의 정체성을 찾기 위해—즉, 자신들에 관해 느꼈던 것—건물과 함께하는 것이 아니라 건물에 대항적인 일을 해야 했다. 그 프로젝트를 감독한 몇몇 신자는 그들이 수년간 해 온 일들이 잘못된 것에 대해 진심으로 인정받지 못한 채 교회를 떠남으로 마무리되었다. 그것은 단지 하나의 결과에 불과했다. 왜냐하면, 그 후 수년 동안 처음부터 예배에 관해 합의해야 했던 주장들이 결국 신자들의 삶에 계속하여 해를 끼치며 소음을 냈기 때문이다.

전반적으로 로마가톨릭교회는 개신교보다 더욱 효과적으로 이 이슈를 다루었던 것처럼 보이며, 제2차 바티칸 공의회(62년 전에 열린 회의이지, 최근의 일은 아니다!) 이래로 가톨릭교회는 예배 공간의 적합성에 관한 문제를 의도적으로 제기해 왔다. 대부분의 구조보다 여전히 계층적 구조를 보존하는 전통이 수 세기 동안 예배를 위해 노력해 왔다고 주장하는 다른 교파들보다 모든 하나님의 백성을 잘 구비할 수 있다는 것이 (내게는) 아이러니한 결과다.[13]

---

13 제임스 화이트(James F. White)는 지극한 존경심을 갖고 개혁적 개신교파들이 전형적

예배 공간에 대한 이런 질문은 단지 건물 형태에 관한 방대한 질문들과 연관되지 않는다. 특히, 많은 개신교회는 개방된 공간의 부족으로 인해 성직자 중심의 이벤트 이외에 소란함과 퍼니처운동(furniture movement, 비싼 고품격의 세련된 가구를 개인 소장품으로 간직하려는 일련의 운동으로 1930년대부터 미국에서 일어난 운동-역자 주)을 요구한다.

종종 세례 예식은 한쪽 구석에서 진행되는 반면, 결혼 예식과 장례 예식을 위한 적절한 공간을 만들어 내려고 비품들을 옮기거나 때로는 성찬상(communion table)까지도 옮기며, 그런 비품들을 강단 앞에 배치하는 경우에도 회중석의 시선과 확실하게 일치하지 않는다. 교회력의 경우 교회들이 대림절 기간 동안 크리스마스트리를 장식하며, 대림절 왕관을 준비하고 장식과 선물을 준비하는 등 교회 비품을 배치하는 일은 더욱 복잡하고 엉망이 될 수 있다.

나는 기둥 바로 뒤에 있는 강단 주변에 낡은 자전거들이 쌓여 있어서 마치 쓰레기 더미로 가득 찬 마당처럼 보이는 영국 성공회 예배당에서 주말 워크숍을 인도한 적이 있었다. 이 사례가 극단적이라는 것은 의심의 여지가 없지만(그 자전거들은 자선 물품으로 수집되고 있었기 때문에 곧 정리될 것이었지만), 이런 상황은 예배가 개방적이고 환대하는 것이라기보다는 사정을 잘 알고 있는 사람이 숨겨진—밀의적인—방식으로 행하는 주술(mumbo-jumbo)과 같은 것이라는 인상을 부추긴다. 좋은 예배에 본질적인 것으로 제임스 화이트(James F. White)가 주장하는 다섯 가지 예전적 공간 가운데 두 공간들(회중적 공간과 운동 공간)은 사람들이 서로 관계를 맺는 방식과 연관된다는 점에서 중요하다.[14]

으로 그들의 성찬 테이블로 간주하는 방식과 연관된 동일한 현상을 주목한다. "기묘하게도 성만찬에 대한 경건성을 거의 갖고 있지 않은 많은 교파에서 이것은 사람들에게 결코 접근되지 않는 교회 안의 한 가지 흠이다. 이것은 사람들이 매주 성만찬을 갖는 교파들보다 고상하고 초연한 모습으로 남아 있다." *Introduction to Christian Worship* (Nashville: Abingdon Press, 1980), 82.

14 위의 책, 81-82.

사람들이 기도회에 모이며, 결혼하는 신랑 신부의 친구들이 주위를 둘러싸고, 슬픔으로 가득 찬 사람들이 사랑하는 사람의 시신을 보듬어 안고, 신앙 공동체 구성원이 세례받는 신자를 축하하기 위해 함께 모일 수 있는 결혼식과 장례식과 세례식을 상상해 보라. 이것이 바로 인간이 중요한 때 자연적으로 함께하는 방식이며, 이런 공간들은 신자들 상호 간의 자연스러운 상호 반응을 위한 더 많은 기회를 제공할 뿐 아니라(장애인을 위한 손쉬운 접근에 대해 언급하려는 것은 아니다) 예전에 많은 존엄성을 부여하는 공간을 창조한다.

이와 연관하여, 널리 이해된 공간보다 단지 좌석과 연관된 예배 공간의 맥도날드화에 대한 질문들을 다루는 경향이 있다. 특히, 신도석(pews)은 많은 이에게 혐오스러운 것(*favourite bête noir*)이 되었다. 중세 후기에 나타난 신도석은 성직자와 평신도 간의 엄격한 경계선을 확증하는 방법으로 교회 건축에 소개된 것이 분명하다. 에이단 카바나(Aidan Kavanagh)는 '단지 최근에 이르러서야 예전적 공간으로 들어가는 신도석이 고정되었는데, 예전은 일반적인 행위가 아니라 돈을 지불하고 공연에 참석한 청중을 위해 명연주자가 공연하는 교회 오페라로서 영구적으로 지정된 좌석에서 듣는 설교임을 보여 준다. 신도석은 회중과 거리를 두고 있으며, 신실한 신자들의 신앙심을 빼앗고, 회중들을 분열시킨다'라는 정확한 논평을 제시한다.[15]

다른 사람들의 머리를 뒤에서 바라보는 데 대부분의 시간을 보내는 곳에서 우리는 결코 공동체를 형성할 수 없다는 것은 당연하다. 그러나 신도석 자체는 비난의 대상이 아니다. 신도석을 의자로 교체하는 대부분의 교회는 여전히 의자들을 똑바로 정렬하여 예배 공간에 약간의 변화를 주었다.

비록 내가 개인적으로 선호하는 것이 예배당 비품의 일부인 안락한 의자라고 생각하지만, 나는 신도석을 완전히 없애기를 원치 않는다. 예컨대,

---

15　Aidan Kavanagh, *Elements of Rite: a Handbook of Liturgical Style* (New York: Pueblo Publishing Company, 1982), 21.

분명히 개별적인 의자는 그냥 의자—즉, 예배에서 개인주의의 가치에 관한 진술로 쉽게 이해될 수 있는 개인적 공간—인 반면, 신도석은 당연히 우리가 다른 사람들과 나란히 앉는 좌석이다. 종종 신도석을 없애는 이유로 안락함을 주장하지만, 많은 경우에 교회들은 불편한 신도석을 불편한 의자로 교체하기도 하는데, 우리가 깨닫는 것 이상으로 교회 비품을 바꾸려는 열망이 문화적 개인주의와 연관되지 않는다는 것은 나를 의아하게 만든다.

신도석이 다리를 뻗을 수 없는 매우 열악한 비행기 이코노미 클래스 좌석과 같을 필요는 없으며, 일렬로 배치될 필요도 없고 근육과 등의 피로를 유발하기 위해 신중하게 계산된 것처럼 보이는 각도로 좌석과 등받이를 설계할 필요도 없다. 기이하게도 이런 종류의 의자는 영국인들이 선호하는 것처럼 보인다. 왜냐하면, 대부분의 미국 교회는 이런 문제들을 해결했기 때문인데, 미국 교회는 흔히 좋은 시야를 확보하기 위해 반원형 구조로 배열되고 실용적인 각도로 잘 디자인된 의자 그리고 다른 사람들을 불편하게 하지 않으면서도 사람들이 손쉽게 통과하거나 넓은 공간으로 함께 이동할 수 있도록 좌석 사이에 충분한 일정 공간을 둔 구조를 갖고 있다. 우리가 인식하는 좌석과 연관된 많은 문제는 무엇보다 디자인의 문제다.

공간과 좌석에 대한 보다 중요한 질문은 좌석과 공간을 활용하는 방식과 연관된다. 신도석이건 의자이건 일자형 좌석이 신자들 간의 상호 반응을 제한한다는 것은 잘 알려진 사실이다. 이런 형태의 좌석은 사회적 원심성(sociofugal)의 공간이며, 상호 반응이 부적절하든지 상호 반응이 전혀 일어나지 않는 곳에 사용될 수 있는 좌석의 종류다. 극장이나 공항 라운지, 혹은 다른 대기 장소들은 대개 이런 좌석의 형태를 띠고 있다. 또한, 사람들이 자유롭게 앉을 수 있도록 좌석을 선택할 때(극장의 지정 좌석과는 반대로 교회의 좌석과 같은), 이런 배열은 예배당 뒤편이건 좌석의 끝이건 변함없이 신자들을 구석으로 몰아낸다. 구석에 갇혔다고 느끼는 자리에 앉고 싶은 사람은 아무도 없다.

이 형태의 반대는 사회적 구심성(sociopetal)의 사용으로서 우리가 가정에서 앉는 방식이다. 가장 역기능적인 가족조차 가구를 줄지어 배열하지는 않을 것이다. 식탁을 빙 둘러 의자들이 있고 거실(lounge room)에는 공간의 중심에 집중하는 방식으로 가장자리에 의자와 소파를 배치한다.

이런 형태의 배열은 보통 술집이나 호텔 로비에도 통상적으로 적용되는데, 그 이유는 이 형태가 사람들을 어울리도록 만들며 환대하며 공동체를 세우기 때문이다. 이런 좌석 배치에 대한 고려는 교회의 상황에서 늘 신학적 중요성을 견지해 왔으나, 우리 문화에서 점점 더 많은 사람이 소속된 공간을 찾고자 할 때, 우리가 그것을 더 이상 무시하는 것은 자멸을 초래할 것이다. 충분히 2,000명을 수용할 수 있는 한 교회의 떼제 공동체(Taizé) 예배에 참석한 적이 있다.

그러나 그 예배의 참석 인원은 소수에 불과했으며, 사람들은 멀리 떨어져서 홀로 앉아 있었는데, 상상할 수 있는 것처럼 그 예배는 참된 떼제 공동체 경험과는 매우 동떨어진 것이었다. 나 자신이 하나님 백성의 공동체에 속하지 않는다는 것을 발견한 것은 내게 외로운 감옥에 갇힌 것 같은 비인간화되는 경험이었다. 왜냐하면, 우리는 감옥에 갇힐 때조차도 그런 경험을 반복하기 원하는 사람은 아무도 없을 것이라고 추정하는데, 감옥에 갇히는 것은 인간 영혼의 가장 깊은 필요들과 너무 상반되는 것이기에 감옥은 범죄자들에게 형벌을 주는 종착지로 사용된다.

그러나 어떤 교회들은 항상 그렇게 하지 않는가. 고독의 경험은 소위 구도자들을 전도하는 방법으로 촉진되기도 했으며, 교회의 전체 모델들은 그 형태에서 벗어나지 않았다. 서구 개인주의는 결코 신적인 것이나 성경적인 것이 아니며, 그런 성향을 방조하는 교회는 우리가 인식하고 있는 것보다 더욱 심각하게 복음을 부인하고 있다. 이와는 대조적으로, 내가 전통주의자와 영적 탐구자로 부르는 사람들뿐 아니라 접근하기 매우 어려운 쾌락주의자들 가운데서도 매우 성공적인 전도 프로그램을 운영한 로스앤젤레스의 한 교회 지도자를 방문했다.

그들은 다른 곳에서 만들어진 모델들 가운데 하나인 '구도자 중심의 예배'를 계획하여 문자적으로는 아주 우연하게 성공의 비밀을 발견했다. 그 교회의 담임목사는 '교회 건물을 환영하는 분위기로 조성하려고' 신자들을 초청했다. 그가 염두에 두고 있던 것은 교회 입구를 조금 말끔하게 정돈하는 것이었는데, 전등을 몇 개 더 달고 꽃으로 장식하는 것 등이었다.

그가 예배를 드리러 교회에 도착해서 발견한 것은 그 일을 담당한 여자 성도가 그의 말을 곧이곧대로 받아들여 성도들을 더 환영하는 분위기로 교회 건물 전체를 개조한 것이었다. 그녀는 친구들에게서 빌린 소파와 안락의자들을 잘 배치하고 본당 좌석은 전통적 스타일로 말끔하게 정리했다. 그 자리에는 12명이 앉을 수 있는 원형 테이블이 배치되었다. 교회 지도자들이 행사 시간이 다 되어서야 도착했기 때문에 그들은 교회 건물을 '정상적인 원래의 상태'로 돌려놓을 수 없었다. 왜냐하면, 그들이 인도하려는 교회 밖의 사람들은 고사하고 성도들이 효과적으로 친교를 나누게 하려면, 바로 이런 예배 장소가 그들이 필요로 하는 것이라는 사실을 깨달았기 때문이다. 그들은 테이블뿐 아니라 중앙의 개방된 장소도 전통적인 방식으로 다시 바꾸지 않았다.

분명한 것은 파티 장소와 나이트클럽에서 많은 시간을 보내는 쾌락주의자들처럼, 사람들이 쉽게 만날 수 있는 이런 공간을 찾는 이유를 설명하는 데 도움을 준다. 그러나 제기되는 도전이 있는데, 나는 개인적 경험을 통해 둥근 식탁에 앉아서 성찬식을 행하는 것은 대개 전통적인 예전과는 매우 다르다는 것을 깨달았다.

3. 예전의 맥도날드화

무분별한 맥도날드화는 우리가 교회 공간을 사용하는 방식에 국한되지 않는다. 모든 예식 가운데 성례전은 동일한 합리적 방식으로 희생되었다.

패스트푸드 이미지는 우리가 특별한 '성찬용 포도주'(제조용 화학주이기 때문에 대개 일반 포도주를 성찬용으로 사용하는 것이 건강에 해를 끼친다는 경고문이 인쇄된 포도주 병)를 개별적인 컵을 이용하는 성만찬 방식을 따를 때, 우리가 허용하는 것보다 훨씬 적절하다.

이 성만찬 컵이 일회용일 경우 그리고 성찬용 빵이 부드러운 원형의 플라스틱과 같은 물질일 경우(개별적인 컵을 사용하는 사람들보다 더 고상한 예전적 전통을 갖고 있는 교회들처럼), 혹은 보잘것없는 네모난 빵을 사용할 경우에도, 그것들이 그리스도의 몸과 피를 적절한 상징들로서 부적합하다는 것은 명백하다.[16]

만일 우리가 효율성과 계산 가능성 그리고 예측 가능성에 너무 사로잡혀 있어서 예배에서 사용하는 어떤 명백한 가시적 상징이나 상징적 의미조차 허용하지 않으려고 지나치게 합리화를 시킨다면, 우리가 다른 신앙의 요소들로 할 수 있는 것이 무엇인지 누가 알겠는가?

만일 복음이 패스트푸드 광고 전단이 넘쳐 나는 우리 사회의 초라한 범주들로 축소된다면, 일상생활 가운데 그런 것들로 인해 이미 억압받는다고 느끼는 사람들이 참된 영적 자양분을 찾기 위해 우리에게 올 것이라고 기대할 수 있을까?

---

16 개인적인 성만찬 컵은 1894년 미국에 처음으로 소개되었으며, 돈케스터(Doncaster) 근처의 Thorne Congregational Church에서 처음으로 영국적인 형태가 되었다. 당시 그들의 성만찬 컵의 사용은 신학적인 문제보다는 위생 문제와 연관된 것으로 정당화되었다. D. W. Bebbington, "Evangelicalism in Modern Britain and America", in G. A. Rawlyk and M. A. Noll (eds.), *Amazing Grace* (Grand Rapids: Baker, 1993), 187을 참조하라. 나는 베빙톤(D. W. Bebbington)이 개인의 성찬 컵이 특별히 복음주의의 발명품이라고 암시하는 것에 대해 놀라움을 금할 수 없다. 그러나 만일 실로 그것들이 이 논쟁에 있어서 내 주장을 강조하는 것으로만 이용된다면, 교회의 모든 분야 가운데 어떤 것도 복음주의자들보다 더욱 열정적으로 합리화된 계몽주의의 비전의 주창자가 되지는 않았을 것이다. *Evangelicalism and Modern America* (Grand Rapids: Eerdmans, 1984), 98에 나와 있는 과학적 사고와 경험적 접근에 대한 강조와 더불어 복음주의가 초기 근대주의의 자녀라는 조지 마스든(George Marsden)의 논평을 참조하라. 나는 빵으로 처리된 성만찬 제병(wafer)의 사용에 대한 기원이나 이론적 근거를 추적할 수 없었다.

많은 사례 가운데 교회가 신앙의 주된 내용들을 경축해 온 방식은 베버가 '기계화된 경직성'(mechanized petrification)[17]이라고 부르는 모든 특징을 갖고 있다. 나는 이것이 너무 모질고 냉소적인 판단처럼 보이지 않도록 사람들이 성례전에 대한 경축과 맥도날드화 사이의 연관성을 알아채지 못했다는 사실을 서둘러 지적한다.

1978년에 처음으로 이슈가 된 가톨릭 예배의 환경과 예술(Environment and Art in Catholic Worship) 보고서에서 미국 가톨릭 주교회의 예배 위원회는 이 두 요소들의 직접적 연관성을 조사했다.

> 예전(전례)은 역사적으로 미니멀리즘(minimalism)과 효율성에 대한 압도적 관심으로 고통을 받았다. … 실제로 우리의 상징들이 뒤틀리고 생기를 잃으면서, 예전은 훨씬 더 다루기 쉽고 효율적인 것이 되었다.[18]

원활하게 경영되는 기업의 상황에서 효율성에 대한 구체적인 언급을 주목해 보라. 성만찬만이 유일하게 이런 방식으로 고통받은 성례전이 아니다. 대개 우리는 다른 주요 성례전인 세례도 동일하게 취급했다. 근대성의 의 영향 아래 세례반(盤)(세례 베푸는 곳)은 물과 어떤 명확한 연계성이 전혀 없고 중요하지도 않은 교회 비품 조각으로 축소되었다.

감리교 예배학자 제임스 화이트(James F. White)는 냉소적이지만 정확하게 그 결과들을 우리에게 상기시킨다.

---

17 Max Weber, *The Protestant Ethic and the Spirit of Capitalism* (New York: Scribners, 1958), 182.
18 National Conference of Catholic Bishops of the USA, *The Liturgy Documents: a Parish Resource* (Chicago: Liturgy Training Publications, 1991, 3rd edn), 321. 전체 문서는 이 문서 313-339 페이지에 나와 있으며, 107개의 절로 구성된다. 인용문은 14번째 절에서 인용되었으며, 이탤릭체는 저자가 강조한 것이다.

많은 개신교회가 갖고 있는 세례반들은 … 세례가 대부분 눈에 띄지 않는 통에 둘러싸여 거행되는 짧고 사소한 의식이 된 외적이고 가시적인 증명이다.[19]

이 점에서 재세례파들은 유아 세례를 주는 자들과 다름없었다. 왜냐하면, 그들의 세례용 물통이—더 크기는 하지만—대개 강단 마루 아래 숨겨져 있거나 먼지가 덮인 상태로 추하고 위험하며 눈꼴사나운 모습을 하고 있기 때문이다.

재차 미국 가톨릭 주교들은 '세례에서 물에 잠기는 것(침례)은 더욱 완전하고 적합한 상징적 행동'[20]이라는 권고와 더불어 신학적 관점에 대한 훌륭한 이해뿐 아니라 우리 문화의 최신 동향을 파악했다. 그들의 권고는 세례 자체에 대한 온전한 성경적 이해의 본질적 요소인 새 생명과 운동 그리고 경축을 반영하기 위해 흐르지 않는 세례용 풀 대신 흐르는 물의 가치에 관한 흥미 있는 견해를 포함하여 이상적인 세례 의식을 구체화할 수 있는 세례 용기 제작과 연관된 정보를 제공하는 것이었다.

과거 우리는 훨씬 더 중요한 세례의 신학적, 상징적 중요성을 무시하면서 누가 세례를 받아야 하는가에 관해 논쟁을 벌이느라 너무 많은 시간과 에너지를 허비했다. 하나님의 풍성한 사랑에 근거한 세례에 대한 이해를 지지하는 것과는 거리가 먼, 적은 양의 잔잔한 물을 세례에 사용하는 것은 실제로 인색한 하나님에 대한 상징으로 작용한다. 이것은 우리가 말하는 것('하나님의 은혜는 무한하다')과 이와 상반되는 상징('너무 많은 하나님의 은혜를 기대하지 말라')을 나타내는 주목할 만한 사례. 이것이 시각적 이단(visual heresy)과 수반되는 경우에 언어적 정통성(verbal orthodoxy)을 확립하려

---

19 James F. White, "How the Architectural Setting for Worship forms our Faith", in Robert E. Webber (ed.), *Music and the Arts in Christian Worship, Book 2* (Nashville: Star Song, 1994), 548 (*The complete Library of Christian Worship*의 4권).

20 *The Liturgy Documents*, 332 (*Environment and Art in Catholic Worship* 76번째 절).

는 노력은 불가능하고 초점을 상실한다.

이 싸움에는 승자도 없고 패자도 없다. 우리의 모든 전통은 현대인들을 위해 믿을 만하고 의미 있는 예배와 연관하여 정확히 유사한 도전들에 직면해 있다. 그것은 우리 신앙의 결핍이나 복음의 요구에 대한 부주의와 연관된 질문이 아니다. 다시 한번 가톨릭 예배의 환경과 예술(Environment and Art in Catholic Worship) 보고서를 인용하면, "효율성과 생산을 지향하는 문화는 우리를 사람과 사물의 상징적 기능에 대해 무감각하게 만들었다."[21] 물론 그 밖에 뭔가 분명히 있는데, 수많은 상징의 배후에는 역사가 있으며, 개신교는 부득이하게 선포된 말씀에 대한 지나친 강조로 인해 우상 숭배에 집중하게 되는 것이 두려운 나머지 상징적이고 서술적인 것들을 거부하기로 결정한 것을 인식하지 못하는 것은 솔직하지 못하다. 종교개혁 이래 여러 전통은 상징에 대한 각자의 결론에 도달했다.

개혁교회들(나는 이 용어를 장로교회, 회중교회, 침례교회, 감리교회 그리고 신학이 아니라면 다른 많은 실천적인 것을 공유하고 있는 퀘이커와 구세군을 포함하여 다소 느슨하게 사용한다)은 일반적으로 물질적인 것이 영적 매개체로 작용하는 가능성에 관해 보다 냉소적이었던 반면—성공회에서 성찬의 다른 부분들은 상이한 접근들을 띠기 때문에 다소 양극성으로 나타나는 한편—정교회, 로마가톨릭 그리고 루터교회 전통은 여전히 영적인 것이 물질적인 것을 통해 표현될 수 있다고 인식한다.

많은 경우, 특히 개혁교회 전통에서 실제로 발생한 것은, 가시적인 것에 대한 우상 숭배를 기록된 것(성경)과 듣는 것(설교)에 대한 우상 숭배로 대체하는 것에 지나지 않았다. 비록 이런 경향이 당시의 지배적인 이념인 신플라톤주의와 부상하는 근대성의 흐름과 확실하게 부합했지만(그리고 확실히 그것에 의해 고무되었지만), 루터교는 기도와 성경 봉독 등에 있어서 성만찬의 가시적 예배를 선포된 말씀으로 보완하므로 신학적 불균형이라는 최

---

21 위의 책, 321 (*Environment and Art in Catholic Worship*의 16번째 절).

악의 상황을 간신히 벗어났다. 그러나 다른 교파들은 영성의 물질적 구체성(materiality)이라는 시각을 상실했으며, 예배가 점점 추상적(disembodied)이 되었고 어떤 경우에는 (신학적인 것은 아니더라도) 성육신에 대한 실용주의적 부정이라는 결과를 낳게 되어 창조와 성육신이라는 근본적 기독교 교리와 점차적으로 단절했다.

20세기 중반부터 폴 틸리히(Paul Tillich)는 "개신교는 고도로 지성화된 종교다. 오늘날 성직자의 가운은 중세 시대 교수의 가운이다. … 그러나 교수들은 지적인 권위를 가진 자들이다. … 이런 종류의 권위는 해체된 대중들이 찾는 것과는 정반대의 권위다"[22]라고 경고하면서, 제2차 세계대전에 따른 문화 변화 가운데 이런 강조점이 내포한 잠재적 약점을 강조했다. 그는 자신이 개신교인이었기 때문에 자신이 알고 있는 것을 있는 그대로 기술했다. 그러나 로마가톨릭교회가 가장 극심한 근대성의 파괴적 공격을 피하는 데 확실히 성공한 반면, 앞에서 언급한 보고서는 미국 감독들이 자신들 또한, 개신교 전통과 동일한 이슈들을 갖고 씨름하고 있다는 사실을 반복하여 강조한다.

> 우리 문화가 이성을 강조한다는 점에서 교회가 회심, 견고함, 기쁨, 회개, 신뢰, 사랑, 기억, 운동, 몸짓, 경탄의 느낌에 대한 예전적 경축의 비합리적 요소들을 개방하고 발전시키므로 인간에 대한 보다 총체적(total) 접근을 재차 강조하는 것은 매우 중요하다.[23]

우리가 오늘날 우리를 형성한 역사적 흐름을 의식하는 것이 중요하다. 우리가 과거에 대한 냉소적인 해체에 관여하지 않는 것도 똑같이 중요하다. 과거 세대의 영웅들은 우리와 똑같은 인간들이었다. 그들은 날카로운

---

22 Paul Tillich, *The Protestant Era* (Chicago: University of Chicago Press, 1957, abridged edition), 227.
23 *The Liturgy Documents*, 325 (*Environment and Art in Catholic Worship*의 35번째 절).

통찰력을 소유하고 있었지만 무서운 실수도 저질렀다. 실로 그들의 날카로운 통찰들은 때때로 그들의 실수를 야기했다. 종교개혁 시대에 인쇄술의 발명은 문자에 있어서 엄청난 패러다임의 전환을 초래했으며, 그것은 개혁자들이 그것을 깨닫고 담대하게 신학과 연결했던 그들의 천재성의 일부이었다. 오랜 기간 동안 우리는 그 과정에서 몇몇 전통적 기독교 신앙과 실천의 중대한 양상들이 사라진 것을 감지할 수 있다.

이에 대해 고든 도날드슨(Gordon Donaldson)이 지적했듯이, 그 당시 대다수 사람에게 '설교를 통한 더욱 지적인 호소가 틀림없이 색다른 냉랭함과 불편함으로 보였으며, 강단 위에서 경배를 받기 위해 더 이상 하늘에서 내려오지 않는 하나님은 틀림없이 소통하기 더욱 어려운 멀리 떨어져 있는 신처럼 보였던 것도 틀림없다.'[24] 우리는 분명히 우리 세대에서도 이와 유사한 실수를 할 것이며, 그런 이유 하나만으로도 우리의 선조들을 지각없이 비난해서는 안 된다. 우리가 동일한 강점과 약점을 공유한다는 사실은, 신학이 결코 추상적으로 구축되는 것이 아니라 항상 역사적 상황에서 구축된다는 것을 우리에게 상기시켜 준다.

오늘날의 문화적 환경 가운데 우리가 한 상황의 관심사를 다른 상황들에도 결정적인 것으로 허용할 때, 우리는 그것이 우상이며 살아 있고 역동적인 신앙을 영적 침체로 변질시킨다는 사실을 기억하는 것이 좋을 것이다. 우리의 선배들이 그랬던 것처럼, 우리 모두는 신학적 과업을 위해 우리 자신의 짐을 떠안는다. 그리고 주어진 상황에서 앞으로 나가면서 과거의 성취를 무시하기보다 현재와 미래의 필요들(우리가 그 필요들을 분별할 수 있는 한에서)을 인식하는 것이 보다 중요하다.

현 상황에서 우리는 더 이상 16세기처럼 살 수 없으며, 우리가 그런 삶을 사는 것은 실제로 우리 선조들에 대해 전혀 신실하지 않다는 것을 의미한다. 왜냐하면, 우리의 선조들은 의식적으로 그들의 문화에서 기독교 신

24　Donaldson, *The Faith of the Scots*, 72.

앙을 상황화시켰기 때문이다. 그들이 성취한 것을 보존하려는 경향은 우리의 지속적인 문제들 가운데 하나며, 교회를 진정한 기도의 장소로 변화시키기보다는 박물관으로 변질시키는 핵심 기여 요인이다. 복음이 우리를 고대 유물을 보존하는 관리인으로 불렀다는 증거는 어디서도 찾을 수 없다.

같은 이유로, 오늘날 서구 사회에 존재하는 종족 다양성과 다른 다양성들을 고려해 볼 때, 우리는 일반적으로 문화 변화 그리고 특수하게는 탈근대성과의 연관성에서 교회가 직면하는 문제들을 다루기 위해 보편적이고 무차별하게 적용될 수 있는 모든 질병을 치유하는 처방전을 제시하는 것을 거의 기대할 수 없다.

예배가 소위 새로운 과학이라는 부상하는 세계관으로 재편성되어 갱신될 것이라고 확신하는 매튜 폭스(Matthew Fox)가 제시한 처방전과 내가 의견을 달리하는 것이 바로 이점이다. 최근 물리학의 발견들을 통해 우리가 지금까지 상상했던 것보다 더 많은 차원이 존재하는 세계와 세계에 대한 우리의 경험이 뉴톤적 패러다임이 허용한 것보다 훨씬 더 복잡하다고 입증하는 것은 분명하다. 그러나 내가 보기에 오늘날의 과학에 우리의 신학이 토대하는 것은 우리 선조들이 그 시대의 이념적 기준들을 채택했던 것보다 유익하지 않은 것처럼 보인다.

나는 우리의 성경적 뿌리까지 거슬러 올라가기 원하며 오늘날 질문을 제기하는 데 도움을 주기 위해 우리가 어떤 자원들을 성경에서 발견해야 할 것인지 묻기를 원한다. 앞서 쓴 책에서 나는 많은 이가 탈근대적 문화와 연관된 이 이슈를 통해 사고하는 데 유용한 것이 예배의 정의라고 제시했다. 예배란 '우리의 전 존재가 하나님에 대해 응답하는 것'이다.[25]

이런 이해와 동일한 선상에서 로버트 웨버(Robert Weber)는 '예배 가운데 [복음] 진리들이 언급될 뿐 아니라, 찬양으로 표현되고, 춤으로 표현되며,

---

25　*Faith in a Changing Culture* (London: HarperCollins, 1997), 120.

극으로 표현되고 예술로 나타난다'라고 주장한다.[26] 이 주장은, 우리가 그것이 사실이 아니라는 것을 깨달을 때까지는 문제가 없다. 대부분 모든 형식에서 춤과 연극과 예술은 대다수의 신자가 예배 경험을 숙고할 때 생각하는 것은 아니다.

이와는 반대로 거의 대부분의 교회는 여전히 예배의 설교 본문과 청각적인 양상들에 강조점을 두는 경향이 있다. 나는 이런 것들이 중요하다는 것을 부인하는 것은 아니지만, 그것들이 예배의 모든 풍부한 다양성 안에서 성경적 예배를 반영하는 것이 아니라는 사실을 분명하게 언급하기 원한다. 이 장의 나머지 부분과 이어지는 두 장에서 나는 예배의 비본문적(non-textual)이고 비청각적(non-auditory) 양상들을 탐구하고자 한다. 그 이유는 본문과 말씀이 중요하지 않기 때문이 아니라, 이미 우리가 그것들에 관해 많이 알고 있기 때문이며, 지금 우리가 숙고할 필요가 있는 또 다른 표현들이기 때문이다.

4. 예배의 움직임

내 견해로는 예배와 문화에 관한 가장 탁월한 최근의 저술들 가운데 하나인 『격앙된 세계에서 예배의 스펙터클』(*The Spectacle of Worship in a Wired World*)에서 텍스 샘플(Tex Sample)은 근대에서 탈근대로의 전환의 주요 요인과 교회와 교회의 전통적 실천들이 직면하는 모든 도전 가운데 가장 중요한 도전으로서 문화의 체현(embodiment)을 정확하게 밝힌다.

그는 오늘날 사람들이 서로 결속하며 헌신을 표현하는 방식이 20세기 중반의 방식과는 매우 다르다고 주장하며, 반드시 전체적인 모습이 아니라면 그 중심을 '구경거리, 공연, 소울 뮤직 그리고 댄스'로 확인한다. 이

---

26 Webber (ed.), *Music and the Arts*, 487.

야기와 숙고(그의 책 전체가 실천신학 방법의 모델이다)를 통하여 샘플은 교회를 위해 이 모든 것의 함의들을 끌어내며, 예배와 연관하여 '사람들은 움직이기 위한 허락을 받아야 한다. … 미래의 예배는 회중의 춤을 포함할 것이다. 춤은 배울 수 있으며 하나님께 영광을 돌리는 중요한 방법이 될 수 있다. 물론 예배에 참여하는 사람들에게 토착적인 춤이 필요할 것'이라고 결론을 맺는다.[27] 이 결론은 특히 중요한데, 그 이유는 그것이 최신의 유행을 따르는 탈근대적 인간에 대한 판단이 아니라 평생 난공불락의 명성을 획득한 주류 교파에 속한 전문 신학자의 견해이기 때문이다.

만일 '나는 생각한다. 그러므로 나는 존재한다'라는 데카르트의 언명이 탈근대 시대의 인간 본성을 규정할 수 있었다면, '나는 움직인다. 그러므로 나는 존재한다'라는 명제가 과거 세대에게는 사실이 아닌 (그들 나름대로의) 직관적인 방식으로 박자의 리듬을 만들어 내는 오늘날의 인간을 묘사하는 적절한 방법일 수도 있다. 내가 쾌락주의자로 칭하는 사람들은 이런 문화적 환경에서 가장 확실하게 안락함을 느끼지만, 그들만이 유일하게 그런 부류는 아니다. 절망적인 가난한 자가 그런 것처럼, 전통주의자와 영적 탐구자 역시 이 세상에서 행복하게 살고 있다. 그러므로 우리는 복음 전도로서 예배에 대한 어떤 이야기를 나눔에 있어서 위험을 무릅쓰고 예배의 움직임을 무시한다. 어떤 이들은 예배와 관련해서 이 주제와 직접적이고 특별히 연관된 성경적 자료들이 부족하지 않다는 것을 알고 놀랄 것이다.

사실 예배에서 운동과 연관된 본문의 순수한 분량과 다양성은, 현대 예배가 기독교 신앙과 축제의 역사적 뿌리로부터 벗어났다는 것을 강조하는 데 도움이 된다. 비록 이런 주장을 옹호하는 대부분의 사람은 아마 춤이나 운동을 진정한 기독교 축제의 일부로서 정당화할 필요를 감지할지라도, 여러 세기에 걸쳐 그것은 기독교 전통의 중심이었다. 예전은 항상 (종종 노

---

27 Tex Sample, *The Spectacle of Worship in a Wired World* (Nashville: Abingdon Press, 1998), 74.

래와 음악과 연관된) 운동을 포함했을 뿐 아니라—실로 초점을 두었음—상징적 운동은 전 세계 문화의 본질적인 일부다. 일면 그것은 우리 모두가 갖고 있는 몸과 분리된 비물질적인 것들을 요구하기 때문에 모든 예술에서 가장 명백한 요소다. 춤은 인간됨에 관한 매우 근본적인 양상을 표현하며, 우리가 가능하다고 생각하는 것보다 우리 자신들에 관해 더 직관적으로 배우는 일련의 매개체다.

내가 직접 이것을 발견한 것은 10년이 약간 넘었을 뿐이다. 내 아내와 나는 예배 갱신과 연관된 주제들에 관해 호주 교회와 함께 6주간의 연구 과제를 수행하기 위해 호주에 초청받았다. 당시 우리는 스코틀랜드에서 축제를 조직하는 데 도움을 준 주요 에큐메니칼 축제를 통해 복음 전도 상황에서 운동의 힘을 깨닫게 되었다.[28] 우리는 이것이 호주 그리스도인들과 나눌 필요가 있는 것임을 확신했다. 하지만 내 아내 올리브가 실제로 그것을 탐구한 반면, 나는 그렇지 않았다. 많은 남성처럼—특히 교인들—나는 그것이 좋은 아이디어라고 생각했으나, 단지 이론적인 면에서 누군가가 그것에 대해 책임지는 한 그것이 좋을 것이라고 생각했다.

나는 올리브가 진행하던 몇몇 워크숍에 참석했지만, 항상 무엇인가 할 것을 찾으려고 궁리했다(대개 음악을 틀어 주고 커피를 준비하는 것과 같은 일이었다). 내가 그 연구에 참여하지 말았어야 했다고 생각했지만, 호주 워크숍을 계획하는 과정 가운데 올리브는 내가 더 이상 주변에서 서성거릴 수만은 없다고 말했을 때 나는 깜짝 놀랐다. 만일 그 팀에 우리 둘만 있었다면 우리는 워크숍 준비에만 전념해야 했을 것이다. 그것은 내가 그 준비 작업에 완전히 활동적으로 참여해야 한다는 것을 의미했다. 나는 우리가 영국을 떠나기 전에 실제로 어떤 특별한 논의 없이 이 모든 것에 가까스로 동의했기에, 나는 영국에서 멀리 떨어진 지구 반대편에서 처음으로 예배 댄스에 적극적으로 참여했다.

28　이에 관한 이야기에 대해서는 *Faith in a Changing Culture*, 63-64를 보라.

집이 아니라 아무도 나를 알아보지 못한다고 생각한 예배에서 내가 움직임에 관한 실험에 참여했다는 사실은 아마도 당시에는 매우 중대한 어떤 사건이 내 삶에서 일어났다는 것을 의미했다. 나는 그것이 얼마나 엉뚱한 것이었는지 나중에야 깨달았다. 왜냐하면, 우리가 방문한 곳마다 내 아내와 내가 한 것이 알려졌기에 사실은 내가 생각한 것과는 정반대였기 때문이다.

올리브는 내게 너그러웠고 내가 처음 춘 춤은 서클댄스(circle dance, 원을 그리며 추는 춤-역자 주)였기에 나 혼자 춤을 추지 않았다. 더욱이 그것은 과열된 감정적 분위기에서 나온 춤도 아니었고 격렬한 박자의 연주도 아니었으며, 어떤 분파적 의미에서 은사적인 것도 아니었다(예배 시리즈는 세계교회협의회[WCC]가 후원했는데, 다소 로마가톨릭의 영향을 받은 것으로 개신교 주류 교단의 성직자들이 보증하는 것이었다). 사실 우리는 항상 보조를 맞추지 못하는 사람들이었고 복음에 충실하고 우리의 문화와 상관적인 예배 방식들을 찾으려고 애쓰는 각양각색의 사람들이었다.

따라서 나는 예배와 영적 탐구의 맥락에서 이런 운동 형태의 순수한 힘에 대해 전혀 준비되어 있지 않았다. 문자적으로 그것은 내가 몰랐던 나 자신의 모습을 발견하는 사건이었고, 몸과 마음과 영의 조화는 개별 구성 요소들의 합보다 훨씬 더 클 뿐 아니라 매우 변혁적인 것으로 판명되었다. 우리 그룹은 정말 즐거웠고 예배에 관해 대개 알고 있던 것보다 다양한 사람들과 우리가 연관되어 있다는 사실을 발견했다.

더욱이 그 과정에서 우리는 서로에게뿐 아니라 우주와 깊이 연결된 완전히 다른 부류의 그룹이 되어 가는 우리 자신의 모습을 발견했다. 그것은 우리 자신을 넘어서 다른 차원의 존재를 경험하는 초월적 순간이었다. 내가 지금 알고 있는 사실을 알았더라면, 전혀 드문 일이지만 조금도 놀라운 일이 아니었을 것이다. 춤은 매우 신학적일 뿐 아니라(라인 댄스는 하나님의 초월성에 대해 말하는 한편, 서클 댄스는 하나님의 내재성에 대한 생생한 증언이다),

치유하는 춤의 능력 역시 문서를 통해 충분히 입증된다.[29]

실제로 1978년부터 버밍햄대학교의 신학 교수였던(비록 종종 괴짜로 여겨지기는 했지만, 시대를 앞서갔던) 데이비스(J. G. Davis)는 이런 이유로 예배에서 춤의 사용에 대해 다음과 같이 권장했다. 그는 '전제에서 결론으로 넘어가며 합리성을 표현하는' 언어 중심의 신학과는 달리, '우리는 춤에서 물질적 존재로서 우리가 할 수 있고 할 것을 발견한다. … 춤추는 것 자체는 즐거운 오락이 아니다. … 그것은 탐험이며 발견을 위한 항해'라고 주장했다.[30] 그러나 내가 호주 여행을 하는 동안에 느꼈던 것을 정확하게 표현하는 방식을 발견했던 것은 루시안 사모사타(Lucian Samosata, A.D. 125-190경에 살았던 안디옥의 변호사)의 진술을 우연히 발견했을 때였다.

> 춤에 대해 가장 정확한 역사를 진술하는 사람들은 태초에 고대의 사랑(ancient Love)과 함께 춤이 생겨났다고 당신에게 말할 것이다. 사실 별들이 원을 그리는 동작과 고정된 행성들과 함께 어우러지는 광경은 … 태고적 춤의 표시들이다.[31]

춤이 창조적인 사랑으로 시간 안에서 움직이므로 하나님과 우리의 인격적 연결의 시원적 표현이라는 개념은 구약성경에 반영된다. 구약성경에서 춤은 일상생활뿐 아니라(전 3:4) 정기적인 예배의 통합적 일부로 간주되며, 고도로 발전된 춤의 상태는 놀랍게도 춤을 묘사하는 많은 기술적인 안무와 연관된 용어들로 판단될 수 있다.[32]

---

29 이 주제에 대한 기독교적 탐구에 대해서는 Martin Blogg, *Healing in the Dance* (Eastbourne: Kingsway, 1988)를 보라.
30 J. G. Davies, *New Perspectives on Worship Today* (London: SCM Press, 1978), 20, 34에서 인용.
31 *De Saltatione* 7.
32 Mayer I. Gruber, "Ten Dance-Derived Expressions in the Hebrew Bible", in Doug Adams and Diane Apostolos-Cappadona, *Dance as Religious Studies* (New York: Crossroad, 1990),

고대 이스라엘의 역사적 상황에서 춤—종교적인 춤뿐 아니라 다른 춤들—은 아주 흔한 것이었으며, 틀림없이 주택, 가정 용품 그리고 다른 예술품들과 공예품 형태의 디자인과 함께 다른 민족들의 관습들로부터 수용되었다. 비록 이런 춤들이 지속적인 자연의 순환 주기에 근거한 관습들을 가진 여러 전통을 지배했던 근원적인 다산 모티브와는 대조적으로 역사와 윤리의 하나님으로서 야웨에 대한 이스라엘의 구별된 신앙을 강조하기 위해 변함없이 채택되어 개정되었다고 할지라도, 이스라엘이 주변 문화들로부터 종교적인 관습들을 수용한 것에 대한 충분한 증거가 있다. 지배적인 주제는 문화에 대한 거부가 아니라 문화에 대한 구속으로서 확실히 정기적인 예배 가운데 신앙이 경축되는 방식들과 관련하여 일어났다.

춤에 대한 특정 언급이 없이 예배가 언급될 때, 확실하게 춤이 당연한 것으로 간주된다는 점에서, 춤에 대한 모든 구약성경의 언급은 예배의 상황 안에서 발견된다. 사실 동일한 히브리어 단어들은 '기뻐하다'(rejoice)와 '춤추다'(dance)는 의미를 담고 있으며, 이것은 아람어에도 동일하게 나타난다.[33]

예배 행위에 관한 히브리어의 여러 상세한 규정에서 어떤 이들은 토라가 예배에서 움직임에 대한 언급을 담고 있지 않다는 것이 이상하다고 생각한다. 그러나 우리가 이런 규정들을 조사해 보면, 춤이 문화적 환경에서 당연하게 수용된 반면, 전형적으로 그 규정들은 이스라엘에 유일하거나 독특하게 해석된 예배의 측면들을 다룬다.

또한, 그것은 아마도 희생 제사처럼 특별히 지정된 행위라기보다 기도의 범주(예배의 틀)에 해당된다. 시편의 기도문들이 기도와 춤에 대해 수많은 언급을 하고 있는 반면, 율법은 기도를 위한 교훈들을 담고 있지 않다. 우리가 살펴볼 것이지만, 어쨌든 구약성경에 반영된 춤은 안무로 표현되거나 공연된 것(상세한 교훈들을 필요로 하는 것들)이 아니라, 거의 전적으로 자발

48-59를 참조하라.
33 예를 들어, 히브리어 *gil/gul*은 시편 118:24에서 발견된다.

적인 민속춤(folk dance)으로써 모든 공동체가 함께 참여할 수 있는 것이었다.[34]

텍스 샘플은 이것이 바로 오늘날 우리가 영적 구도자들에게 접근하기 쉬운 예배 형태를 찾기 위한 운동이라고 제안하는데, 내 결론도 매우 동일한 방향을 지향한다. 그러므로 성경적 예배에 특징적으로 나타나는 축제적 춤과 일치하는 다양한 범주들을 탐구하는 데 약간의 시간을 더 할애해야 할 것이다.[35] 국가적이든 지역적이든 춤을 추는 의식으로서 공동체의 축제는 분명한 특징을 보여 준다. 비록 히브리성경의 최종 편집자들이 백성들을 돌보는 하나님의 선하심의 표시로 이 모든 사건을 간주했다는 점에 의해 이 논의가 다소 약화될지라도, 늘 그렇듯이 그들에게 춤은 적을 물리친 군대의 승리에 집중했기에 특별히 예배와 연관되지 않은 것처럼 보일 수도 있다.

분명히 이런 주장에 대한 응답들은 예배로 간주될 수 있었다. 이에 대한 실례는 홍해를 건넌 후 미리암의 춤(출 15:20-21), 암몬과의 전쟁에서 승리한 입다의 축제(삿 11:34), 혹은 사울과 다윗의 업적들(삼상 18:6; 30:16)일 것이다. 예언자들은 영성의 표현으로서 춤의 고유한 가치를 강조했는데, 그들에게 춤은 희망의 표시며 아직 도래하지 않은 국가적 축제의 표시다.[36]

국가 행사에 관한 춤은 군대의 승리에 국한되지 않았다. 예를 들어, 다윗은 법궤가 예루살렘에 들어올 때, '야웨 앞에서 힘을 다해 춤을 추었다'(삼하 6:14-15). 성경의 다른 곳에서도 공연으로서 개인적 춤은 항상 재

---

34 예를 들면, 출 15:20; 삼상 29:5; 삼하 6:14; 시 30:11; 149:3; 150:4; 전 3:4; Judith 15:12-13을 보라.

35 Adams and Apostolos-Cappadona, *Dance as Religious Studies* 외에 예배로의 운동을 소개하는 역사적 연구들과 성경적 연구들의 결합에 대한 다음의 자료들을 보라. Constance Fisher, *Dancing with Early Christians* (Austin: Sharing Company, 1983); Ronald Gagne, Thomas Kane and Robert VerEecke, *Introducing Dance in Christian Worship* (Washington DC: Pastoral Press, 1984); Mary Jones, *God's People on the Move* (Sydney: Christian Dance Fellowship of Australia, 1988).

36 예를 들면, 예레미야애가 5:15를 살펴보고 예레미야 31:4, 13을 비교 대조하여 보라. 이와 동일한 주제가 전도서 3:4와 시편 30:11에 나타난다.

난으로 이어지는데,[37] 그것이 다윗의 공연이 아니라 하나님을 위한 다윗의 춤을 강조하는 이유를 설명해 준다. 실로 '다윗과 온 이스라엘 족속이 즐거이 부르며 나팔을 분' 것은 거의 확실하게 광범위한 근거를 갖고 있는 공동체의 활동임을 암시한다.

이 특별한 이야기는 교훈적이다. 왜냐하면, 다윗의 아내 미갈은 다윗이 매우 열정적으로 춤추는 것을 비난했는데, 사무엘하 편집자는 다윗의 충만한 기쁨에 대해 분명하게 인정하면서 미갈이 아이를 가질 수 없다는 점과 그녀의 영적 편협성을 연결시키고 있기 때문이다. 이 이야기에 내포된 공연 춤과 공동체 축제의 차이는 이 성경 자료들을 오늘날 교회 안에서 사용하는 것을 우리의 숙고에 활용하는 것과 연관된다. 춤은 예언적 성령 체험의 통합적 일부가 될 뿐 아니라(삼상 10:5-7), 개인과 가족 축제의 상황(아 2:8; 6:13; 7:1 이하; 시 45:15-16; 마카비상 9:37-39)에 현저하게 나타난다. 그러나 가장 광범위한 자료집은 정기적 성전 예배의 일부로서 춤과 연관된다.

구약성경의 예전적 자료들에 대한 일반적인 지식에서도 성경적 예배는 매우 멀티미디어적인 경험이며, 그 점에서 오늘날 우리 대부분에게 익숙한 것과는 매우 달랐다는 것을 보여 준다. 종종 음악적 특징들(시 22:3)은 현저히 개인적(시 63:5)이고 집단적인(시 42:4) 움직임과 결합되며, 그런 움직임에는 성가대와 탬버린, 하프, 수금, 트럼펫, 딸랑이, 뿔피리, 플룻, 심벌즈 같은 매우 다양한 악기들에 대한 언급이 있다(삼하 6:5; 시 43:4; 68:25; 81:1-3; 98:4-6; 150:3-5; 사 30:29; 대상 25:1-5). 노래 자체는 종종 극적인 공연으로 나타난다(시 42:5, 11; 43:5; 46:7, 11).

예배에서 움직임과 춤은 적어도 세 가지 다른 형태들을 띤다. 예배 형태에는 자유 댄스에 대한 언급들이 나오는데, 때로 그것은 보다 일반적 성격에 관한 것이긴 하지만(시 149:3; 150:4), 용서나 감사 같은 특정 주제들과 연결된다(예. 시 26:6). 예배 형태에는 소품들(props)로 사용되고 다양한 제

---

[37] 사사기 11:34-40과 마가복음 6:17-28에서 이에 대한 사례들을 발견할 수 있다.

단들 주변의 성전 뜰에서 일어나는 공동체 춤에 관한 사례들을 포함하여 (예. 시 118:19, 26-27) 각종 행렬의 움직임에 대한 설명과 일반적 방향을 포함하는 더 많은 구절이 있다(예. 시 42:4; 48:12-14).

또한, 예배 형태에는 이스라엘 신앙의 핵심 양상들을 상징적으로 재규정하는 형태로서 춤을 사용한 사례들이 있다. 이런 연계성에서 즐겨 다루는 주제는 시편 68편에 나오는 경축시의 가장 상세한 예들 가운데 하나인 하나님의 창조 사역에 대한 경축인데(예. 시 46; 66; 74편), 그것은 법궤의 행진과 성전에서 하나님의 보좌에 대한 경축을 묘사한다.

이런 시편들 대부분은 가나안과 다른 문화들에서 발견되는 종교적 노래들이나 춤과 유사한데, 그것들은 분명히 이스라엘 자신의 독특한 신앙의 경축을 위한 매개체로 채택되었다. 다른 구절들은 동일한 방식으로 경축되는 역사적 사건들을 보여 주며(예. 유월절, 출 12:21-28), 특별히 장막절은 예배의 일부로서 춤과 긴밀한 연관성을 갖게 되었다. 많은 학자는 하나님의 창조에 대한 경축을 다양한 시편들과 연결하며, 다른 학자들은 가을 추수 축제에 대한 경축을 시편 118편과 같은 시편들과 연결한다.

이 시편들은 팔레스타인의 농경 문화에 견고한 뿌리를 두고 있으나, 이스라엘 조상들이 거할 장소를 찾기 전 시내광야를 통과하는 이야기에 주목하는 한편, 자연 세계와의 연관성이라는 함의를 보존하는 일련의 방식으로 역사화되었다. 우리가 추수 축제를 기대하듯이, 예배는 지속적으로 기쁨이 충만한 축제로 묘사되며(출 23:16; 신 16:13-14; 느 8:14; 레 23:42-43), 많은 사람이 생각하는 것처럼, 매년마다 실로에서 열리는 '야웨'의 축제에 대한 사사기 21:19-23의 구절이 장막절 축제를 위한 것이라면, 집단적 춤은 특히 예배와 연관된다. 그것은 확실히 다음과 같이 진술한 후기 랍비들에 의해 투영된 이미지였다.

> 춤은 가장 소중한 기쁨으로 표현되었다. 레위인들이 모든 종류의 악기를 연주하는 동안, 경건한 사람들은 손에 횃불을 들고 춤을 추었고 기쁨과 경

배의 찬양을 드렸다. 그 춤은 관람석에 서 있는 백성들을 감동시켰다. 실로의 연못에서 나오는 물이 제단 위에 부어질 때, 찬양은 아침까지 끝나지 않았다.[38]

신약 시대까지 주로 대다수 유대인이 더 이상 예루살렘으로 쉽게 여행할 수 있는 거리에 살지 않았기 때문에 성전은 더 이상 유대교 예배의 중심이 아니었다. 기독교 시대 이전 2-3세기 어간에 처음으로 디아스포라 공동체들 가운데 보다 지역적으로 접근 가능한 자원의 필요를 채우기 위해 회당이 나타났지만, 결국 회당들은 팔레스타인에도 세워졌다. 예루살렘 성전이 유일하다는 인식과 연관된 역사적 이유들로 인해 회당들은 일반적으로 의식이나 행위보다는 말씀에 더욱 초점을 둔 고유한 예배 형태를 만들어야 했다.

그러나 너무나 분명하게 보이는 성전의 미관과 색조가 회당 공동체에서 사라졌다고 단순히 상상하는 것은 실수일 것이다. 회당은 예배를 위한 장소뿐 아니라 유대인들의 생활 방식의 중심인 문화적 자원이라는 이중의 목적에 부합했다.

모든 주요 축제는 여전히 전통적 노래와 춤과 더불어 공동체의 문화적 유산의 일부로서 회당에서 경축되었다. 물론 회당의 다양한 기능들을 구분하므로 사물들을 표현하는 그런 방식이, 후기 계몽주의 그리스도인들이 행하는 경향만큼 쉽게 성과 속을 구별하지 않는 총체적 인식을 갖고 있던 고대의 사고방식과는 이질적이었을 것이다.[39] 그러나 그것과는 완전히 별

---

38 Mishna *Sukka* IV.9.
39 회당에 대한 고전사의 첫 문장에서 아이작 레비(Isaac Levy)는 회당을 '회당 소속의 회중들의 문화생활을 증강하기 위해 활용되고 … 유대인들의 독특한 정체성 보존을 위한 본질적 매개체로서 기도의 집 [그리고] 대표적인 공동체'로 규정한다. Isaac Levy, *The Synagogue: its History and Function* (London: Vallentine, Mitchell & Co. Ltd, 1963), 5를 참조하라. 또한, Azriel Eisenberg, *The Synagogue through the Ages* (New York: Bloch Publishing Company, 1974), 62-71을 참조하라.

개로 회당의 삶과 초기 교회가 드린 예배와 연관된 전반적인 질문은 학자들 이전 세대들이 생각했던 것들보다 훨씬 불확실하다. 사실은 우리가 추측하는 것보다 신약 시대 유대교 예배에 관한 증거가 그리 분명하지 않다는 것이다.

이런 관점에서 폴 브레드쇼(Paul F. Bradshaw)는 '너무 자주 역사적 기준들과 달리 잘못된 가정과 방법 혹은 교리적 기준에 근거하여 1세기 기독교 예배의 성격에 관해 자신만만한 주장들이 제기되었다'라고 정확하게 지적한다.[40]

구약성경과 유대교적 배경이 중요한 반면, 그리스도인들은 신약성경과 초대 교회의 경험에서 어떤 자원을 발견할 것인가를 알기 원할 것이다. 초대 교회 신자들은 유대교 회당과 복잡한 애증의 관계를 갖고 있었다. 한편으로, 그들이 대개 문화적 센터인 회당에서 발견되는 관습들을 주로 거부하려 했더라도(특히 할례와 안식일 준수와 같은 관습들), 그들의 집회 형태는 내가 여기서 예배 센터라고 부르는 회당에 뿌리를 두었다.

게다가 1세기에 그들은 예배를 포함하여 여러 면에서 필연적으로 일상의 삶을 억제하는 매우 특수한 사회적 상황 가운데 살아가고 있었다. 유대교와는 달리 당시 그들은 로마 제국 안에서 불법 종교(*religio licita*)였는데, 그런 상황에서 때로 그들은 박해를 피하기 위한 은밀한 모임 장소가 필요했고 아마도 덜 열정적인 경축의 형식을 채택할 필요가 있었을 것이다. 박해가 일상적인 현실이 아니었을 때조차도 평상시에 사용할 수 있는 공간이 부족했다. 왜냐하면, 그들이 주거지로는 꽤 넓은 로마식 주택에서 모임을 가졌지만, 예루살렘 성전 뜰이나 로마 제국 주변에 산재한 이방 신전들과 비교할 수 있을 정도의 개방된 외딴 장소가 없었을 것이다.

게다가 그 당시 종교 시장에서 교회의 주요 경쟁자들 가운데 하나는 대개 신비 종교들(Mystery Religions)로 알려진 이교 집단들이었는데, 그들은 때때로 열정적이고 파렴치한 성적인 춤들을 통해 표현되는 신비적이고 관

40　Paul F. Bradshaw, *The Search for the Origins of Christian Worship* (New York: Oxford University Press, 1992), 55.

능적인 체험을 우선시했다. 이 모든 요인은 아마도 우리가 최초의 기독교 예배에 나타나는 춤—혹은 춤과 연관된 음악—에 대해 우리가 원하는 것보다는 직접적인 증거를 거의 갖고 있지 않다는 주장을 보증하는 것으로 드러난다. 예배의 움직임이 신약성경에 뚜렷하게 드러나지 않는다는 것을 부인하지는 않는다. 그러나 나는 우리가 알고 있는 설교를 포함하여 당연하게 여기는 많은 관습을 추가하는 것을 원하지 않는다.[41]

그러나 우리가 더욱 광범위한 상황에서 이런 요인들을 파악할 때, 정보의 결핍은 생각하는 것만큼 그렇게 중요한 것은 아니다. 비록 전통적 유대교 예배가 무비판적으로 수용되지는 않았을지라도, 그것이 기독교 예배를 위한 근거를 형성했다는 데는 의문의 여지가 있을 수 없으며, 신약성경의 저자들은 다른 전통적 의식들(골 2:16-23)뿐 아니라 희생(히 9장), 제사장직(히 7:11-28) 그리고 할례(행 15장 등)와 같이 이전의 핵심 요소들을 명시적으로 거부하므로 의제를 재구성하는 데 주저하지 않는다. 따라서 (음악, 춤, 성경읽기, 기도를 포함하여) 전수된 예배 형태의 다른 양상들이 지속되었다고 가정하는 것이 타당하다. 물론 어떤 그리스도인들은 구약의 예배와 연관된 모든 것을 거부해야 한다고 주장한다. 그러나 이런 주장을 하는 사람들은 실질적으로 회당과 연관된 진정한 기독교 예배에 대한 그들 자신의 이해에 근거하여 자신들의 주장을 약화시킨다.

한편, 이것은 (전통적 성전 예배와는 달리) 절대적으로 성경적 명령을 담고 있지 않은 일종의 제도이며, 다른 한편 종종 문화적 센터가 아니라 단지 예배 센터로 제시된다. 회당의 문화적 목적이 제거되었을 때, 서구 개신교에 의해 영속화된 회당적 삶의 이미지는 읽기, 숙고 그리고 다른 수동적 학습 형태에 대한 강조와 함께 근대 패러다임과 매우 현저하게 부합한 것으로 드러난다. 그것은 아마도 정확하게는 그런 패러다임을 지지하는 사

---

41 내 책 *Faith in a Changing Culture*, 128-135를 보라. 설교에 대한 보다 철저한 연구에 대해서는 David C. Norrington, *To Preach or Not to Preach?* (Calisle:Paternoster Press, 1996)를 참조하라.

람들 가운데 기독교 예배의 모델로서 그 대중성을 해명한다.[42]

게다가 특히 몸이 영적 표현을 위한 적합한 매개체로서 명백하게 간주된다고 보여 주는 예배에서의 움직임을 디모데전서 2:8에서 권고하는 한편—로마서 12:1과 다른 측면에서 고린도전서 6:19-20과 같은 구절들에서 제시된다는 점—물론 기독교 예배에 음악과 노래를 포함하는 것을 암시하는 몇몇 신약성경 구절도 있다(골 3:16; 엡 5:19-20; 고전 14:26). 또한, 히브리어처럼 아람어에도 동일한 단어가 '기뻐하다'(rejoice)와 '춤' 모두를 의미할 수 있다는 사실이다. 또한, 관습적으로 '영 안에서 기뻐한다'는 의미로 번역된 구절들은 단순히 '영 안에서 춤춘다'는 것을 의미했을 것이다.[43]

그러나 이와는 전혀 별개로 초기 그리스도인들의 신앙의 중심인 이런 진리들에 대한 근본적인 논리는 구체화된 영성을 요구하는 성육신뿐 아니라 예수님의 부활이다. 데이비스(J. G. Davis)가 관찰했듯이, '몸의 부활을 믿는 교회는 몸을 죽이는 삶의 방식에 만족할 수 없다.'[44] 상반되는 증거의 부재 가운데 춤과 움직임이 거부되지 않고 통전적 영성의 일부로 간주되었다는 것을 가정하는 것이 훨씬 더 안전하다. 다른 구절들이 가치 없는 목적들을 위해 사용되는 춤의 가능성을 언급한다는 사실은, 교회가 초기 기독교 공동체의 삶 가운데 합법적 위치를 갖고 있었다는 것을 의미하는 한편(예. 마 11:16-17; 막 6:17-28; 눅 6:23; 고전 10:7), 예수님의 탕자의 비유는 많은 것을 암시한다(눅 15:25).

---

42 R. P. Martin, *Worship in the Early Church* (London: Marshall, Morgon & Scott, 1964), 24-27을 참조하라. 마틴은 이런 근거 위에서 초대 교회의 예배생활을 '찬양과 기도와 훈계'로 구성된 것으로 규정했다. 이 주제에 대한 동시대의 유사한 고전적 접근에 대해서는 C. F. D. Moule, *Worship in the New Testament* (London: SCM Press, 1961)를 참조하라.

43 예를 들면, 마태복음 5:12에 나오는 헬라어 *agalliasthe*는 아람어 *dusu*와 같은 의미다. Matthew Black, *An Aramaic Approach to the Gospels and Acts* (Oxford: Clarendon Press, 1967, 3rd edn), 158을 참조하라.

44 Davies, *New Perspectives on Worship Today*, 40.

이 각각의 사례들에서, 비난받는 춤 자체가 아니라 춤이 잘못 사용되었다는 것이다. 하나님의 다른 좋은 선물처럼 춤은—예배 안에서조차—쉽게 부패될 수 있다.

신약성경에서 표현되는 광범위한 예전적 전통들을 분별할 수 있다고 주장하는 몇몇 해박한 연구에도 불구하고, 실상은 기독교의 첫 세대가 예배한 방식에 관해 매우 적은 것을 알고 있다는 것이다.[45] 다음 세기들을 위한 훨씬 더 많은 증거가 있는데, 여기서 우리는 그중에서도 특히 예배와 신학에서 춤을 위한 장소에 대한 분명한 언급들과 구약 전통들과의 중대한 연속성을 발견한다.

예를 들어, 크리소스톰(Chrysostom, A.D. 386)이 그리스도인들은 '천사와 함께 추는 … 가장 수수한 영적인 춤을' 추어야 하며 이교 의식들(On the Resurrection of Lazarus i)의 '저속한 개념들'과는 다른 춤을 추어야 한다고 강조했지만, 그는 '하나님의 영광에 대한 춤'(*Proaem in Pss*)의 모델로서 다윗의 춤을 언급했다. 또한, 다른 사람들도 이교의 의례적 춤과 다른 성격을 가진 기독교적 춤에 대해 분명한 관심을 표현했다. 나지안주스의 그레고리(Gregory Nazianzus, A.D. 369)는 '헤로디아와 이교도들의 방탕한 춤을 탐닉하지 말고 법궤 앞에서 다윗 왕이 추던 춤, 즉 하나님께 영광을 돌리는 춤 … [이것이] 황제와 그리스도인에게 어울리는 춤'이라고 말하면서, 이런 춤을 추라고 줄리안 황제에게 충고했다.[46] 밀라노의 암브로스(Ambrose of Milan, A.D. 339-397)는 누가복음 7:23을 주석하면서 상호 간에 자연스러운 표현과 연장으로서 신체적이며 영적인 것을 함께 통합하는 춤의 중요성을 강조했다.[47]

---

45 예를 들면, G. Delling, *Worship in the New Testament* (London: Darton Longman & Todd, 1962); Oscar Cullmann, *Early Christian Worship* (London: SCM Press, 1953)을 참조하라. 이 두 책들은 증거에 의해 정당화되지는 않는 확신을 갖고 예배 '서비스'에 대한 자세한 설명을 제공한다.

46 *Oration against Julian* II, 171.

47 On Repentance II.vi.42-43. "주께서는 단순히 몸을 돌리는 움직임이 아니라 당신에 대한 경건한 신앙의 표현으로서 춤을 명하셨습니다."

알렉산드리아의 클레멘트(Alexandria of Clement)가 발의 운동(*Stromata*)을 추가한 것에 대해 터툴리안(Tertullian)은 기도를 상반신 운동과 연결한 한편, 다른 이들은 춤을 하늘의 생명의 일부로 강조한다.[48] 테오도레트(Theodoret)는 안디옥의 그리스도인들이 어떻게 교회 안에서 그리고 순교자들의 모임에서 춤을 추었고 극장에서도 십자가의 승리를 선포한 것을 묘사한 한편(History of the Church III.xxviii), 유세비우스(Eusebius)는 찬송과 춤추는 것을 연결했다(Ecclesiastical History iii.22).

춤의 소멸―자발적인 예배의 다른 형태들로서―은 강력한 지배층의 손에 귀속되도록 통제할 필요를 수반하는 교회의 제도화의 일부다. 플라톤적 세계관의 강력한 영향 아래―어쨌든 물질적인 것을 하찮게 여기는(물질적이고 신체적)―오로지 교육받은 사람들만 권력을 획득할 수 있었다. 그 과정에서 교회는 여성뿐 아니라 가난한 자들을 소외시키고 계몽주의 이후에 결실을 맺은 합리주의로 급락하게 되었으며, 모든 자연적인 것에 대한 의구심을 확증하므로 점차적으로 기독교 신앙과 축제는 인지적인 범주들로 축소되었다. 사람들이 하나님을 예배하는 가운데 자신을 표현하는 공간을 재창조하는 데 있어서 오늘날 우리가 직면하는 도전들 가운데 하나는, 공간 자체가 또 다른 통제의 형태가 되는 것을 거부해야 한다는 것이다.

히브리성경의 시작부터 초기 기독교의 몇 세기 동안 예배에서의 진정한 움직임은 사람들의 일이었다. 사람들의 일로서 춤은 항상 권력을 선호하는 사람들에게는 위험한 것이었다. 왜냐하면, 당연히 춤은 사람들 가운데 공유된 권력의 상징이기 때문이다. 그것은 다른 사람들을 장악하는 권력이 아니라 다른 사람들과 함께하는 권력이다. 비록 예배가 '맥도날드화' 될 수도 있다는 견해를 데이비스가 들어보지 못했을지라도, 그는 재차 그의 관찰을 통해 우리가 직면해야 하는 도전의 핵심을 관통한다. 이 모든

---

48 *Shepherd of Hermas* S 9. xi; Clement of Alexandria, *Address to the Heathens*, xii. 119f; Gregory the Wonder Worker, *Four Sermons* i.

것은 '춤이 요구하고 표현하는 것과 같은 창조적인 자유의 부재를 인정하는 고정된 질서들의 산물에 대한 의문뿐 아니라 대개 지적인 형태들의 지속성에 대해 심각한 물음표를 제기한다.'[49]

오늘날 우리의 예배와 복음 전도가 복음에 충실하기 위해 우리가 행하는 것의 근거와 연속성을 갖는 것이 중요하다. 우리가 맥도날드화의 족쇄를 벗어던질 수 있는 방법들을 생각하는 것은 충분히 손쉬운 일이지만, 단순히 최근에 유행하는 아이디어를 따르기보다는 그 배후에 있는 어떤 강한 확신을 갖는 것이 중요하다. 우리의 예배와 연관하여 어떻게 우리가 선교학적 연관성뿐 아니라 신학적 온전함을 갖고 보다 개방된 축제의 방식들을 회복할 수 있을지를 파악하는 데 도움을 주는 풍부한 성경적 자산이 있다. 나는 움직임에 대한 재발견이 우리가 필요로 하는 유일한 것이라고 주장하는 것이 아니라, 그것이 중요한 주제라고 확신한다. 만일 이 시점에서 우리가 우리의 뿌리로 돌아가지 않는다면, 우리의 복음 전도와 공동체 건설은 진전을 이룰 수 없을 것이다.

우리는 마지막 장에서 실천적인 관심들을 다시 다룰 것이지만, 먼저 성경적 모델들이 오늘날의 문화 가운데 울려 퍼지는 복음의 예언자적이고 급진적이며 도전적인 음성을 허용하는 보다 자발적인 방법을 발전시키도록 도움을 줄 수 있는가에 대해 지속적으로 질문을 던져야 할 것이다.

---

[49] J. D. Davies, *New Perspectives on Worship Today* 참조.

제6장

예언자적 은사

우리가 탈근대적 문화의 부상으로 인해 현재 우리에게 제기된 도전들을 통해 성경적 뿌리들을 살펴보기 시작할 때, 우리는 거기에 얼마나 많은 수렴 지점이 있다는 것에 대해 놀란다. 내 말은 최초 유대-기독교 전통만큼 오래된 통찰들이 있지만, 그것은 현재 우리들이 처한 환경에 부합되는 것처럼 보인다.

춤의 유행은 성경적 계시의 본질적 요소들 중 한 사례로서 효과적인 예배와 증거를 위한 현 시대의 관심사와 직접 연관된다. 드라마는 또 다른 사례다. 만일 춤이 성경에 나오듯이 천국에서 영원하신 하나님의 영광에 대한 경축을 통해 체화된 인간(embodied human person)을 사로잡을 수 있는 방법이라면, 드라마는 우리가 복음의 가치를 반영하고 하나님 나라의 확장에 공헌하므로 주님의 기도 가운데 아버지의 뜻이 '하늘에서 이루어진 것처럼 땅에서도' 이루질 것(마 6:10)이라는 보다 급진적 제자도와 삶의 방식에 도전하는 일종의 매개체를 제공한다.

성경의 몇몇 경이로운 구절은 가장 폭넓은 의미에서 극적인 공연으로 이해될 수 있다. 예루살렘 성전 예배의 희생 제사 구조는 오늘날 많은 그리스도인에게 매력적인 영성의 형태로서 그리 충격을 주지 않는 것처럼 보인다. 우리가 먹기 위해 늘 동물을 죽이지만, 종교적 의식의 일부로서 동물을 죽인다는 생각은 우리 대부분에게 낯설고 혐오스러운 것이다. 물론 만일 동물들이 도살장이 아니라 우리 모두가 보는 앞에서 죽임을 당한다 할지라도, 우리는 동일한 불쾌감을 느낄 것이다.

인류학자들은 희생 제사에서 일어나는 일에 대해 이해하려고 애썼다. 왜냐하면, 그것은 여전히 오늘날 많은 종교 시스템의 형태로서 고대 이스라엘의 제사에만 국한된 것이 결코 아니기 때문이다. 희생 제사는 전 세계에 걸쳐 삶의 근원적인 실재들을 상징하고 강화하며, 불연속성들과 모순들을 다루고, 하나님과 인간 간의 관계의 균형을 회복하는 방식처럼 보인다.[1]

이 점에서 희생은 본질적으로 이스라엘의 신앙의 중요한 요소들의 극화(劇化)였으며, 동물을 죽이는 것은 (곡식과 다른 무생물을 바치는 것과 더불어) 하나님에 의해 창조된 것이 하나님께 드려지고 (대부분의 희생 제사를 통해) 하나님의 임재 안에서 서로 즐거워하는 갱신된 공동체의 상징으로서 백성들에게 돌아갔듯이, 이스라엘의 신앙을 묘사하는 방식이었다.[2] 히브리서를 자세히 읽어 보면 이스라엘 백성들의 모든 중대한 신앙의 구성 요소가 다양한 극적인 표현들을 통해 지속적으로 제시되며 경축된 신학적 순간들로서 매우 동일한 방식으로 기념되었다는 것을 보게 될 것이다.

예를 들어, 다른 중요한 사건들이 행동적 상징주의(acted-out symbolism)로 표현되는 한편, 안식일에 허용되거나 금지된 매우 독특한 행위들은 하나님의 창조 행위를 기념하는 것이었다. 애굽의 노예 생활에서 탈출한 것을 기념하는 유월절 기간에 당시 이스라엘 노예들이 입었던 옷처럼 예배하는

---

1 G. W. Ashby, *Sacrifice: Its Nature and Purpose* (London: SCM Press, 1988); R. Girard, *Violence and the Sacred* (Baltimore: Johns Hopkins University Press, 1977); R. K. Yerkes, *Sacrifice in Greek and Roman Religions and Early Judaism* (New York: Scribner, 1952); H. Hubert and M. Mauss, *Sacrifice: Its Nature and Function* (Chicago: University of Chicago Press, 1964); J. F. A. Sawyer and M. Douglas, *Reading Leviticus: a Conversation with Mary Douglas* (Sheffield: Sheffield Academic Press, 1966)를 참조하라.

2 이것은 구약성경의 화목 제물이다(레 3:1-17; 출 24:1-8; 수 8:30-35; 삼하 6:17; 왕상 8:63-64). 다른 주요 희생 제사 형태들은 예물들(레 1:1-17; 2:1-16; 23:1-25), 속죄제(레 4:1-5:13), 속건제(레 5:14-6:7; 민 5:5-8)였다. 매년 드리는 속죄일 의식은 이것으로부터 특별하게 형성되었다(레 16:1-34; 23:26-32; 민 29:7-11). 비록 제사들이 자세히는 달랐지만, 모든 제사는 근본적으로는 동일한 목적으로 드려졌다.

자들이 같은 옷을 입고 같은 소품을 사용한 것이 출애굽기 12:11에 나온다. 유사한 사건이 장막절에 일어났는데, 장막절은 이스라엘 백성이 경험한 초기 광야의 방랑 생활과 연관되며 밖에 장막을 세우고 광야에서 역사적 사건을 회상하는 것으로 표현되었다(레 23:39-43). 구약의 모든 축제에는 이런 강력한 극적 요소를 담고 있었다.

드라마는, 신앙이란 항상 가시적인 것이며 결코 추상적인 전제들의 집합이 될 수 없다는 것을 보증하는 방식이었다. 또한, 드라마는 모든 후세의 삶에 살아 있는 실재로 적용되는 것으로서 먼 기억이 될 수도 있는 역사적 사건들을 쉽게 접근하도록 연출되었다. 이런 실제적인 표현을 통한 이야기의 구현(the embodiment of the story)은 개별 예배자들의 개인적 선호도에 따라 더하거나 빼는 임의적인 선택 사양이 아니었다. 도리어 구현된 이야기 없이는 구원 이야기를 진정으로 반복하는(retelling of the story) 것은 가능하지 않았다.

우리는 정확히 신약성경의 중심에서 동일한 현상을 발견한다. 성육신은 모든 사건 가운데 가장 강력하고 중요한 드라마다. 실로 말씀이 육신이 되었다는 개념은 좋은 드라마가 무엇인지 정의하는 매우 적절한 개념이다. 추후에 최후의 만찬에서 예수님의 행위와 교회가 기념하는 성찬식에서 모든 것은—우리가 이미 제5장에서 다루었듯이—세례와 더불어 말씀의 의미 안에서 드라마로 구성되었다. 이것들과 함께 초기 기독교 공동체의 삶의 다른 양상들은 보통 사람들을 위한 실재를 사실로 유지하는 방식으로 신앙을 표현하고 기념하기 위해 극적 장치들을 사용했다. 그 과정에서 핵심은 복음의 신실성에 대한 우리의 지속적인 헌신에 관해 오늘날 교회를 자극하고 도전한다.

1. 극작가, 무언극 배우, 예언자적 증거

실제로 자주 무시되었지만 이런 성경의 극적 차원들은, 다른 이들이 충분히 기록했기에 여기서 자세히 언급할 필요가 없을 것이다. 그러나 우리가 성경의 기록들을 보다 자세히 살펴보기 시작할 때, 매우 독특한 몇몇 드라마의 형태는 중요한 내러티브와 연관된 주장으로서 주목을 받는다. 예를 들어, 이런 관점과 괴리된 예언자들의 사역은 적절히 이해될 수 없다. 우리는 예언자들의 말을 문서로만 갖고 있기 때문에, 그들이 하나님의 말씀을 선포하는 자들이며 아마도 기록자들이었을 것이라고 쉽게 생각한다.

그러나 진실은 매우 다른데, 우리는 대개 그들이 문필가들이 아니었고 그들 중 어느 누구도 현재 그들의 이름으로 기록된 책 전부를 쓰지 않았으며, 그들 중 대다수는 아무것도 기록하지 않았다는 것을 확실히 안다. 우리가 갖고 있는 그런 증거는 성경을 기록한 사람들이 이 기록을 위기의 순간에만 사용하도록 이차적인 의사소통 형태로 간주했다는 것을 보여 준다. 생명의 위협을 느낀 예레미야는 그의 친구 바룩으로 하여금 그의 메시지를 기록하게 하여 백성들에게 선포하도록 했다(렘 36:1-32).

그러나 평상시에 예언자들은 변함없이 관계적인 의사소통을 했는데, 그들에게 '몸 언어'(body language)는 선택 사양이 아니라 의사소통 스타일의 통합적 일부였다. 어떤 경우에 그들의 몸 언어는 메시지의 핵심이었는데, 사무엘상 10:1-3에 나오는 예언자들은 정확히 아무 말도 하지 않고 이스라엘의 첫 번째 왕으로서 과업을 수행하도록 사울에게 영감을 불어넣었다. 그런 특정 음악, 춤 그리고 신비한 에너지의 융합이 히브리성경에 나오는 예언자적 메시지의 가장 특징적 형태는 아니지만, 소위 말로 선포하는 예언자들조차도 극적인 형태, 즉 오늘날 우리가 마임(mime)이라고 부르는 형태를 사용하여 자주 메시지를 전달했다. 드라마의 한 형태인 마임은 대개 말을 사용하지 않기 때문에 거의 틀림없이 모든 드라마 형식 가운데 가장 덜 규범적인 것이며 그 의미와 메시지에 관해 결론을 내리도록 청중을 유도한다.

이런 개방된 결말 형태(open-ended form)의 드라마가 성경에서 가장 일관적으로 사용된다는 사실은 탈근대 문화적 상황에서 중요한 관심사다. 그 이유는, 마임은 우리에게 맥도날드화의 문제들을 피할 수 있는 가능성을 보여 주는 한편, 동시에 예언자적 의사소통의 예리함을 잃지 않도록 우리를 지탱하기 때문이다. 이런 이유만으로도 마임은 보다 세심한 주목을 받을 만한 가치가 있다. 사실 우리가 보는 바와 같이, 전 세기를 통해 가장 효과적이고 강력한 예언자적 기독교 복음전달자들 가운데 소수만이 이런 사실을 알고 있었다.

마임은 다른 예술 형태들과 여러 유사성을 갖고 있는데, 내가 마임을 춤이나 어릿광대와 구분하기 원하기 때문에 여기서 몇 가지 정의를 내리는 것이 좋을 것이다. 마임의 일반적인 사전적 정의는 '배우들이 흉내 내거나 말을 사용하지 않고 생각과 분위기를 얼굴 표정이나 몸짓 같은 동작으로 전달하는 행위 예술'로 간주한다.[3] 그러나 보다 전문적 정의는 '사람의 몸을 움직이고 자세를 취하여 세상을 재창조하는 예술', '실재에 대한 환상을 재창조하는 예술', '다른 이들과 함께하는 세상을 상상하는 예술' 같은 서술을 포함한다.[4]

이에 대해 보다 단순하게 생각하는 방법은 마임을 특정 몸짓으로 간주하는 것이다. 몸짓(gesture)은 다양한 스타일로 나타난다. 어떤 것들—웃거나 우는 행위—은 타고난 능력이다. 다른 것들—앉거나 걷는 것—은 우리가 배워야 할 것들이다. 그러나 껴안는 것, 흔드는 것, 인사하는 것, 혹은 엄지손가락을 치켜세우는 등의 몸짓은 문화적 몸짓이다. 그리고 어떤 것들은 상이한 문화적 상황에서 다른 의미를 내포할 수 있다(예. 두 개의 손가락을 세우는 것). 이런 상황에서 마임 몸짓들은 삶을 재창조하고 재정향하기 위한 일련의 방식, 즉 삶을 모방하는 운동으로 간주될 수 있다(금세 파

---

3   Readers Digest Universal Dictionary (London: Reader's Digest Association, 1987), 981.
4   Claude Kipnis, The Mime Book (Colorado Springs: Meriwether, 1974), 1-4.

악하게 되듯이, '말씀'이라는 의미의 히브리어 다바르[dabhar] 개념과 밀접한 연관성을 갖고 있는). 의사소통에서 마임의 가치는 과소평가될 수 없다.

앨버트 메라비안(Albert Mehrabian)은 메시지의 7퍼센트만 말을 통해 영향을 주며, 38퍼센트는 음성 신호들(어조와 같은 것들)을 통해 영향을 주는 반면, 55퍼센트는 비언어적 신호들(바디 랭귀지)에 의존한다는 사실을 리서치를 통해 발견했다.[5] 고대 중국 격언에 나오는 평범한 지혜는 다음과 같은 동일한 진리를 더욱 명료하게 표현한다. '나는 듣고 잊어버린다. 나는 보고 이해한다. 나는 행하고 기억한다.' 그러나 아퀴나스조차도 '[감정]은 듣는 것보다 보는 것을 통해 더욱 효과적으로 고취된다'라고 인정하며 이런 사실을 인식했다.[6]

현대 커뮤니케이션 전문가들 훨씬 이전의 성경 시대 사람들은 마임 제스처의 힘과 일상생활에서 마임의 중요성을 강조하는 규칙을 직감적으로 발견했다. 성경에 나오는 어떤 마임 제스처들은 너무 두드러져서 우리가 그것을 주목하거나 그 중요성을 온전히 인식하지 못한 채 성경을 읽을 수 있다. 사람들은 승리를 표현하기 위해 손뼉을 치며(사 55:12; 시 47:1), 손을 들어 찬양하거나(시 28:2; 63:4; 119:48; 134:2; 141:2; 143:6) 겸손함을 표현하려고 몸을 굽힌다(시 72:9; 95:6). 하나님께 집중하기 위해 머리를 들거나(시 24:7), 기도하려고 무릎을 꿇는다(시 95:6; 145:21; 34:1; 63:4; 72:15, 여기에서 히브리어 barak이 등장하는데, 그것은 '축복의 행위를 기대하며 무릎을 꿇는다'는 의미다).

기쁨의 웃음(창 21:6; 시 126:2), 섬김의 모습으로서 발을 씻기는 행위(눅 7:44; 딤전 5:10; 요 13:4-14; 창 19:2), 이 모든 것은 교제의 표시로서 성찬을 나누는 것과 더불어(마 26:26; 막 14:22) 마임의 행위다. 동일한 범주에서 우리는 새 생명의 표시로 세례를 받는 행위(행 2:38; 롬 6:3; 골 2:12; 벧전 3:21),

---

5 Albert Mehrabian, *Nonverbal Communication* (Chicago: Aldine Atherton, 1972); *Silent Messages* (Belmont CA: Wadsworth Publishing Company, 1981, 2nd edn)를 참조하라.

6 David Freedberg, *The Power of Images* (Chicago: University of Chicago Press 1989), 162에서 인용함.

하나님께 진술한 태도를 보여 주기 위해 신을 벗는 행위(출 3:5; 삼하 15:30), 애통하며 옷을 찢는 행위(수 7:6; 삼상 4:12; 애 2:10; 계 18:19), 혹은 슬픔 가운데 가슴을 치는 행위(눅 18:13)를 들 수 있을 것이다. 동일한 마임 행위들은 부적절함을 표현하는 것으로 머리 위에 티끌을 날리는 행위로(수 7:6; 삼상 4:12; 애 2:10; 계 18:19) 칭찬할 만하지 않은 것이나 신실하지 못함의 표시들일 수 있었다. 예수님은 남에게 보이기 위한 금식을 단순히 '가식적 행위'(play acting)로 처리했다(마태복음 6:16에 나오는 헬라어 단어 '가식'의 근본적 의미는 일련의 형식적 마임으로서 이런 모든 제스처의 적절함을 강조하는 데 사용된다).

그러나 이 외에 성경에는 적어도 공연으로서 마임의 사용에 대한 40여 개의 사례들이 있다. 아마도 사역을 하는 동안 대부분 벙어리라는 단순한 이유만으로 에스겔 자신은 모든 마임 가운데 가장 중요한 마임일 것이다(겔 3:26). 에스겔이 마임이라는 형태를 통해 의사소통을 한 전형적인 사례는 에스겔 4:1-3에서 살펴볼 수 있는데, 이 본문은 에스겔이 어떻게 흙벽돌 한 장 위에 놓인 예루살렘성을 묘사하고, 이 모델을 사용하여 그 성이 공격을 받으며, 결국 하나님에게서 멀어진 그 성의 형편을 설명하기 위해 성 주위에 철판을 두르는 것으로 묘사한다.

에스겔 5:1-4에서는 에스겔이 어떻게 면도날이 아니라 삭도를 사용하여 현란한 몸짓으로 머리털과 수염을 깎았는가에 대해 언급하는 한편ㅡ 그리고 그 털의 무게를 달아 삼분의 일을 불에 태우는 행위로 완성된다ㅡ에스겔 4:4-8은 강한 줄로 그를 묶어 땅에 누워 있는 다른 마임을 묘사한다.

전반적으로 에스겔의 사역에는 이와 유사한 다른 많은 사례가 있다(6:1-4; 7:23-27; 12:1-26; 20:45-49; 21:1-12; 24:1-27; 32:17-21; 37:1-25). 예레미야는 베띠(13:1-14), 토기(18:1-19:15), 술잔(25:15-36), 돌(43:6-13) 그리고 두루마리(51:62-64)를 포함하여 모든 종류의 소품을 사용하여 말씀을 전했는데, 마임은 분명히 그가 가장 좋아하는 의사소통 형태였다. 멍에와 연관된 마임은 그것을 보는 사람들에게 너무 강력한 메시지를 전달했기에 선지자 하나냐와 물리적 충돌을 유발했다(렘 27:1-28:17). 다른 성경적 마임들은 옷을 찢는 행위(왕상 11:30-40), 활을 쏘는 행위(왕하 13:15-19), 옷과 신을 벗는 행위(사 20:1-6) 그리고 한 예언자의 삶(호세아 1:1-3:5의 이야기에 대한 해석에 따라서)을 반영했다. 또한, 요나서의 경우, 비록 말로 하는 대화가 중심이지만 드라마로 의도된 이야기와 유사한 방식으로 이해될 수 있다. 한편 욥기는 다른 형태의 드라마를 대표하는데, 마임의 요소가 거의 전적으로 구어체의 대화(spoken dialogue)로 대체되었다(비록 마임이 여전히 나타나기는 하지만).

신약성경에도 마임이 나타난다. 요한복음에서 예수님의 기적들에 '표적'(signs)이라는 용어를 적용하는 것은, 그 기적들이 마임의 특성을 갖고 있다는 것을 의미한다. 마지막 만찬뿐 아니라 성전 정화(막 11:15-17; 요 2:13-16), 극적인 예루살렘 입성과 무화과나무에 대한 저주(막 11:1-14) 그리고 엠마오로 내려가는 두 제자와의 만남(눅 24:28-35) 같은 복음서의 다른 에피소드들은 확실히 마임의 요소들을 포함한다. 사도행전 21:10-13과 계시록 18:21에 다른 신약의 사례들이 있다.

또한, 몇몇 구절은 (춤과는 구별되는) 예배에서 마임의 사용을 언급한다. 시편 149:6-9는 예배하는 성도들이 두 날 가진 칼을 들고 그들의 원수들에 대한 하나님의 승리를 상징적으로 재현하는 마임을 묘사한다. 통상적으로 이런 종류의 마임은 승리한 전사들의 귀향을 환영하는 것으로 고대 이집트인과 헬라인, 그리고 로마인에게는 흔한 것이었다. 축제의 춤 이외에 미리암의 찬가 역시 하나님의 승리를 묘사하는 마임을 반영했다(출 15:20-21). 사사기 21:21과 사무엘상 18:6-7, 21:11 그리고 29:5에도 마임과 춤을 결합한 사례들이 있다.

이런 몇몇 마임의 복합성을 고려해 볼 때, 그것들은 순전히 임의적인 것이 아니라 조심스럽게 안무가 구성되고 리허설이 이루어졌는데, 몇몇 구절들은 이에 대한 명백한 증거를 제시한다(왕하 13:14-19; 겔 4:1-7:27). 호세아서에서는 마임의 예언적 사용을 신적 계시와 같은 요소와 통합했지만, 마임 전이나 후에 말씀을 선포했다(사도행전 21:10-13의 경우처럼 대개는 동시에 이루어졌다). 호세아 12:10은 호세아가 백성들에게 전하는 하나님의 메시지를 이해한 세 가지 방식을 제시한다. 첫 번째 방식은 선포된 말씀(dabhar)인데, 히브리어에서 이 용어는 우리가 후기 계몽주의(post-Enlightenment) 문화에서 익숙한 구체화되지 않은 말보다는 훨씬 더 역동적이고 충만한 우주적 에너지를 함의한다. 이와 함께 호세아서는 보이는 비전을 언급하면서(hazon-신비한 영적 경험에 대한 명시적 언급) 종국에는 드라마가 이루어진다(damah). 전형적으로 성경 번역가들은 틀림없이 적절한 종교적 담화의 형태들에 관한 그들 자신의 경험과 전제들을 반영하여 문학적이고 관습적인 구술적 형태와 쉽게 순응될 수 있는 용어로 그것들을 표현했다.

하존(hazon)에 대한 가장 좋은 번역은 '계시'며 다마(damah)는 '비유'로 이해된 반면, 다바르(dabhar)는 대개 전제적 진술이라는 의미의 단순히 '말들'(words)이 되었다. 전반적으로 이런 번역이 부정확한 것은 아니지만(예컨대, 좋은 드라마는 실제로 비유의 기능을 할 수 있다), 그 전반적인 영향은 예언자적 의사소통의 역동적 특성이 학문적 방식이라는 보호 장벽 뒤에 감춰진 것으로 나타났다.

이 본문에 언급된 세 가지 미디어는 보완적 의사소통의 형태들이지만 분명히 상이한 의도를 지닌다. 창조성은 하나님 존재의 중심이기 때문에 하나님이 의사소통을 할 때마다 창조적 다양성을 동반하는 것으로 예상될 수 있다.

창조주가 의도한 다양성이 단지 말에 근거한 것으로 미묘하게 동질화될 때, 왜 우리는 하나님이 주신 모든 변화 안에서 인간이 듣는 방식들을 통해 복음을 전하려고 애쓰는 것에 놀라워하는가?

만약 우리가 오늘날 우리의 증거에 대한 성경적 총체성을 회복하기 원한다면, 이 두 가지 비언어적 형태에 대한 재발견이 우선되어야 한다.

초기부터 교회는 문화적으로 풍부한 연극 전통을 갖고 있었다. 다른 행위 예술 형태들과 함께 특히 마임은 언어와 문화적 장벽들을 초월하고 매우 다양한 국가와 민족 집단을 응집시키는 능력으로 로마 제국에 매우 널리 알려졌다. 그 당시 많은 관객뿐 아니라 거리에서도 마임 예술가들을 쉽게 발견할 수 있었으며, 어떤 점에서 그들은 당시의 대중적인 뉴스 전달자로서 기능을 감당했다. 그들은 일어나는 사건들에 대한 주의를 끌어냈을 뿐 아니라 현 상황을 살펴보고, 특히 공적인 삶에서 항상 인간 행위의 일부였던 위선과 불일치를 드러내기 위해 과장된 이미지를 제시하며 '삶을 모방'(imitate life, 헬라어 mimesis)하기 위해 예술을 이용했다.

그리스와 로마의 전통적 신들은 항상 이런 종류의 패러디를 위한 공정한 게임으로 간주되었으며, 기독교 신앙이 사회 문화 속으로 침투하기 시작할 때도 이런 방법이 사용되었다. 다양한 그리스도인의 삶 자체가 극적이었기 때문에 그것을 알리는 일은 어렵지 않았다. 탁월한 그리스도인들에게 분명히 교리의 주창자들에게는 중요했으나 문화적 주류를 이루는 다른 이들에게는 사소하고 관계가 없는 것처럼 보일 수 있는 이슈들에 관한 논쟁, 세례, 성찬, 치유와 축사는 가장 중요한 주제들이었다.

콘스탄틴 황제의 회심 이전에 그리스도인이 된 마임 배우들은 종종 정치적 시스템이라는 근본적 세계관에 유일하게 도전을 하는 부류였다. 디오클레티안 황제의 통치 기간에(A.D. 245-313) 교회를 파괴하려는 집단적인 시도가 있었다. 그리스도인들은 정부 기관에서 해고되었고 교회 건물들은 파괴되었으며 기독교 지도자들은 투옥되었다. 또한, 모든 그리스도인은 황제를 숭배하고 황제가 선호하는 신들에게 숭배할 것을 강요당했다.

마임 배우들은 이 정책에 가장 중대한 예언자적 도전을 제기했다. A.D. 287년 이집트 안티노의 지역 장관인 아리아누스는 모든 방문자가 지역 신들에게 숭배해야 하며, 그렇지 않을 경우 죽음을 당할 것이라고 선언했다. 그리스도인을 제외한 모든 사람에게 이것은 문제가 되지 않았다. 그런데 겁 많은 한 집사가 안티노에 도착했을 때, 양심을 따를 경우 초래하게 될 결과를 알게 되었다. 그는 공공장소에 자신을 드러내는 것을 피하여 복음을 전하기 위해 빌레몬이라는 한 유명한 마임 배우를 고용했다. 빌레몬이 그 집사처럼 옷을 입고 막 희생 제사를 드리려는 순간 환상 가운데 그를 바라보는 예수님의 모습이 그를 멈추게 만들었다. 물론 청중들은 무슨 일이 일어났는지 몰랐기 때문에, 그가 그리스도인이며 희생 제사를 드리지 않을 것이라고 선포했을지라도 아무도 놀라지 않았다. 그들은 그가 집사이기에 그런 광경은 정확히 예상했던 것이었다.

그러나 빌레몬은 자신의 정체를 드러냈는데, 무엇을 해야 할지 아는 사람은 아무도 없었다. 그리스도와의 예상치 못했던 만남에서 그 자신이 지금 희생 제사를 거부했기 때문이었다. 돈, 사랑, 명성 그리고 재산을 드리는 것은 문제가 되지 않았다. 그러나 빌레몬은 더 이상 농담을 하지 않고 연극에서 기독교 신앙에 대해 조소했던 자신의 잘못을 청중들에게 상기시키는 마지막 말을 하고 사형을 당했다.

> 여러분은 익살스런 이야기에 웃음을 터뜨렸지만 천사들은 비탄에 젖었습니다. 지금 여러분의 비애는 천사들이 나의 구원으로 느끼는 그 기쁨에 필적하지 못하는 것이 당연합니다.[7]

디오클레티안이 놀라운 승리를 거두고 로마로 돌아와 다시 그리스도인들을 박해하기 시작한 A.D. 302년에 이와 비슷한 이야기가 전해진다. 그 당시 황제는 기독교 신앙을 풍자하던 유명한 마임 배우인 게네시우스를 보러 직접 극장에 갔다. 게네시우스는 공연의 일부로 세례를 조롱하는 마임을 연기했는데, 연기하는 가운데 그는 환상 가운데 예수님을 만났고, 그의 세례 연기는 사실상 실제적인 세례가 되었다. 그리스도인들을 조롱하려고 마임 배우를 무대에 세웠던 황제는 웃음거리가 되었고, 교회를 공격하려던 의도는 강력한 복음 제시로 바뀌었다.

초기 몇 세기 동안 수많은 마임 배우처럼, 그로 인해 게네시우스는 고문을 당하고 처형되었다.[8] 데오데레트(Theoderet)가 '무대 위에 올라갔다가 갑

---

7   이에 대한 설명은 Bollandus, *Acta Sanctorum* (Paris & Rome, 1856), March vii. 751-754를 참조하라. 또한, Allardyce Nicoll, *Masks Mimes and Miracles: Studies in the Popular Theatre* (New York: Harcourt, Brace & Co., 1931), 17-18을 보라.

8   게네시우스(Genesius)에 관해서는 Herbert W. Workman, *The Martyrs of the Early Church*

자기 순교자의 반열에 들어가서 승리의 면류관을 얻었던' 마임 배우들에 관해 기술할 때, 이들은 그가 마음속에 품은 사람들이었다.⁹

이들 외에 겔라시우누스(297), 알달리오(298), 폴피리우스(362) 그리고 마스쿨라스(486)가 우리에게 알려진 마임 배우들이다. 예언자적 사역은 항상 위험을 동반한다. 어떤 교회 지도자들은 복음 전도에 정기적으로 마임을 사용했는데, 나지안주스의 그레고리(Gregory of Nazianzus, 329-390)는 복음 전도에 마임을 사용하려고 대본을 쓰기도 했다. 그러나 이단 교리를 옹호하기 위해 마임을 사용한 사람들도 있었으며—영지주의 문서인 요한행전(Acts of John)은 최후의 만찬에 관한 마임을 언급했고, 알렉산더의 아리우스(Arius, 260-336)는 십자가에 관한 마임을 사용했는데—결국 이것은 이단의 몰락에 기여한 요소들 가운데 하나였다.

2. 어릿광대와 순교자

빌레몬과 게네시우스 같은 마임 배우들이 확실하게 마임 연기를 사용했지만, 그들은 초창기 그리스도인 어릿광대를 대표한다. 두 가지 의사소통 형태들은 어쨌든 밀접하게 연관되며 삶을 숙고하고 삶에 관한 의견을 제시하는 과장된 방법이다. 그러나 거기에는 몇 가지 차이점이 있다. 마임 배우는 대부분 문제 해결 방법을 반드시 제공하지 않고서도 문제를 강조하며 진지한 도전을 제기하는 인물이다. 구약의 예언자들은 종종 이런 방식으로 구원을 제시하기보다는 심판을 선포하는 매개체로서 마임을 사용했다. 어릿광대 놀이는 대개 이 둘을 통합하여 마임이 갖고 있는 예언자적 날카로움을 잃지 않으면서도 청중들이 자신의 삶의 현실과 직면하게 하지

(London: Charles H. Kelly, 1913), 125-126을 보라.
9 이 모든 초기 마임 예술가와 초기 기독교에서 그들에 관한 참고 문헌과 일반 문헌에 관해서는 Nicoll, *Masks Mimes and Miracles*, 120-128을 보라.

만, 보다 희망적인 존재 방식으로 그들을 고양시키며 발전시키는 도전과 구원의 매개체다. 또한, 어릿광대들은 유쾌한 유머를 통해 그런 일들을 수행한다.

마임 배우는 제기된 상황에서 동떨어진 상태를 유지할 수 있는 반면, 어릿광대는 웃음을 통해 이슈를 제기하며 인격적 개방성과 연약함의 정신에 참여할 수 있다. 어릿광대 놀이가 청중들의 곤경에 대한 해결책을 찾기 위해 청중들 자신의 상상력을 위한 공간을 개방하는 방식으로 다양한 색조와 필치를 사용하여(은유적일 뿐 아니라 문자적으로) 보다 큰 그림을 제시하는 한편, 마임은 미니멀리스트 메시지(minimalist message, 최소한의 메시지를 통해 최대 효과를 추구하는 방식-역자 주)를 제시하는 경향이 있다.

이 주제에 관해 더 집중할 가치가 있는 이유는, 탈근대주의 문화에서 유머는 기독교 신앙에 대한 경축과 증거의 일부로서 우리가 재발견하고 사용할 필요가 있는 것들 가운데 하나이기 때문이다. 이 요소들을 제대로 이해하고 성경적 모델들을 적용한다면, 나는 이것이 오늘날의 영성과 연관된 가장 강력한 표현들 가운데 하나가 될 수 있다고 믿는다.

20년 전 데이비스(J. G. Davis)가 '최상의 코미디는 진리를 위한 탐구며 진리의 발견'임을 간파했듯이,[10] 나는 이미 제1장에서 이런 기독교 사역의 형태와 개인적으로 연관되어 있음을 언급했다. 제1장에서 나는 내 방법론을 설명했기에 여기서 다시 설명할 필요는 없을 것이다. 그러나 예수님에 관한 이야기를 아직 듣지 못한 사람들에 대한 효과적인 선교와 관련하여 어릿광대의 의미와 중요성에 관한 신학적 숙고를 할 가치는 있을 것이다. 신학적 숙고를 통해 나는 다른 형태의 창조적 의사소통 외에 이에 대한 특별한 주장을 하지는 않을 것이다.

그러나 오늘날 어릿광대 놀이는 신앙을 공유하기 위한 본질적인 요소로서 이미 확인된 기준들을 충족한다. 어릿광대 놀이에 사용되는 모든 단어의 의미를 고려할 때, 그것은 인간적이고 인간미가 있으며, 성경적인 심오

---

10 J. G. Davies, *New Perspectives on Worship Today* (London: SCM Press, 1978), 106.

한 영적 메시지를 담고 있고, 고대 교회의 관습들과 관련하여 전통적이며, 청중들이 시간과 공간에서 복음에 응답하는 공간을 허용하기에 개방적이다.

만일 우리가 오늘날 영적 탐구를 통해 사람들에게 능력을 불어넣기 원한다면, 우리 자신의 실제 모습을 보여 줄 매개체를 발견하는 것이 필요할 것이다. 특히, 우리가 우리 자신을 웃게 만들 수 있을 때, 유머는 영적 탐구를 위한 한 방편이 된다. 왜냐하면, 우리가 웃으므로 부분적으로 영웅이자 바보이며, 부분적으로 성공한 자이며 실패한 자라는 사실을 수용하게 된다. 좋은 어릿광대 놀이는 두 세계를 대조하며, 그 과정에서 실제적인 것과 의미심장한 것의 보다 심오한 중요성에 대한 새로운 통찰력을 제공한다. 그것은 성공과 실패의 균형감을 제공하므로 갱신을 위한 출발점의 가능성을 제공한다.

또한, 그것은 개인과 사회의 무기력함(powerlessness)을 다루는 일련의 방편이 될 수 있다. 1980년대 후반 폴란드 공산 정권이 종식되기 전 며칠 동안, 매일 밤 수천 명의 시민들이 어릿광대로 분장하고 바르샤바 거리로 뛰쳐나왔다. 그들은 자신들의 시위가 폭력적으로 간주되어 진압될 가능성을 잘 알고 있었기에, 정치적 도발로 해석될 소지가 있는 행동은 하지 않았다. 그 시위에는 어떤 구호나 집회가 없었는데, 그 이유는 그들이 피하려던 반격을 불러일으킬 소지가 있었기 때문이었다. 그들이 했던 것은 매일 밤 귀가하기 전에 어릿광대로 분장하고 두 세 시간 동안 거리를 걷는 것이었다. 일종의 사회적 저항의 형태로 이런 축제를 활용하는 것은 중세 시대로 거슬러 올라갈 수 있다.[11] 그것은 폴란드 저항 시민들에게 그들 자신의 내적 억압을 다루는 강력한 수단이었으며, 동시에 공산 정권의 무기력함을 강조하는 행동이었다.

---

11 Mikhail Bakhtin, *Rabelais and his World* (Bloomington: Indiana University Press, 1984), 196-277을 참조하라. 이런 예언자적 활동의 배후에 있는 사회적 실재에 관해서는 Michel de Certeau, *The Practice of Everyday Life* (Berkeley CA: University of California, 1984), 37-40을 보라.

우스운 옷을 입은 군중들이 어떤 정부를 협박할 수 있겠는가?

누군가 그들을 체포하는 것을 정당화하거나 그들을 반대할 수 있겠는가?

그런 행동을 통해 불안정한 정치적 시스템의 불합리함을 강조하는 그들의 끈기 있는 모습은 그 당시 존재하던 모든 공적 항거의 가장 강력한 표현들 가운데 하나였으며, 다른 요소들과 함께 폴란드뿐 아니라 동유럽 전역에 확실하게 공산주의 붕괴를 촉진한 요소로 작용했다.

우리가 매우 진지하게 여기는 구약성경 이야기들도 이런 종류의 유머로 가득 차 있다.[12] 출애굽 이야기는 모세가 불타는 가시덤불 앞에 서는 광경으로 시작된다. '스스로 존재하는 분'인 하나님의 이름에 대한 계시이든 (모세가 생각할 수 있었던 것은 어떤 농담이었을 것이다), 자신을 구하려는 말조차 할 수 없는 한 인간이 전능자의 대변인으로 지명된 터무니없는 이야기이든 이 에피소드는 유머로 시작된다(출 3:1-4:17). 이 사건 전에 창세기에 나오는 이야기들은 이미 같은 의미의 유머를 보여 주었다. 노아는 물에서 수 킬로미터 떨어진 곳에 큰 배를 지으라는 명령을 받았다(창 6:11-9:29).

어떤 하나님이 그런 제안을 하겠으며, 어떤 사람이 그런 제안을 상식적이라고 생각하겠는가?

오직 어릿광대만이 그렇게 생각하지 않겠는가?

아브라함과 사라조차도 그들의 전 생애에서 가장 놀라운 약속의 말씀을 들었을 때, 사람들이 그런 것처럼 신적인 약속에 대해 진지하고도 존중하

---

12 이 주제에 관한 최근의 연구는 Douglas Adams, *The Prostitute in the Family Tree* (Louisville: Westminster John Knox Press, 1997)이다. 또한, Conrad Hyers, *And God Created Laughter* (Atlanta: John Knox Press 1987); Mark Liebenow, *Is There Fun after Paul?* (San Jose CA: Resource Publications, 1987); Yehude T. Radday and Athalya Brenner, *On Humour and the Comic in the Hebrew Bible* (Sheffield: Almond Press, 1990); Thomas Jemielty, *Satire and the Hebrew Prophets* (Louisville: Westminster John Knox Press, 1992); J. William Whedbee, *The Bible and the Comic Vision* (Cambridge: Cambridge University Press, 1998)을 보라. 세계 종교들에 대한 보다 광범위한 상황에서 일반적으로 이 주제를 탐구하는 연구에 대해서는 Ingvild S. Gilhus, *Laughing Gods, Weeping Virgins* (London: Routledge, 1997)를 보라.

는 태도로 대하지 않고 웃음으로 응답했으며 아이의 이름을 '웃음'으로 불렀다('이삭'의 문자적 의미, 창 18:9-15). 유머의 예상치 못한 반전을 보여 주는 이야기들은, 발람이 어떻게 예언자가 될 수 있었으며 많은 일에 관해 잘 알게 된 이야기를 포함한다. 그러나 그는 자신의 나귀에게서 생애의 가장 중요한 교훈을 얻게 되었다(민 22:7-35). 그런 이야기들 가운데 기드온의 이야기도 포함되는데, 기드온은 미디안 족속과의 전쟁에 나갔지만, 무기는 놔두고 항아리와 나팔과 횃불로 군사들을 준비시켰다(삿 7:1-23). 군사들은 빈 항아리를 부수고 나팔을 불며 횃불을 밝혀 적군을 무찔렀다. 그러나 이 이야기에서 가장 재미있는 것은, 만일 그들이 평상시처럼 싸웠다면 분명히 패했을 것임을 모든 사람이 알고 있었다는 것이다.

우리는 이미 예언자들이 마임을 사용하는 방식을 주목해 보았지만, 그들은 자신들의 메시지뿐 아니라 삶의 방식에서도 유머를 사용했다. 그들은 곤충(메뚜기와 석청-역자 주)을 먹었고(막 1:6), 박 넝쿨 아래 숨었으며(욘 4:6-8), 이사야는 삼 년 동안 벌거벗은 몸으로 걸어 다녔다(사 20:2-3). 예레미야는 항아리를 깨뜨렸고(렘 28:10-16) 목에 멍에를 메었다(렘 28:10-16). 호세아는 창녀와 결혼했는데, 그녀는 과거의 부정한 생활로 다시 돌아갔다. 그리고 그는 아내인 그녀와 생애를 보냈다.

에스겔은 인분으로 된 연료를 사용하여 음식을 구웠으며(겔 4:12), 마른 뼈들이 살아나는 광경과 공중에서 바퀴들이 돌아가는 것을 보았다. 그는 성경 두루마리를 먹기도 했다(겔 3:1-3). 하나님의 명령을 어기고 도망가다 물고기 뱃속에 들어갔다가 다시 살아난 요나의 이야기도 있다. 그들은 이상한 방법으로 죽었다. 예레미야는 진창 구덩이에 던져져서 포로가 되어 이집트로 끌려갔다(렘 38:1-13; 43:1-13). 이사야는 톱으로 켜서 죽임을 당했고, 세례 요한은 헤로디아의 춤으로 참수형을 당했으며, 에스겔은 그냥 사라졌다. 이 모든 이야기에 대한 마크 리베나우(Mark Liebenow)의 견해는 유머로 가득한 간략한 진술이다.

> 이 사람들은 우리처럼 분별력 없는 정상적인 사람들이 아니었다. … 이들이야말로 제정신을 가진 멋진 사람들이 아닌가?[13]

이 같은 유머들이 신약성경 전반에 걸쳐 나온다. 예수님이 제자들을 선택하는 방식을 생각해 보자. 예수님은 베드로를 먼저 부르셨는데, 그는 전혀 예측할 수 없는 인물이었다. 하지만 예수님은 그에게 '반석'이라는 이름을 주시면서 일종의 유머를 사용하시는데 '나는 베드로처럼 신뢰할 수 없고 예측할 수 없는 사람 위에 세울 것'이라고 말씀하셨다(마 16:13-20 참조).

만일 예수님이 유머 감각이 없었다면 이런 일들을 결코 할 수 없었을 것이다. 이 같은 쾌활한 유머가 '칼잡이'(dagger man)라는 뜻의 성을 가진 열심당원(Zealot, 혁명가) '가롯'(Iscariot) 유다의 선택이라는 불행한 결말로 나타난다. 그러나 예수님은 그에게 회계를 맡겼으며, 그가 자신을 배신했을 때 놀라는 것처럼 보였다!

더글라스 애덤스(Douglas Adams)는 예수님이 공생애 사역을 통해 어떻게 각각 다른 세계들을 병치(juxtaposing)하는 고전적 어릿광대의 방식으로 자주 묘사되는가를 언급한다. 마태복음 서두에 나오는 예수님의 족보에는 익살스러움이 묻어난다. 마태는 분명히 예수님이 하나님의 아들임을 깨닫도록 독자들을 설득하기 원했지만, 예수님의 조상들의 목록을 작성할 때, 그들을 위대하거나 훌륭한 사람들로 드러내지 않고 창녀와 살인자와 범죄자로 드러냈다(마 1:1-17).

메시아의 의미 같은 주제들에 관한 진지한 신학적 논의처럼 보일 수 있는 주제들 역시 익살스러운 요소들로 가득 차 있다. 연약한 모습의 예수님은 강력한 힘으로 모든 것을 정복할 것 같은 하나님의 아들이나 메시야의 모습과는 전혀 어울리지 않는다. 더욱이 제자들이 예수님과 관계하는 방식은 고전적인 희극의 특성을 갖고 있다. 베드로는 외향적이고 직선적인

13　Liebenow, *Is there Fun after Paul?*, 24.

성격을 가진 제자였는데, 다른 제자들이 묻기를 원했으나 말도 안되는 질문을 거침없이 예수님에게 물었다.

이 같은 희극적 특성을 보여 주는 다른 이야기들이 복음서에 나온다. 예를 들어, 어느 날 예수님은 간음에 관한 매우 심각한 질문을 받았다(한 여인이 군중 가운데 있었는데, 그 상황은 실제로 삶과 죽음을 결정하는 문제였다). 예수님은 땅에 뭔가를 그리면서 대답했다(요 8:2-11). 예수님은 세금을 납부하는 문제에 직면했을 때도 고기 입에서 동전 하나를 얻게 하려고 제자들을 보내는 것으로 대답했다(마 17:24-27).

어릿광대가 아니고서 누가 이런 일을 하겠는가?

이야기가 종국으로 치닫는 가운데 예수님은 빌린 나귀를 타고 왕으로서 예루살렘성에 들어갔다(막 11:1-11). 예수님의 수난 기사 자체는 빌라도가 진리에 관해 예수님에게 물어보는 것처럼 동일한 비극적인 희극의 성격을 띠고 있으며, 예수님은 왕처럼 입고 십자가로 끌려간다. 십자가의 명패에는 예수님이 이 세상의 왕은 아니지만 왕이라고 새겨졌다. 예수님의 부활의 최초 목격자들은 모두 고대 세계에서 아무도 신뢰하지 않는 여성들이었다.

또한, 예수님은 자기를 너무 진지하게 여기는 거만한 사람들을 놀리며 항상 있음직하지 않거나 불가능하게 여겨지는 사례들을 제시하고 세상의 방식과는 다르게 규정을 적용할 수 있다고 생각하며 전형적인 어릿광대의 기법들을 지속적으로 사용했다. 예수님이 사용한 대부분의 유머는 항상 다른 언어와 문화로 쉽게 번역되지 않는 아람어로 이루어졌다. 확실히 유머를 유발하는 이미지는 레바논의 백향목과 같이 확실한 것보다는 처음 된 자가 나중된다는 말씀(막 9:35), 자유의 상징으로서 멍에(마 11:29), 맹인이 맹인을 인도하는 것(눅 6:39) 그리고 겨자씨처럼 사소한 것들과 같은 하나님 나라에 대한 기대(막 4:30-31)를 포함한다. 유머를 담고 있는 이야기들은 다음과 같다.

눈 속에 들보가 있는 사람이 다른 사람의 눈에 있는 티를 빼내려는 이야기(마 7:1-5), 진주를 돼지에게 던지지 말라는 교훈(마 7:6, 그러나 유대 문화에서는 이런 일을 하는 사람이 있지 않겠는가?), 바늘귀로 들어가려는 낙타 이야기(막 10:25), 오른뺨을 치는데 왼뺨을 돌려 대며 낯선 사람의 짐을 지고 십리를 가는 이야기(마 5:39-42), 어린아이와 같이 되라는 교훈(막 10:15), 거듭남에 관한 이야기(요 3:1-10, 니고데모가 무엇을 이야기하는지 알지 못했다는 것은 놀랍지 않다).

비유는 전형적으로 희극적인 기쁜 소식과 나쁜 소식에 대한 각본이기 때문에 선한 사마리아인 이야기같이 분명히 진지한 비유들조차 유머로 가득 차 있을 수 있다. 비유에는 좋은 소식이 있지만(도움의 손길이 다가온다), 그 도움은 이야기를 듣는 청취자들이 좋아하지 않는 사람에게서 올 수도 있기에 나쁜 소식이 될 수도 있다. 그리고 '누가 내 이웃입니까?'라는 질문으로 시작한 율법사가, 하나님의 나라에 속하려면 받아들이기 어려운 사람(사마리아인-역자 주)을 닮아야 한다는 것을 깨달으면서 상황은 더욱 악화된다(눅 10:29-37).

복음서에 나오는 이 모든 유머를 요약하여 리베나우(Liebenow)는 다음과 같이 말한다.

> 비유는 교훈서로 의도된 것이 결코 아니었다. … 비유는 합리적인 것을 혼란하게 하려는 의도를 갖고 있었다. 하나님은 합리적인 분이 아니기에 하나님을 이성적으로 이해하려는 사람들은 실패의 나락에 떨어진다. … 우리는 생각을 통해 반응하기보다 느낌으로 반응하는 법을 배워야 한다. 우리는 오직 그 비유가 보여 주는 대로 사는 것을 통해서 비유를 이해할 수 있다.[14]

---

[14] 위의 책, 31.

이것이 고전적 어릿광대 놀이다. 종종 자신의 선함에 대해 너무 진지하게 생각하는 바울조차도 사람들이 자신을 너무 진지하게 여기지 말도록 권하는 예수님의 관심을 공유했으며 유머로 그것을 실천했다. 예를 들어, 바울의 스타일은 할례를 해야 되는지 안 해도 되는지 걱정하는 사람들에게 단순히 성기의 표피 일부를 잘라내기보다 자신을 베어버리므로 일거에 모든 문제를 해결할 것을 권고하듯이(갈 5:7-12), 확실히 우리가 복음서에서 발견하는 것보다 진지한 유머(dry homour)를 사용한다.

보다 보편적 호소력을 내포하는 유머러스한 이미지는 아마도 몸의 지체들이 연합하고 서로에게 이야기하는 고린도전서 12장에 나오는 몸에 관한 이미지다.

이것은 순전히 익살스러운 이미지다!

물론 바울은 특히 자신의 독자들이 '그리스도를 위해 어리석은 자들'이 되라고 권고했는데(고전 4:10), 바울과 그의 적대자들도 동의했던 이 권고는 바울 자신의 미친 행동으로 예증되었다(고후 11:21-28).

랍비 시몬 벤 가말리엘(Simeon ben Gamaliel)이 8개의 횃불로 마술을 한 이야기에 나오는 것처럼, 유대교 축제에서 어릿광대의 기술을 사용한 증거가 있다(Sukkah 53a). 그러나 12세기에 그것은 프랑스 바보 축제(Feast of Fools)의 발전과 함께 교회 안에 다시 두드러지게 나타났다. 비록 토마스 아퀴나스(Thomas Aquinas, 1225-1274)가 바울 신학의 측면에서 신학의 본질로서 '어리석음'에 가치를 부여했으며, 동시대에 살았던 아시시의 프란시스(Francis of Assisi, 1182-1226)가 동물들과 이야기하며 나환자에게 입 맞추고 일반적으로 사회적 통념을 뒤집는 것으로 그리스도를 위해 어리석은 자가 된다는 의미를 가장 명백하게 예증했을지라도, 일반적으로 이 시대는 교회가 토마스 아퀴나스와 스콜라 신학자들과 같은 사상가들이 지배했던 시기였다. 실제로 초기 프랜시스칸들은 '머리의 지식'보다 '가슴의 지식'을 선호했으며(결국, 나중에는 머리로만 아는 지식과의 싸움에서 이겼을지라도), 자신들을 '그리스도를 위한 바보들'이라 불렀다.

신년 축제로 출발한 중세의 바보 축제에서 어릿광대들은 두 가지 목적으로 활용되었는데, 그들은 예전에서 특히 중요한 것을 강조하거나 주의를 끄는 것을 방해하고 교회의 거만함을 조롱하는 수단으로서 활용되었다. 이와 관련하여, 힘 없는 성직자(minor clergy)가 어릿광대 옷을 입고 향냄새를 피우면서 낡은 신발을 태우고 가끔 나귀를 타고 교회로 가면서 나귀들을 '울게'(hee-haw) 만들어 고위 성직자들을 풍자했다.[15] 물론 이 시기에 일반 교인들이 알지 못하는 라틴어로 드리는 공적 예배와 연관된 몇몇 방법이 있었다.

거룩한 바보들은 그들에게 능력을 부여하고 영적 감동을 주며, 그들이 쉽게 접근할 수 있는 것을 제공했다. 이런 바보들의 임무는 필연적으로 교회 안의 권력 갈등과 연관되었는데, 그들의 활동이 15세기 말에 법으로 금지된 것은 평신도에 대한 보다 광범위한 소외 과정의 일부였고, 신앙을 더욱 축제적이면서 덜 참회적인 것으로 만들려는 그들의 욕망에 반하는 것이기 때문이었다. 그러므로 어떤 의미에서, 분명히 칼뱅주의 개혁자들 가운데 일어난 예술 형태에 대한 격렬한 반대에 비추어 볼 때, 거룩한 바보들에 대한 추방은 종교개혁이라는 뜻밖의 결과를 낳은 간접적인 요인들 가운데 하나였다고 볼 수 있다.

그러나 대표적인 거룩한 바보들은 세 가지 구별된 표식을 갖고 있었는데, 이 세 가지 모두가 예언자들에 의해 구체화된 성경적 신앙이라는 예언자적이고 급진적인 요소들을 지속적으로 유지했다. 그들은 그리스도에 대한 열정적인 헌신을 했으며, 예수님처럼 즐겁게 비웃음을 받아들이는 삶을 살았다. 그들은 세상의 가치와 하나님의 가치 간의 끊임없는 갈등을 유발하고 강한 종말론적 목적의식을 갖고 있었다. 또한, 그들은 부자들과 권력자들의 지배에 도전하고 사회 정의에 대한 분명한 확신을 갖고 있었다.

---

15 Barbara Swain, *Fools and Folly during the Middle Ages and the Renaissance* (New York: Columbia University Press, 1932)를 참조하라.

3. 어리석음과 하나님의 성품

 탈현대성이라는 상황에서 이 모든 요소와의 명백한 연관성과는 별개로, 오늘날 그리스도인들이 고려해야 하는 중요한 기독론적 차원이 있다. 어릿광대로서 예수님의 이미지는 오늘날 사람들에게 자신들의 필요를 채워주는 특별한 능력을 갖고 있는 것처럼 보인다는 점이다.[16] 물론 예수님의 중요성은 결코 변하지 않는다. 그러나 예수님이 의미하는 바는 수 세기 동안 다양한 방식들로 설명되고 진술되었다.

 예를 들어, 계속되는 고난과 조직적인 박해 가운데 처한 초기 그리스도인들에게 가장 강력하게 진술된 예수님의 이미지는 그들을 안전하게 인도하는 선한 목자였다. 흑사병 같은 전염병으로 말할 수 없는 고통에 직면해 있던 중세 유럽의 그리스도인들에게 예수님은 그들과 고통을 함께하며 십자가 위에서 고난받는 인물이 되었다. 한편 계몽주의의 비전에 고취된 그리스도인들은 주로 예수님을 위대한 선생이나 랍비로 생각하는 것이 더욱 유용하다는 것을 발견했다. 우리 시대처럼 다양한 세계에서 예수님에 관한 이런 초창기의 이미지들이 보다 제한된 상황 가운데 나타난 것처럼, 보편적인 호소력을 지닌 예수님을 묘사하는 하나의 이미지가 있을 것 같지는 않다.

 그러나 내게는 어릿광대로서 예수님에 대한 표현이 이 시대, 특히 자신들을 덜 진지하게 생각하며 다른 사람들에게 듣는 것을 배울 필요가 있는 서구인들과 특수한 연관성을 갖고 있는 것처럼 보인다. 내가 목격한 기독교적 어릿광대 놀이가 비서구 세계에서 수용된다고 할지라도, 그것이 완전히 서구 세계에도 상관성을 갖고 있지 않을 수도 있다는 견해가 있다. 왜냐하면, 어릿광대 놀이가 적절하게 이해가 될 때, 그것은 정치 경제적 현 상태에 대한 급진적이고 혁명적인 도전을 제기하기 때문이며, 그것은

---

16 예를 들면, Michael Frost, *Jesus the fool* (Sydney: Albatross, 1994); Elizabeth-Anne Stewart, *Jesus the Holy Fool* (Franklin WI: Sheed & Ward, 1999)을 참조하라.

전 세계의 억압받는 사람들과 소수 계층에 속한 사람들이 씨름하는 이슈로서 자신들의 목소리를 전달하며 진지하게 다루는 이슈기 때문이다.

어릿광대는 예수님에 관한 기독교의 중심 신앙을 구체화하며, 말로는 (어쨌든 오늘날 어려움에 직면한) 결코 표현할 수 없는 기독교 신앙을 표현하는 방식이다. 어릿광대는 기쁨의 상징으로서 단순성을 구체화하고 일상생활 가운데 발견되는 즐거움을 알려 준다. 어릿광대는 희망의 상징으로서 불가능한 것이 언젠가는 가능하게 될 것이라는 믿음을 결코 포기하지 않는 인물이다. 모든 사람은 어릿광대가 느슨한 줄이나 외바퀴 자전거에서 떨어지거나 얼굴에 커스터드 파이를 뒤집어쓰지만 항상 일어나 다시 시작할 것임을 알고 있다. 게다가 어릿광대는 고귀한 자들을 비천하게 하고 비천한 자들을 고귀하게 하는, 일반 사회의 규범을 따르지 않는 자(비국교도)이며 다른 이들로부터 끊임없이 친절을 기대하는 연약한 연인이지만, 도리어 종종 학대와 거부를 당한다. 복음의 어리석음과 약함을 가장 신랄하게 논증하는 인물이 바로 어릿광대다.

> 그리스도는 어릿광대(jester)와 같이 기존 관습들에 도전하고 권력자들을 경멸한다. 그리스도는 음유 시인과 같이 머리 둘 곳이 없다. 그리스도는 서커스 행렬의 어릿광대처럼 지상의 권력을 갖고 있지 않을 때도 기존의 화려한 왕권을 풍자한다. 원수들은 그리스도를 음유 시인과 왕처럼 옷입힌다. 그의 머리 위에 우스꽝스러운 주장을 담은 표시와 함께 낄낄거리는 조롱과 모욕 가운데 십자가에 못 박힌다.[17]

우리가 예언자적 사역으로서 마임과 어릿광대 놀이의 신학적 함의들을 탐구하면 할수록, 이 모든 것이 얼마나 기독교 신학의 전통적 양상들과 밀접하게 통합될 뿐 아니라 우리가 만나는 탈근대적 인간들, 특히 내가 절망

---

17 Harvey Cox, *Feast of Fools* (New York: Harper & Row, 1969), 140.

적인 가난한 자와 쾌락주의자 그리고 영적 탐구자로 묘사한 집단들에 대한 관심과의 연관성이 더욱 분명해진다. '어릿광대'라는 단어 자체는 천한 일들을 하는 하찮은 인물을 일컫는 옛 앵글로 색슨 용어인 '바보나 시골뜨기'(clod)와 연관된다. 이 용어는 아무 힘도 없는 것처럼 보이는 가장 낮은 종의 형태를 지칭한다. 만일 당신이 서커스의 어릿광대들을 생각한다면, 그들은 전통적으로 매력적인 공연의 중심인물이나 스타가 아니다.

반대로 그들은 청중들에게 자신들을 드러내지 않고 주연 배우들을 드러나게 한다. 이것이 바로 신약성경이 그리스도를 바라보게 만드는 것을 소명으로 여기는 하나님의 종으로서 그리스도인을 묘사하는 방식이다 (세례 요한이 아마도 핵심적인 실례가 될 것이다. 막 1:7-8). 그보다 전통적 어릿광대 분장 자체는 죽음(흰 얼굴)과 부활(생명의 색깔들)의 상징으로서 복음의 핵심을 반영한다. 어떤 말이나 행동이 나타나기 전에 이미 어릿광대의 얼굴은 죽음에서 생명으로, 십자가 처형에서 부활로, 성 금요일에서 부활 주일로 이어지는—그 너머로의—여정에 관해 말한다.

이에 덧붙여 흰 얼굴의 어릿광대들은 나이도 없고 성도 없으며 시간과 종족과 문화도 초월한다. 이것이 바로 그들이 쉽게 문화적 경계선을 넘을 수 있는 이유다. 왜냐하면, 어릿광대들은 평범한 사람으로서는 할 수 없는 것들을 하기 때문이다(남자는 울지 말아야 한다거나 여자는 화내지 말아야 한다는 문화적 규범들을 뒤집는 것).

어릿광대들은 사람들을 있는 그대로의 모습으로 받아들이며 인간됨의 온전한 의미를 표현하고, 그 과정에서 갈라디아서 3:28과 같은 신약성경 구절에 나오는 신학적 목소리를 외치는 하나님의 원초적인 무지개 인간들(rainbow people, 예술, 드라마, 음악, 춤, 이야기와 같은 창의적이고 재미있는 방법들을 통해 어린이들이 직면한 문제를 해결하는 데 도움을 주는 무지개 행성에서 온 무지개 색의 옷을 입은 요정과 같은 존재-역자 주)이다. 이와 관련하여 그리스도인 어릿광대들은(때로는 독특한 서커스 어릿광대들처럼) 청중들이 복음에 대해 숙

고하고 복음에 참여하려는 공간을 제공하며 그들을 긍정한다.[18]

이런 측면에서 어릿광대가 현대인들에게 강력하게 제기하는—또 다른 복음의 핵심 가치인—상호 작용을 권장하는 것은 놀랍지 않다. 어릿광대들은 결코 단순히 공연을 하는 것이 아니라 쌍방향 의사소통을 창출한다. 그들은 제한된 장소에 머무르지 않고(이것은 대개 교회 안에서 일어나는 일들과는 대조된다), 경계선 밖으로 뛰쳐나가 모든 사람이 참여할 수 있도록 그들과 어울린다(이런 모습을 고린도전서 12:4-26, 14:26-33과 같은 신약성경 구절에서 볼 수 있다). 동시에 어릿광대 놀이는 지시적이거나 규정적이지 않다. 그것은 신앙을 이해하거나 표현하는 단 한 가지 방법만이 있다고 주장하지 않지만, 어릿광대들은 예수님처럼 각 사람이 처한 상황과 지향하는 것을 생각하고 숙고할 기회를 청중에게 제공한다. 예수님은 결코 어떤 사람의 삶에 그의 방식을 강요하지 않았는데, 어릿광대의 열망도 이와 같다. 즉, 기회의 문을 열면서 상세한 경로를 지시하는 지도를 제시하기보다 영적 방향을 제공하는 표지판을 세우는 것이다.

만일 이 모든 것이 이상한 행동이며 인간 행위의 정상적 규범들과 배치된다면, 그도 그럴 것이다. 하지만 이것은 합리적인 것을 초월한 하나님의 본성을 반영하는 것이기도 하다. 영적 자양분과 도전을 위해 합리적이지 않은(이것은 비합리적인 것과 같지 않다) 공간을 창조하는 능력은, 만일 우리가 탈근대적 문화에서 효과적으로 복음을 전하고자 하는 열망을 갖고 있다면 무시할 수 없는 기술이다. 어릿광대들은 하나님이 우리를 초대하셔서 우리의 가정(assumption)에 도전과 의문을 제기할 수 있게 하므로 우리에게 웃음을 주는 합리성을 초월한 공간을 열어젖힌다. 왜냐하면, 우리는 결코 인간의 가치들에 너무 진지함을 부여하지 않기 때문이다.

---

18 어릿광대 놀이와 기독교 가치에 관해서는 Janet Litherland, *The Clown Ministry Handbook* (Colorado Spring: Meriwether, 1990, 4th edn)을 보라.

그러나 어릿광대들은 우리의 이성에 호소할 뿐 아니라 주로 감정에 호소하는데, 따라서 그것은 그들의 메시지가 다른 의사소통 방법들로는 전달할 수 없는 존재의 의미를 깨닫게 한다는 것을 의미한다. 그것들은 우리가 주로 숨겨두고 싶어 하지만, 만일 우리가 하나님의 형상으로 창조된 인간으로서 우리의 소명을 성취하고자 한다면 변혁되어야 할 필요가 있는 부분들이다.

이 모든 것 외에도 고전 코미디는 성경 메시지의 핵심에 대한 상세한 설명이다. 어떤 사람은 자존심을 꺾고 평범한 수단을 통해 이전보다 더 높고 나은 것으로 고양된다. 상황이 역전되고 터부(taboo, 금기 사항)가 깨지며 파기된다. 어릿광대는 어린아이와 같기 때문에 전혀 위협을 받지 않는다. '이 세상이 뒤집힌다'는 의미에 대해 이보다 더 나은 사례가 있는가(행 17:6).

어릿광대 놀이는 연약함의 표현이며, 따라서 복음의 핵심적인 특징이다. 어릿광대들은 우리의 '죄들'(불합리함과 위선 등)을 짊어지고 그것들을 변혁한다. 이것이 바로 '그리스도를 위한 바보'가 된다는 의미의 핵심이다. 그것은 우리 자신의 약함과 연약함을 보여 주며, 다른 이들과 함께 기쁨과 고통과 두려움을 나누고, 그 과정에서 예수님을 향하는 것이다.

비록 예수님이 그 과정 가운데 거부되고 고통을 당했을지라도 예수님은 세상에 도전하여 온 세상을 변화시킬 수 있는 약한 인간을 대표하는 가장 탁월한 본보기다. 사람들은 어릿광대를 거부할 수 있고 거부하기도 한다. 그러나 예수님처럼 어릿광대는 권력자의 위치에서가 아니라 약한 자의 처지에서 다른 이들과 함께하므로 섬김의 사역을 감당한다.

4. 창조적 영성

내가 한편으로는 복음의 핵심 가치들과 다른 한편으로 우리 문화의 필요들과 연관하여 이 모든 것에 관해 숙고하면 할수록, 나는 우리가 위험을 무릅쓰고 무시하거나 과소평가하는 매우 심오한 것이 있다는 것을 더욱 확신한다. 내가 누차 강조했듯이, 이 세대를 위한 그리스도의 부르심을 설명하는 다양한 방법이 있을 것이다. 우리 모두는 내가 제5장에서 제시한 관점에서 춤꾼이 되는 것 이상으로 어릿광대가 될 필요는 없을 것이다. 그것은, 교인들이 오직 사상가와 웅변가가 되어야 한다고 주장하는 교회가 이미 저지른 실수 이상 유익이 되지는 않을 것이다.

그러나 만약 우리가 진정으로 모든 부류의 사람과 복음을 나누는 복음적 위임을 성취하려 한다면, 이런 창조적이고 다양한 일들이 일어나는 공간을 창조하기 위해 우리가 물려받은 교회됨의 의미에 관한 가정들을 재검토해야 할 것이다. 또한, 나는 이것이 하나님이 새로운 방식으로 우리 가운데 역사하실 공간이 될 것이라고 생각한다.

비록 우리가 드라마에 대해 깨닫지 못하면서도 자주 드라마를 사용하고 있지만, 오늘날 대다수 교회는 여전히 극예술에 관해 많은 의구심을 갖고 있다. 그렇지만 그들은 극적으로 장엄한 전통적인 전례 예배든 개혁교회 전통의 이상한 설교 스타일이든, 드라마를 싫어하기는 하지만 그들의 반복되는 몸짓은 분명히 마임과 유사하며, 가끔은 독백 형식의 희극에 나타나는 과장되고 반복적인 몸짓을 사용하는 것과 동일한 방식을 사용한다. 같은 사람들이 다른 사회적 상황에서는 코미디 이상의 것으로 간주될 수 없는 특유한 감정적 연설 형태를 종종 채택하기도 한다. 때로 우리는 그리스도인들이 이런 예술 형태를 신중하게 다루어야 할 특별한 이유들이 있었다는 것을 받아들여야 한다. 로마 시대의 극장은 대개 조악하고 부도덕한 곳이었는데, 이것은 콘스탄틴 황제 시대의 그리스도인들이 극장에 관해 양면적(ambivalent)이었다는 것을 설명하는 데 도움을 준다.

이와 비슷한 이유로, 비록 대개 중세 시대에 기독교 메시지를 보다 효과적으로 제시하기 위해 사용했던 신비극들(성경 이야기들), 도덕과 연관된 연극들(행위에 대한 이슈 강조), 기적에 관한 연극들(성인들의 이야기)과 같이 전반적인 분야에 걸친 성과들이 나타났지만, 교황 이노센트 3세(1250)는 교회에서 극작가들을 배제했다. 오늘날 우리는 물론 극예술이 타락을 조장하는 힘을 갖고 있기는 하지만 치유하고 도전하는 힘을 갖고 있다는 것을 인식할 필요가 있다. 이 점에서 교회가 더욱 편안하게 느끼는 선포되는 말씀과 극예술은 다르지 않다.

영성이 없는 마임, 어릿광대 놀이 그리고 춤은 영성 없는 다른 인간적 노력들과 다르지 않다. 그것들은 기만적이며 냉소적이고 염세적이며 파괴적이고 이기적이다. 구약의 예언자들은 가끔 거짓 예언자들의 정체를 폭로했다. 그러나 그것이 그들의 사명을 다른 곳으로 돌리도록 만들지는 않았다. 하나냐가 예레미야의 멍에를 부숴서 그의 마임에 도전했을 때, 예레미야는 그의 마임 소품들을 포기하지 않고 그 자리에서 떠나 더욱 견고한 멍에를 만들었다(렘 28:10-16). 영성이 주입되면 극예술은 도발적이며 도전적이고 새롭게 될 수 있다.

성경에 대해 높은 견해를 갖고 있는 개신교회가 사람들의 상상력과 연관된 것, 즉 우리가 예언자들에게서 발견하는 예술 형태라는 불가결한 매개체에 대해 가장 의구심을 갖고 있었다는 것은 놀랍다. 종교개혁은 반드시 이런 의구심을 일으키는 것을 요구하지 않았다. 왜냐하면, 루터 자신은 '만일 천국에서 웃는 것이 허용되지 않는다면 나는 천국에 가지 않을 것이다'라고 했기 때문이다.

그의 『좌담』(*Table Talk*)은 농담으로 가득 차 있다. 그러나 그것이 죄악된 것까지는 아니라도 보다 일반적으로 개혁교회 전통과 특히 청교도 전통에서 인간의 상상력은 공허하고 가치가 결핍된 것으로 간주되었으며, 따라서 우리가 여기서 탐구한 예언자적 의사소통뿐 아니라 예배의 심미적 관심들조차 완전히 금지되었다. 종종 자체적으로 교회의 예언자적 날카로움으로 간주되었던 전통에 관해 성경, 즉 구약성경에서뿐 아니라 사복음서에 보존된 예수님에 대한 상세한 묘사들에서도 교회가 가장 분명한 예언자적 전통의 특색을 쉽게 거부했다는 것은 놀랍다.

비록 18세기 영국에서 올리버 크롬웰(Oliver Cromwell)의 정치적 야망이 대중적 지지를 급격하게 상실하기는 했지만, 모든 형태의 극장을 금지하는 데 성공한 것과 그 이후에 재미있는 놀이와 자발적 행위를 이성적 담화와 도덕적 진지함으로 대체한 크롬웰의 결정은 서구 교회들이 현재까지도 거의 탈출을 시도하지 못하는 일련의 유산으로 남았다. 물론 우리가 그들의 유산을 오늘날의 상황에 따라 판단하는 데 있어서 너무 가혹해서는 안 된다.

이 시기는 기독교 신앙과 본질적으로 단절된 모든 이유에 관한 합리적 담화들이 문화를 지배했으며, 이런 상황에서 그들이 기독교 예배와 증거의 중요한 일부로 선포되고 입증된 말씀의 중요성을 강조하는 것이 자연스러웠다. 문제는 '말씀의 예전'(liturgy of human words)이 하나님의 말씀의 직무라기보다 '인간적 말들의 예전'이 되었다는 것이다. 하나님은 창조주이기 때문에 하나님의 말씀은 다양한 형식들—춤, 마임, 어릿광대 놀이, 노래, 성만찬과 다른 많은 것은 말할 것도 없고, 말뿐 아니라 침묵과 같은 여러 상이한 형태들—로 표현된다. 만일 그것이 너무 냉소적인 판단처럼 보인다면, 많은 개혁 사상의 기본적 의제는 어드모니션 논쟁(Admonition Controversy, 영국의 리처드 후커가 쓴 *Politie*라는 책의 마지막 장의 제목으로서 1572년 영국 국교회의 성직자였던 존 필드와 토마스 윌콕스가 영국 여왕인 엘리자베스 1세에게 신약성경에 나오는 예배의 순수성을 영국 국교회가 회복해야 한다고 요청하면서 국회에 비밀리에 이슈화했던 논쟁-역자 주)으로 알려진 우스터(Worcester)의 감독인 존 화이트기프트(John Whitegift)와 청교도 토마스 카트라이트(Thomas Cartwright) 간의 특별한 연속 논쟁에 의해 해명되었을 것이다.

화이트기프트는 만일 성경이 실로 '하나님의 말씀'과 동일한 것이라면, 다른 추가적인 설명이 필요 없이 단지 교회 안에서만 읽혀지는 것으로 충분할 것이라고 주장했다. 이에 대해 상대방 논쟁자는 오직 설교만이 성경을 영적 교화의 경험으로 바꿀 수 있다고 응답했다. 이에 대해 카트라이트는 '읽는 것은 먹이는 것이 아니다. 그것은 무대 위에서 연극을 하는 것만

큰 악한 것이다'라고 공격했다.[19]

이 같은 논쟁들은 그 당시의 상황들과 연관되며, 우리의 실수는 그런 성향들을 보편화시켰고 청각적인 문화가 아니라 현저하게 시각적인 문화에서 복음을 제시하는 모호한 방식을 사용하여 그것들을 절대적 복음으로 변형했다. 우리가 이 같은 태도들을 효과적이고 단호하게 다루지 않는다면, 복음 전도의 진보를 이룰 수 없을 것이며 굶주림에 허덕이는 사람들에게 생명의 말씀을 제시하는 것과 동떨어져, 그들에게 절대적으로 필요한 영적 자양분을 발견하는 것을 방해하게 만든다는 사실을 발견하게 될 것이다.

우리는 제8장에서 이 주제를 다시 다룰 것이다. 그러나 먼저 우리는 이야기로서 성경의 성격을 보다 자세히 살펴보므로 맥도날드화의 부정적 효과들을 근절하는 신학적이고 교회론적 방법들을 확인하고, 우리의 탐구에 도움을 주는 성경 자료들에 대한 연구를 완수할 필요가 있다.

---

19 이에 관한 보충 자료들은 D. J. McGinn, *The Admonition Controversy* (New Brunswick NJ: Rutgers University Press, 1949), 189-191을 참조하라.

제7장

이야기하기

탈근대적 문화는 역설과 모순으로 가득 차 있으며, 삶에 의미를 부여하는 이야기의 탐구와 연관된 것 이상의 명확한 사례는 어디에도 없다. 한편 우리는 반복적으로 탈근대적 인간이 더 이상 거대 담론을 믿지 않는다고 알고 있다(예를 들어, 보편적 실재를 설명하려는 주장을 합법화시키는 주요 신화나 최상의 교리). 그러나 현재 제작되는 수많은 영화를 보든지 서구 세계 전역에 범람하는 많은 전통적 스토리텔링 네트워크에서 발견될 수 있는 보다 서민적 영화에 초점을 맞추든지, 오늘날 우리가 기억하는 어떤 특정 시대보다 더 많은 이야기를 하고 있다.

캐나다 소설가 더글라스 쿠플랜드(Douglas Coupland)는 탈근대적 인간의 분위기와 느낌을 포착하는 것에 대해 누구보다 더 잘 파악하고 있는데, 그는 『X세대』(Generation X)에서 삶의 우선순위와 의미에 대한 이해를 재정립하려고 도시의 일상에서 벗어나 애리조나 사막에서 살아가는 세 친구의 이야기를 한다. 이야기에 앞서 그는 이렇게 말한다.

> 약간은 멋지지만 계속하여 고립된 삶을 살아가는 것은 건강하지 않다. 우리의 삶이 이야기가 되지 않는다면 인생을 살아갈 방법은 없다. … 이것이 바로 우리 셋이 일상의 삶을 뒤로하고 사막에 들어온 이유라는 것을 알고

있다. 그 과정에서 이야기를 하고 그 이야기를 가치 있게 만들 것이다.¹

1. 새로운 거대 담론(Metanarrative)에 대한 탐구

근대성에 대한 조망의 중심이 추상적이듯, 의미에 대한 현대적 탐구의 중심은 이야기다. 더욱이 리오타드(Jean-Francois Lyotard) 같은 철학자들이 탈근대성(post-modernity)을 '거대 담론에 대한 회의'²라고 주장했을지라도, 대중문화의 증거는 이런 개념을 획일적으로 지지하지 않는다.³ 문화 변화에도 아랑곳없이 새로운 삶의 방식을 발견하려는 시도로 묘사되는 대중적이며 사회학적 현상으로서 탈근대성이 필연적인 이념적 조망으로서의 탈근대주의(post-modernism) 교리로 신봉되지 않은 위치들 가운데 하나일 것이다.⁴

이에 대한 확실한 예로서, 우리는 모든 것을 아우르는 설명에 도움이 되는 것이 권력이라는 확신과 함께 국제 정치 외교 분야가 단지 냉전 이후의 거대 담론에 '인권' 개념을 제시했다는 점을 살펴볼 필요가 있다. 그런 확신이 현재 인류에게 자명한 보편적 기준인지에 대한 질문을 계속하여 제기하는 서구 정치인들은 세계 지배를 위한 합법적 수단으로서 그것을 지속적으로 적용하고 있다.⁵ 또한, 모든 것에 의미를 부여할 수 있는 하나의

---

1 Douglas Coupland, *Generation X* (New York: St Martin's Press, 1991), 8. 물론 쿠플랜드만이 이런 확신을 갖고 있는 사람은 아니다. 예컨대, 의사 전달 전문가인 W. R. 피셔가 자신의 책에서 주장하는 것처럼 기본적으로 모든 형태의 인간 의사 전달은 이야기로 간주되어야 한다는 것이다. *Human Communication as Narration: Toward a Philosophy of Reason, Value, and Action* (Columbia SC: University Press, 1987), 2.
2 *The Postmodern Condition* (Minneapolis: University of Minnesota Press, 1993), xxiv.
3 이어지는 논의의 많은 부분에서 나는 킴벌리 태커(Kimberly Thacker)의 리서치에서 도움을 받았다. 그는 내가 1999년 가을학기 캘리포니아주 파사데나에 있는 풀러신학대학원에서 박사 과정 세미나를 인도할 때 학생이었다.
4 그 차이들에 관한 논의에 대해서는 내 책, *Cultural Change and Biblical Faith* (Carlisle: Paternoster Press, 2000), 94-95를 보라.
5 이 가정에 대한 비판에 대해서는 Ziauddin Sarder, *Postmodernism and the Other* (New

포괄적인 이야기가 존재한다는 생각은 대중문화에 널리 퍼져 있다.

제임스 레드필드(James Redfield)의 『천상의 예언』(*The Celestine Prophecy*)은 1990년대에 걸쳐 대중적 영성에 대해 가장 광범위하게 논의된 자료들 가운데 하나였으며 계속하여 영향을 미치고 있다. 이 책의 서문에서 저자는 세계와 인간 존재의 모든 양상을 설명할 수 있으며 행위 지침과 방향을 제공할 수 있는 진리 구조로 만들어진 하나의 신념들의 집합으로서 거대 담론이 무엇인지를 분명하게 설명하며 행동을 위한 안내 지침과 방향을 제공한다.

> 우리는 삶이 실제로 개인적이고 매혹적인 영적 개방에 관한 것이라고 안다. … 우리가 무엇이 일어나고 있으며 어떻게 종잡을 수 없는 과정에 관여하고 우리의 삶에 그 상황을 극대화하는 방법을 이해할 때, 인간 사회는 전혀 새로운 삶의 방식으로 비약할 것이며—우리의 최상의 전통을 실현하는 것—모든 역사의 목표인 문화를 창조한다는 것을 알고 있다. … 다음의 이야기는 이런 새로운 이해로 제공된다. … 우리들 중 누군가가 해야 하는 것은 충분히 우리의 의심과 산만함을 유보하는 것이다. … 그리고 기적적으로 이것은 우리 자신의 현실일 수 있다. 나중에 등장인물들 가운데 하나가 말한다. 가장 중요한 것은 우리가 이런 삶의 이야기라는 진리를 본다는 것이다. 우리는 통제를 위해 개인적 왕국을 건설하는 것이 아니라 진화하려고 지구상에 존재하는 것이다.[6]

수많은 뉴에이지 영성에서도 이와 동일한 성격을 확인할 수 있다. 실로 뉴에이지운동을 대중적으로 만든 핵심은 뉴에이지가 거대 담론을 갖고 있지 않은 것이 아니라, 서구가 전통적으로 품어 온 근대성의 거대 담론을 지배한 배타성, 계층 구조 그리고 합리성보다는 우선적으로 보편주의, 다

York: Pluto Press, 1998), 44-84를 보라.
6 James Redfield, *The Celestine Prophecy* (New York: Warner, 1993), 226-227.

원주의, 관용, 개인의 선택, 신비와 모호성과 같은 것들을 제공한다는 바로 그 점이다. 더욱이 탈근대적 이념의 중심 가정들 가운데 하나와는 반대로, 탈근대적 인간은 절대적 진리를 믿는다.

그러나 그것은 자유, 개인주의, 진정성, 관용, 자연의 중요성, 영적 관계의 가치 그리고 사람들이 자신 외에 타자들을 섬겨야 하는 신념 같은 특정 가치들로서 진리 구조라 불릴 수 있는 것과는 무관한 구체화된 진리다. 본질적으로 탈근대성은 응집된 세계관과는 달리 근대성에 대한 동떨어진 반응이라는 측면에서 가장 정확하게 정의된다.[7] 만일 근대성이 너무 과학적이고 합리적이며 논리적이고 지나치게 서구 중심적이고 개인주의적이며 신비적이고 영적 측면을 무시하며 절대적 진리에 대한 견해를 제국주의적으로 강요하는 것으로 드러났다면, 탈근대적 문화는 그런 신념들에 대한 반명제를 지지한다. 따라서 탈근대적 문화는 다원주의와 관용성, 삶의 가치 있는 일부로서 신비한 것에 대한 개방성, 직관의 중요성에 대한 인식, 감정과 경험적 현실과 영성에 대한 서구적 모델들뿐 아니라 동양적 모델들, 동시에 개인주의와 함께 관계성 그리고 주관적 진리에 대한 신념을 강조하는 인간과 세계에 대한 총체적 관점을 중시한다.[8]

쿠플랜드는 『죽은 자들의 폴라로이드 사진』(*Polaroids from the Dead*)에서 보편적 기준을 수용하는 좋은 사례를 반복하여 제시한다. 그 책에서 그는 등장인물들 가운데 한 인물을 회상한다.

---

7 스탠리 그렌츠(Stanley J. Grenz)는 다음의 고찰을 통해 탈근대주의의 역설을 매우 적절하게 포착한다. '그것이 무엇이든 … 탈근대주의는 근대주의를 넘어서려는 탐구이다. 특히, 탈근대주의는 근대적 사고방식에 대한 거부지만 근대성의 상황 가운데 이루어진다. 그러므로 탈근대적 사고에 대해 이해하기 위해 우리는 Dockery S. (ed.), *The Challenge of Postmodernism: An Evangelical Engagement* (Grand Rapids: Baker, 1995), 90에서 도커리가 지적한 바와 같이 탈근대주의가 탄생하고 반작용하는 근대 세계에서 탈근대주의를 조망해야 한다.'

8 세계에 대해 새로운 이해를 원하는 사람들이 추상적인 이론화의 지배에 대해 도전을 제기하는 방식에 관해서는 N. K. Denzin, "The Sociological Imagination Revised", in *The Sociological Quarterly* 31 (1990), 1-22; S. Seidman, "The End of Sociological Theory: the Postmodern Hope", in *Sociological Theory* 9/2 (1991), 131-146을 보라.

만일 오늘이 내 삶의 마지막이라면, 내가 어떻게 평가될 것인지 궁금합니다.
나는 좋은 사람이었는지?
아니면 나쁜 사람이었는지?[9]

어떤 의미에서 이것은 불명확한 수사학적 질문이지만, 그럼에도 이 질문은 많은 사람이 지지하는 신념을 보여 준다. 비록 그것이 무엇인지 우리가 정확하게 확신할 수는 없음에도 불구하고, 이 질문에는 좋고 나쁨에 대한 절대적 기준들이 있다. 놀랍게도 쿠플랜드의 소설에 나오는 등장인물들은 이론적으로 거대 담론에 의해 지탱되는 절대적 기준을 믿지 않는 것 같은 사람들에 대해 일관적으로 단정적인 태도를 보여 준다. 그들은 피상적이며, 경솔하게 소비하고, 환경을 돌보지 않거나 우수한 지식을 자랑하는 사람들을 자주 비판한다. 더욱이 이 현상은 가상적인 삶에 한정되는 것이 아니라, 우리가 거대 담론에 함축된 절대적 기준에 관한 실질적인 질문들을 다룬다는 면에서 매우 특별한 위치를 점유할 수 있다.

'문화 상대주의와 인권'(Cultural Relativism and Human Rights)에 관한 최근의 글은 이 현상에 대해 다음과 같이 말한다.

> 상이한 문화적 배경을 갖고 있는 분별 있는 사람들이 특정 제도들이나 문화적 관습들이 해를 끼친다는 것에 동의할 때, 문화상대주의의 도덕적 중립성은 유보되어야 한다. … 우리는 공유된 인류라는 차원에서 특정 시대의 문화상대주의를 대체해야 하는 도덕 구조를 발전시켜야 하는 과제로서 가치중립적 사회 과학의 개념을 넘어섰다. … [이것은] 전 세계의 다양성을 연구하고 확증하는 지속적인 가치를 감소시키는 것이 아니다. … 문화상대주의 때문에 판단을 중지하거나 유보하는 것은 지적이고 도덕적으로 무책임한 것이다.[10]

---

9 Douglas Coupland, *Polaroids from the Dead* (London: HarperCollins, 1996), 108.
10 Fluehr-Lobban, "Cultural Relativism and Human Rights", in *AuthroNotes* 20/2 (Winter

미국 잡지 「스콜라스틱 인스트럭터」(Scholastic Instructor)의 한 기고문에는 용기, 충성, 정의, 존경, 희망, 정직, 사랑이라는 일곱 개의 보편적 가치들을 제시하기 위해 다양한 문화적 배경을 갖고 있는 어린이들의 이야기를 사용하는 '하트우드 프로그램'(The Heartwood Program)에 대한 설명과 함께 이야기와 보편적 가치들 간의 불가결한 연관성을 강조한다.[11]

부상하는 탈근대적 문화에 대한 연구에서 월터 앤더슨(Walter Truett Anderson)은 10년 앞서 동일한 연관성을 다음과 같이 강조했다.

> 관용 정신을 개발하는 것은 우리 모두의 가치와 신념에 대한 관점으로서 이야기들 중 한 이야기를 개발하는 것이다. 우리에게 건전한 환경 보호와 인권에 대한 존중이 필요한 만큼 현재 우리는 한 이야기가 절실하게 필요하다.[12]

이야기의 점증하는 인기는—다양한 미디어 매체를 통해 회자되는—확실히 드러난다. 이야기는 고통과 혼란의 순간에도 사람들의 삶을 표현하므로 그들에게 일종의 매개체를 제공한다. 한 장르로서 이야기는 분리된 합리적 설명이 할 수 있는 것보다 훨씬 더 쉽게 깊은 통찰과 감정에 대한 명확한 설명을 용이하게 한다.

오늘날 많은 사람에게 음악은 삶의 의미를 위한 근원적 내러티브를 제공하는 이야기다. 사람들이 미국의 커피숍이나 영국의 술집에서 오고가는 끊임없는 대화들 안에서 삶의 의미를 발견하는 반면, 어떤 사람들은 할리우드에서 제작되는 영화들을 통해서 삶의 의미를 발견한다. 그러나 이야기가 우리에게 다가오면, 이야기는 지대한 도전과 삶의 방식의 변화를 위한 강력한 매개체가 될 수 있다.

1998), 16-17.
11 "Character makes a comeback", in *Scholastic Instructor* (October 1999), 25.
12 Walter Truett Anderson, *Reality Isn't What It Used To Be* (San Francisco: HarperSanFracisco, 1990), 267.

그 이상의 급진적인 활동은 존재하지 않는다.¹³

그러나 위험성은, 우리의 삶에 영향을 미치는 소비주의가 낳는 엉터리 내러티브들을 우리가 허용한다는 점인데, 참된 지혜의 담보는 소비주의라는 엉터리 이야기 가운데서 일시적인 선택과 기분 좋은 경험으로 대체될 것이다. 주로 사람들이 어떤 스타일의 옷을 입고, 어떤 음료를 마시며, 어떤 의복 패션이나 음료수, 혹은 자가용을 통해 자신의 정체성을 확인하듯이, 우리는 주변에서 이런 이야기의 영향력을 목격하고 있다. 이런 종류의 이야기는 공동체를 형성하는 능력이 부족할 뿐 아니라, 최악의 경우에는 개인주의를 조장하고 그것이 초래하는 파괴적 형태를 부추길 수도 있다. 만일 우리에게 유일하게 유효한 것이 파편화되고 무의미한 이야기라면, 우리는 불가피하게 의미 없는 존재가 되며 파편화된 존재가 될 것이다.

너무 자주 우리는 기독교의 거대 담론을 파괴하고 더 나아가 소비주의의 필요를 채우고 그것에 의해 생성된 맥도날드화된 신화로 거대 담론을 대체하는 특정 미디어 매체들의 거대한 도전에 직면해서 주변으로 밀려나 단순한 관망자가 되는 것에 만족한 것처럼 보인다. 그럼에도 이런 상황에서 그리스도인들은 사람들에게 무엇인가 말해야 한다. 나는 캘리포니아에서 이 책을 저술하는 동안 이에 대한 확고한 사례를 찾았다.

1999년 성탄절 기간에 나는 외형적으로만 성탄절을 주제로 하는 두 개의 '쇼'를 관람했다. 하나는 디즈니랜드를 방문한 것이었다. 전에 디즈니랜드를 방문했기에, 비록 디즈니랜드가 현실도피적이고 상업화되었으며—가장 정확한 용어로는—맥도날드화된 것임을 알았지만, 다른 대다수의 관람객처럼 즐겼다.¹⁴

---

13 Tex Sample, *Ministry in an Oral Culture* (Louisville: Westminster John Knox Press, 1994), 62.
14 인격적 모호함에 대한 동일한 느낌을 정확하게 강조하는 유사한 인식에 대해서는 Alan Bryman, "Theme Parks and McDonaldization", in Barry Smart (ed.), *Resisting McDonaldization* (Thousand Oaks CA: Sage 1999), 101-115를 참조하라.

그러나 성탄절에 디즈니랜드를 방문하는 것은 여름에 방문하는 것과는 아주 달랐는데, 본래 성탄절 분위기에 걸맞게 분장한 디즈니 캐릭터들의 공허하고 위선적인 공연은 내가 예상했던 것보다 큰 인상을 남겼다. 비록 성탄절에 가식적인 것을 피하려고 했을지라도(미국 문화의 공통적인 현상으로서 종교적인 것을 이용하여 무엇이든 해 보려는 시민적 편집증[paranoia]으로 성탄 시즌은 획일적으로 '공휴일'이 되었다), 유명한 메인 스트리트 퍼레이드(Main Street parade)의 클라이맥스에서 산타는 청중들에게 '여러분은 성탄절의 정신을 믿습니까?'라고 물었다. 비록 내가 그 퍼레이드에 휩쓸려 들어가 박수치는 것을 이상하게 생각하면서도, 물론 우리 모두는 긍정적인 소리를 외쳤을 것이다.

디즈니랜드에는 우리 모두를 기분 좋게 만드는 거대 담론 같은 것을 엮어 내려는 어떤 시도가 분명히 있었지만, 그것은 <알라딘>, <백설 공주와 일곱 난장이>, <라이언 킹>, <이상한 나라의 엘리스> 그리고 디즈니 영화, 테마 파크와 연관된 다른 전통적 이야기 부스러기들에서 나온 기묘한 모방과 짜깁기된 작품들로 구성되었다. 그것은 기껏해야 새로운 거대 담론을 만들어 내는데 있어서 분열되고 불만족스러운 노력일 뿐이다.

또한, 그것이 디즈니 제국에만 국한되는 것은 아니다. 왜냐하면, 그런 현상은 오늘날 전 세계 곳곳에서 일어나는 것으로서 대부분의 서구 세계를 통해 수용되고 촉진되는 것처럼 보이는 성탄절 이야기의 일종이기 때문이다. 그러나 주요 기독교 축제를 재정의하려는 그런 노력들에 대해 퍼부을 수 있는 비판들에도 불구하고, 이 모든 것의 배후에는 여전히 선과 악의 속성과 만물의 의미에 관한 고유한 영적 질문이 존재한다.

우리는 그리스도인으로서 단지 영적 의미를 파악하려는 막연한 노력을 통해 인간적이고 우주적 차원을 담고 있는 전통적 거대 담론을 대체할 수 있는 탈근대성의 문화적 음모를 받아들일 충분한 준비가 되었는가?

대조적으로 같은 성탄 시즌에 나는 수정교회(Crystal Cathedral, 미국 개혁교회의 분파로서 로버트 슐러 목사가 시무했던 교회-역자 주)에서 <성탄절의 영

광>(The Glory of Christmas)이라는 공연을 참관했는데, 수정교회는 매번 내가 그곳에 있다는 것을 고맙게 여긴 (남부 캘리포니아) 교회 문화에서 복음의 창의적 상황화를 그대로 보여 준 교회였다. 디즈니랜드에서 단지 몇 블럭 떨어진 곳에 있는 수정교회는 내가 지금껏 본 기독교의 거대 담론을 가장 인상적으로 진술하는 교회들 가운데 하나였다.

더욱이 이 둘 간의 상반되는 점과 연관성에 관해 숙고하면서, 나는 새롭게 부상하는 '세속적' 거대 담론들에 의해 수렴되는 가치들이 빈번히 기독교 이야기에 근거하고 있다는 것에 충격받았다. 그리고 나는 기독교 이야기가 새로운 세대와 그 이야기를 공유하는 우리의 주저함이나 무능력, 즉 어떻게든 우리의 삶에 초래하는 비평 가운데 살아가기 위한 우리 자신의 무능력을 의아해하기 시작했다.

그들은 제6장에서 언급한 참신한 기독교의 거대 담론을 들어야 하는 탈교회화된 사람들(unchurched people)이 아니라, 특히 교회 안에 있는 우리를 포함하여 우리가 믿는다고 주장하는 중심 주제들을 부인하며 살아가고 예배하며 증언하는 것을 너무 행복하게 여기는 것처럼 보이는 우리들 모두다. 이런 상황에서 이 시대에 가장 필요한 것들 가운데 하나는, 우리가 세상뿐 아니라 우리 자신을 위해서 그 이야기를 말하는 것이다.

2. 구술, 독해, 합리성 그리고 성경

성경 자체는 종교 관련 문헌 분야에서 거의 독보적이다. 왜냐하면, 성경은 추상적인 철학적, 종교적 개념이 아니라 이야기로 구성되어 있기 때문이다. 성경은 하나의 거대한 이야기며, 그렇지 않은 부분들(구약성경의 율법 규정과 같은)은 본질적 배경이 되는 정보를 제공해 주므로 우리가 보다 쉽게 그 이야기의 본질을 인식할 수 있도록 배열된 것이다.

더욱이 성경은 단순히 고정된 종류의 이야기가 아니라, 고대 이스라엘 후손들에게 반복된 조상들의 전통들이든 초기 기독교 공동체 안에 구전으로 회자된 예수님에 관한 내러티브이든 그 자체로 계속하여 회자되고 반복적으로 진술된 이야기들의 최종 산물이다.

더글라스 애덤스(Douglas Adams)가 '할아버지의 이야기'로서 성경 내러티브에 대한 논의에서 보여 주었듯이,[15] 지루하고 마음에 감동을 주지 않을 것처럼 보일 수도 있는 그 이야기들의 일부분조차도 책장을 넘기면서 그 이야기가 이야기로 처음 들려질 때 모두에게 생명을 준 바로 그 구절들이 될 수도 있었을 것이다.

우리에게 전해진 성경 해석이 '순수 이성'으로 알려진 파악하기 힘든 개념 숭배에 근거한 계몽주의적 방법론의 산물이기 때문에, 대개 신학적 석의가 이야기 형태를 무시해 왔으며 이야기들이 단지 주변적이며 '실제적인 사물'은 지적인 추상 개념에서 발견된다는 인상을 만들었다는 것에 대해 누구도 놀라지 않는 것이 당연하다. 그것이, 이전 세대의 신학자들이 현재 우리가 '조직신학'으로 인정하고 있는 범주로 이야기를 번역하는 것이 시간 낭비였다는 것을 말하는 것은 아니다. 분리된 합리성이 높이 평가되고 헬라 철학의 접근을 통해 다른 문화적 배경을 갖고 있는 사람들이 이야기하고 이해하는 공통적인 사상적 형태들과 표현들을 만들어 냈던 세계에서, 그 이야기에서 나온 보편적 원리들을 추론하는 것은 기독교 신앙을 상황화하는 자연적이며 불가결한 일부였다.

그러나 이야기를 원리로 체계화하는 어떤 것도 항상 임의적인 상태로 남을 것이다. 왜냐하면, 어느 순간이라도 이야기는 시대에 따라 어떤 사상의 형태가 될 수 있으며, 그것들은 불가불 제한되고 시간의 제약을 받게 될 것이기 때문이다. 더욱이 개념에 대한 모든 체계적 표현은 어떤 면에서

---

15 Douglas Adams, *The Prostitute in the Family Tree* (Louisville: Westminster John Knox Press, 1997), 1-11을 참조하라.

상이한 가정들과 철학적 출발점들로 시작하는 다른 표현들과 격리되었다. 기껏해야 그것들은 큰 그림의 일부가 될 수 있을 뿐이다.

계몽주의적 합의의 몰락은 그런 현실을 강조했으며, 현재 우리는 역사적으로 (대개 근대성의 배후의 영감인) 헬라 철학적인 담론의 범주들이 대체로 실재를 이해하는 가능한 많은 방법 가운데 단지 한 방법이었다는 것을 인식한다(두 번째 요점을 먼저 고려한다면). 전통적인 서구적 개념들을 인도의 고대 세계관과 연관시켜 말하려고 애써 왔던 어느 누구도 어떤 제3의 해석학적 범주를 창안하지 않고 그렇게 하려는 시도가 불가능한 과제라는 것을 깨닫게 될 것이다. 비록 양 문화의 종교 교사들이 삶의 의미에 대해 동일한 근원적 질문들을 제기하고 있었다고 할지라도, 대답들을 제공하면서 그들은 같은 언어로 말하고 있지 않았다.

그런 차이는 매우 쉽게 인식될 수 있기 때문에, 그리스도인들은 물려받은 신념들을 다른 민족 문화의 사상 세계들로 재상황화시키는 적절한 단계들을—밟으며—밟을 수 있다. 그러나 기독교 신앙의 전통적 공식들과 서구의 부상하는 문화 간의 간극이 적어도 현재는 크기 때문에, 만일 우리의 메시지가 이해되고 거부되거나 수용되는 것은 고사하고 제대로 들려지려면 동일한 재상황화를 요구한다는 것을 인식하는 것이 더욱 어렵다는 것을 발견한다. 탈근대적 상황에서 어떤 것을 철학적 추상 개념으로 명확하게 설명할 수 있는 공유된 범주들이 점점 더 축소된다. 이런 상황에서 우리는 점점 더 서로 의사소통을 하려고 구술 문화의 특징들로 회귀하고 있다. 이런 상황에서 우리는 직선적 논리의 수단으로 사물들을 이해하는 것이 아니라, 이야기와 공유된 경험, 그리고 관계를 통해 사물을 이해한다. 다시 말하자면, 이야기는 필연적으로 의미를 위한 주요 매개체가 되었다.

비록 이야기 형태의 가치를 인정했던 학자들조차 일반적으로 단순히 이야기를 듣는 것에 만족하지 않고, 그 대신 명제적 근대성의 분석적 개념들을 탈근대적 해체와 기호학적 분석의 명제적 세계에서 얻은 묘안들로 대체했다 할지라도, 신학은 지금까지 이 모든 것에 대해 입에 발린 말을 했다.[16] 고작 명제적 개념들을 묘사하는 데 도움을 주는 이야기는 신학의 수치인 것처럼 보인다.

그러나 탈근대적 문화적 상황에서 선교적 관점에서 그런 견해는 잘못된 것으로 알려지고 있는데, 클락 피녹(Clark Pinnock)은 '우리는 이야기를 파괴하는 이단을 재정의하고 이야기를 살아 있게 하며 이야기를 하는 새로운 방법을 고안하는 신학으로서 정통주의를 재정의해야 한다'[17]라고 타당한 제안을 한다. 이야기는 항상 응답을 불러일으키기 때문에 선교에서 이야기가 중요한 이유는 명백하다. 이야기는 우리를 그 속으로 끌어들이는데, 그 이야기가 우리 자신의 이야기에 영향을 주지 않거나 우리의 이야기가 되지 않고서는 이야기를 읽거나 듣는 것이 불가능하다.

본문(text)을 이해하기 위해 우리가 본문 밖에 서 있어야 한다는 계몽주의의 개념은, 결코 보편적 진리에 대한 비합리적인 주장을 부여하는 일시적 견해들 이상의 것이 될 수 없을 뿐 아니라, 인간 변혁을 위한 매개체로서 교회의 전통적 이야기들 안에 나타난 교회의 확신을 손상시키키도록 여러 세대의 학자를 고취했다. 탈근대적 선교의 효과를 위해 우리는 그런 경향을 뒤엎어야 한다.

오늘날 다원적 세계는 신약 시대와 매우 많은 유사성을 갖고 있는데, 그 유사성들 가운데 몇몇은 매우 특정한 것들로서, 예를 들면 뉴에이지운동에 나타나는 영지주의와 같은 운동의 유행이다. 우리는 초대 교회 그리스도인들이 살던 다원적 세계에서 차이를 만든 것은 이야기와 공동체였다는 것을 잘 기억해야 한다. 실제로 기독교 신앙은 이야기로 시작되었다. 실로

---

16 이런 경향에 대한 특정 실례들을 뽑아내는 것은 약간 불쾌하기는 하지만, 내가 말하는 것은 다음 문헌들에 잘 설명되어 있다. Walter Vogels, *Reading and Preaching the Bible: a New Semiotic Approach* (Wilmington DE: Michael Glazier, 1986); Mark L. Wallace, *The Second Naiveté: Barth, Ricoeur, and the New Yale Theology* (Macon GA: Mercer University Press, 1990); James W. Voelz, *What does this Mean? Principles of Biblical Interpretation in the Post-Modern World* (Saint Louis: Concordia Publishing House, 1995).

17 Clark Pinnock, *Tracking the Maze* (San Francisco: Harper & Row, 1990), 183

예수님이 말씀하신 이야기들과 제자들이 예수님에 관해 말한 이야기들이 신약성경 복음서들에 다양한 형태로 보존되어 온 방식들은 복음서들이 복음을 상황화하는 수단이었고, 다양한 복음 전파의 상황에 적응했던 것처럼, 모든 복음서는 반복적으로 초대 교회의 삶의 다양한 상황들 가운데 기록되었다는 것을 가리킨다.

한 초기 양식 비평학자는 이야기가 첫 그리스도인들의 선교와 예배에 핵심이었다고 주장했는데, 그는 스토리텔러가 갖고 있는 특수한 소명으로서 은사는 사도, 교사, 치유자 등과 동등하게 여겨졌다고 믿었다.[18] 분명히 예수님은 이야기에서 영적 가르침을 위한 자연적 매개체를 발견했다. 왜냐하면, 이야기들은 오랫동안 유대 문화에서 그 목적에 이바지해 왔기 때문이다. 그러나 의사소통 스타일로써 이야기하고 듣는 것을 통해 예수님은 추상적 명제로는 결코 할 수 없는 하나님에 관해 말하기 원하는 양상들을 구현했다. 이야기는 일상의 경험을 반영하고 통합할 수 있기에 형이상학적이라기보다 인격적 본질을 갖고 계신 하나님에 대해 말하는 데 더 적합했다.

'이야기 석의'(story exegesis)라는 흥미로운 글에서 칼 알머딩(Karl E. Armerding)은 이야기로서 성경을 듣는 6가지 장점들을 강조한다(내가 제안하는 것은 이것이 반드시 이야기로서 성경을 읽는 것과 같을 필요는 없다는 것이다).[19] 내가 아는 한, 비록 알머딩이 어떤 특정한 선교학적 목적을 고려하여 이 글을 쓴 것은 아닐지라도, 그의 관점들은 탈근대적 인간의 관심과 얼마나 연관되는지를 뚜렷하게 보여 준다.

---

18 Martin Dibelius, *From Tradition to Gospel* (New York: Scribner, 1931), 70(1919년 독일어로 처음 출판됨).
19 Carl E. Armerding, "Faith and Story in Old Testament Study: Story Exegesis", in Philip E. Satterthwaite and David F. Wright, *A Pathway into the Holy Scripture* (Grand Rapids: Eerdmans, 1994), 31-49.

1) 성경을 이야기로 활용하는 것은 모든 학문적 방법에 주의를 기울 인다는 의미지만, 어떤 방법에 전적으로 얽매이는 것은 아니다

순수주의자(purist)에게 이것은 일반적으로 너무 주관주의에 빠지기 쉬운 근대성의 경향을 보이는 절충주의(eclecticism)나 기회주의다. 그러나 다른 많은 출처에서 나온 진정한 통찰들을 확인하고 그것들을 새롭게 종합하려는 관심은 특히 오늘날 영적 탐구자가 자신을 발견하는 방법이다. 조지 바나(George Barna)는 『베이비 버스터스: 환멸을 느끼는 세대』(*Baby Busters: The Disillusioned Generation*)에서 다음의 용어들로 자신의 영적 열망을 묘사하는 21살 리사 베이커의 간증을 인용한다.

> 내가 원하는 모든 것은 현실입니다. … 왜 삶이 그런지, 내가 어떻게 그것을 보다 온전하고 큰 기쁨으로 경험할 수 있는지 이해하도록 도와주세요. 나는 공허한 약속들을 원치 않습니다. 나는 그 진리의 구조를 발견할 수 있는 곳이라면 어디든지 갈 것입니다.[20]

영성에 대해 혼합적인 접근처럼 보일 수 있는 것을 간단히 처리해 버리기는 쉬우며, 비록 임의적인 방법으로 선택의 자유를 사용하는 사람이 있을지라도, 그 사실들을 인정하는 것보다 모든 영적 탐구자가 그 범주에 속한다고 추측하는 것은 더욱 냉소적이다.

---

20 George Barna, *Baby Busters: The Disillusioned Generation* (Chicago: Norhfield, 1994), 93.

2) 성경을 이야기로 접근하는 것은 성경의 잠재적 의미를 미리 판단하거나 본문을 해체하는 것이 아니라 본문 자체의 완전함을 존중한다는 것이다

근대성의 방법론에 대해 쏟아진 주요 비평은 환원주의적 태도로 본문을 조각내려는 경향과 연관된다. 물론 그 방법론은 뉴턴과 데카르트의 과학적 세계관에서 고유한 것이었으며, 사물을 이해하는 유일한 방법은 사물을 구성하는 요소들로 환원하는 것이었다. 이런 근대적 세계관은 천연자원을 무관심하게 착취하는 데 기여한 주요 요소였으며, 우주란 단지 부분의 집합 이상이라는 사실을 (너무 늦게) 깨달은 것은 20세기 중반이 되어서였다.

관습적인 서구 의학 역시 동일하게 맹목적인 방향으로 발전되었는데, 서구 의학은 인간 존재가 살아 있는 기계일 뿐 아니라 느낌과 감정 그리고 인간의 복지에 중대한 영향을 미치는 관계와 개인적인 역사를 갖고 있다는 (전 인류에게 명백한) 인식과 함께 오늘날에야 회복되기 시작했다. 탈근대적 인간이 삶의 도전에 대한 총체적 해결을 강조하고 선호하는 것은 이런 실수들을 우려하는 것과 연관된다.

그러나 성경을 이해하는 우리의 전통적 방식은 현재 매우 부적절한 것으로 여겨지며 동일한 환원주의적 모델에 의존한다.

> 오랫동안 신학자들은 사실적이고 논리적인 일부 성경 본문에 근거한 정확한 방법론에 의거하여 과학자들과 겨루었는데, 과학은 과학적 경쟁의 정점에서 신비로 돌아가고 있으며 … 성경을 추상적인 것으로 만들며 설교에 주목하는 것보다 하나님에 대한 신비를 발견하려고 애썼다.[21]

---

[21] C. Jeff Woods, *Congregational Megatrends* (Bethseda MD: Alban Institute, 1996), 91.

이런 관심을 제기하는 일련의 방법은 이야기로서 성경의 가치를 원상회복하는 것이다.

3) 이야기는 영적이고 초자연적인 존재와 연관된 개방된 질문들을 제기한다. 이야기는 종종 예측할 수 없고 설명할 수 없는 것들로 가득 차 있다

그리고 이야기는 고대의 요정 이야기들뿐 아니라 (더욱 두드러지게) 할리우드 영화에 나오는 이야기들에도 적용된다. 현재 우리가 하는 이야기에서 천사, 영적 존재, UFO, 다른 행성에서 온 방문객 그리고 대안적인 차원의 존재들의 특이하고도 모호한 영향 전반에 걸쳐 아주 흔하게 나타난다.

현대 문화에 살고 있는 어떤 사람도 이모저모로 그런 존재들과 조우할 수 있었다. 심령술에 대한 지대한 관심, 트럼프를 사용한 해석(혹은 해몽), 메시지를 전달하는 매개체로서 우주인과 영매—소위 '대체' 요법에 관한 지대한 관심은 말할 것도 없고—에 대한 관심은 우리 자신을 초월하여 고통스러운 세상에 구속을 가져올 수 있는 어떤 물체나 사람들을 파악하려는 동일한 관심에서 나온다. 아마도 우리 중 대다수는 근대성이 확실성을 규정할 수 있다고 생각한다는 점에서, 이 모든 것의 실재를 전부 확신하지 않을 것이다.

그러나 우리는 여전히 그것들이 우리에게 제시하는 것에 대해 '만일 그렇다면'이라는 시나리오에 의해 매혹된다. 내가 제6장에서 세속주의자들이 대개 이 모든 것을 소박한 희망 사항으로 치부해 버리고, 우리가 파악한 것처럼 문명의 잠재적 분열과 우리 자신에게서 우리를 구원할 공공 정책을 지속적으로 입안하기 위해 그들과 같은 엘리트를 필요로 한다는 증거로 그런 매개체를 더욱 강조할 것이다.

그러나 그 매개체가 무엇이든 그런 요소들을 포함하는 이야기를 듣고 말하는 것에 대한 새로운 관심은 '단순히 순진함의 부활이 아니라 계몽주의 사고가 소멸시키려 했지만 제거할 수 없었던 실재에 대한 갈망의 재각성'[22] 현상으로 영적 존재와의 생생한 연결을 진정으로 열망하는 경향과 적절히 연관될 수도 있을 것이다. 이런 상황에서 우리는 이야기가 호세아 12:10에서 (말씀과 신비와 드라마로) 확인한 예언자적 증언의 세 가지 특성들을 포함한다는 것에 주목해야 한다.

4) 이야기는 전반적인 인간 경험을 강조하기 때문에 우리가 매순간 이야기와 실존적으로 만날 때, 이야기는 직접 우리의 삶의 관심사에 대해 말한다

특히 이야기는 삶을 인지적, 정서적, 관계적 등의 범주로 나누지 않는다. 윌리엄 바우쉬(William J. Bausch)는 이에 대해 이렇게 표현한다.

> 명제는 한 페이지 위에 기록된 진술이지만, 이야기는 삶에서 일어나는 사건들이다. 교리는 본문의 자료지만 이야기는 삶의 내용이다. … 신학은 한 사건에 대한 이차적인 숙고지만, 이야기는 그 사건에 대해 말로 표현할 수 없는 첫 번째 음성이다.[23]

우리의 감정의 치유는 오늘날 가장 절실한 필요들 가운데 하나이며, 이야기는 다루기에는 너무 고통스러울 수도 있는 그런 관심들을 제기하는 일련의 수단이 될 수 있다. 이에 대한 탁월한 사례는 유대인 스토리텔러인 엘리 위젤(Elie Wiesel)이 악을 인식하지만 악에 직면하고 대항하여 유대인 대학살(Holocaust)의 공포를 다뤘던 방식이다.[24] 그러나 우리 모두는 일상

---

22 Armerding, "Faith and Story in Old Testament Study", 47.
23 William J. Bausch, *Storytelling, Imagination and Faith* (Mystic CT: Twenty-Third Publications, 1984), 28.
24 다음 문헌을 참조하라. Elie Wiesel et al, *Dimensions of the Holocaust* (Evanston IL: North-

적인 분노와 연관된 것이든 사랑하는 사람들의 죽음이나 관계의 분열 같은 중대한 위기들이든 혼란스러운 감정들을 다루려는 매개체로 이야기를 사용한다. 부모는 산만한 아이가 종종 이야기를 듣고 침착해지고 조용해질 수 있다는 것을 떠올릴 것이다. 이야기는 혼돈의 시기뿐 아니라 환희의 순간에도 우리가 누구인지 규명해 준다.

근대적 패러다임은 상상력이란 덜 실제적이며 완전히 오해의 소지가 될 수도 있다고 주장했는데, 이야기는 서구인들이 문제로 여기는 상상의 세계로 우리를 초대하여 우리의 정체성을 확인해 준다. 그도 그럴 것이, 인간의 성숙함이 인간의 좌뇌가 지배하는 능력으로만 규정되며 상상력을 필요로 하지 않고 다만 인지적인 능력을 소유한 사람을 성인이라고 규정할 때, 우리 중 상당수는 정체성을 찾는 데 어려움을 느끼고 큰 고통을 겪는다.

이런 이론의 일부는 역사적으로 남성 중심적인 지배적 사고방식에 기인하며, 부분적으로는 가부장적 가치들에 의해 형성된 문화에서 오늘날 스토리텔링에 대한 고조되는 관심이 여성적 가치들을 탐구하고자 하는 동기에서 나왔다고 볼 수 있다. 이유야 어찌됐든, 인간 창조에 대한 총체적 관점을 상실할 때, 우리는 심리적 충격을 받고 복음의 중요한 양상들을 거부한다. 우리는 하나님이 주신 은사로서 상상력에 대한 재발견을 통해서 회복하는 데 도움을 받는다.

> 상상력은 우리가 다양한 차원들과 색조로 구성된 진리 가운데 살아가며 안개와 신비로 가득 찬 그 진리를 수용하도록 할 수 있다. 또한, 상상력은 우

---

western University, 1977), 5-19에 언급된 "문화적 영감으로서 대학살"에 관한 엘리 위젤의 성찰. 또한, 엘리 위젤이 대학살이라는 주제에 의해 영감받았다고 언급하는 다음 문헌을 참조하라. *Legends of our Time* (New York: Rinehart & Winston, 1968); *The Jews of Silence* (London: Vallentine Mitchell, 1973); *The Town Beyond the Wall* (London: Roboson Books, 1975); *The Gates of the Forest* (New York: Schocen, 1982). 그리고 고통을 다루는 방식으로 이야기의 동일한 현상의 더 최근의 예를 제시하는 내 책 *Cultural change and Biblical Faith*, 87-88과 같은 다른 문헌들을 참조하라.

리가 아직 도래하지 않은 미래의 가능성과 약속에 대해 개방하는 능력이다.[25]

5) 이야기가 문화적 경계선을 넘어가는 것은 매우 쉽다

이 역시 오늘날 절실한 사회적 필요들 가운데 하나인데, 그 이유는 비록 우리가 우리 자신의 문화보다 다른 문화에게 배우는 가치에 대해서 말로만 인정한다고 할지라도, 개인적으로는 아니지만 우리는 여전히 애쓰고 있기 때문이다. 인종 통합은 예수님의 시대에서도 문제였는데, 예수님은 매우 효과적인 타문화의 가치를 알려 주려고 이야기를 사용했다(예. 선한 사마리아인의 비유, 눅 10:29-37). 서로의 이야기를 듣는 것은 사회 변혁의 열쇠다. 그것은 철학적 관점에서 인종차별주의를 공격했을 뿐 아니라, 1960년대에 아프리카인이면서 미국인이 된다는 것이 의미하는 바를 밝히기 위한 기회로서 연설을 사용했던 마틴 루터 킹(Martin Luther King Jr.)의 비밀들 가운데 하나였다.

그것은 어떤 것보다—처음으로—평등을 위한 그의 행진에 참여하려는 온건파 백인들의 마음을 움직였던 것으로, 그의 아이들과 그들의 친구들이 기대했던 것을 배우는 것이었다. 좀 더 많은 사람이 이런 방식으로 이야기를 활용하는 방법을 알았더라면, 아마도 우리가 하는 것보다 더 효과적으로 오늘날의 많은 비타협적 사회적 논쟁을 제기할 수 있었을 것이다.

예컨대 성적 지향(sexual orientation)에 관한 이슈들이 생리학이나 인권에 관한 추상적 관심보다는 게이와 동성연애자들의 개인적 이야기들을 통해 제기되었다면, 그런 사안들에 대한 논의는 다른 차원에 집중했을 것이다. 교회가 사회 과학이나 기업 경영에 도입한 분석적인 원리들을 적용하는 것이 아니라 신앙 공동체와 보다 넓은 지역 상황 가운데 살고 있는 사람들의 이야기를 경청하므로 교회의 삶을 영위하는 방식을 배울 수 있다

---

25 Kathleen R. Fischer, *The Inner Rainbow* (New York: Paulist Press, 1983), 7.

면, 현재 우리가 할 수 있는 것보다 더 큰 복음 전도의 진전을 이룰 수 있을 것이다.

이 원리는 신자들에게 변화를 가져오는 도전적 방법을 배우려고 애쓰는 교회 지도자들에게도 마찬가지일 것이다. 만일 우리가 이들의 다양한 이야기들을 듣거나 그들을 교회 이야기의 연장선상에 두지 않는다면, 건설적인 변화가 어렵다는 것을 발견하게 될 것이다. 왜냐하면, 실제로 교회 문화의 변화는 교회의 이야기를 바꾸는 연습이며, 우리가 변화를 위해 연습하기 전에 그것이 무엇인지를—그리고 그 뉘앙스에 공감하는 것이 무엇인지—알아야 할 필요가 있기 때문이다.

6) 이것은 알머딩이 강조한 마지막 지점으로 우리를 인도하는데, 이야기는 우리를 참여로 초대한다

나는 그것을 '변혁적 참여'(transformational participation)라는 용어로 약간의 변화를 주고 싶다. 이것은 전통이 전해 주는 성경적 형태의 근본적 원리들인데, 성경에 나오는 과거의 이야기는 추상적 사실들의 모음이 아니라—여전히 사문화된 역사적 기억들이 아니라—현재 드러나는 이야기를 조명하고 재형성할 수 있는 생동감 있고 활력적인 이야기다. 이런 연유로 이야기가 다른 사람들과 공유될 때, 진정으로 삶을 변화시키는 이야기가 되며, 이 점에서 예수님은 이야기의 능력을 알고 있는 사람들에 대한 탁월한 실례를 우리에게 제공한다.

내 책에서 나는 복음 전도 과제를 위한 중대한 패러다임으로서[26] 예수님과 우물가의 여인에 대한 이야기(요 4:7-12)를 강조했는데, 그 에피소드에서 나타난 모든 근본적인 역동성은 무엇보다도 예수님이 자신이 이야기를 나누려는 허락을 얻으려고 불가결한 전제로서 그 여인의 이야기를 들었다

---

[26] *Faith in a Changing Culture* (London: HarperCollins, 1997), 2003-2017을 보라.

는 사실이다. 그리고 그것은 예수님이 그 여인의 변화뿐 아니라 그 변화를 확증하고 해방한다는 점에서, 그 여인의 삶의 방식의 변화를 일으키려는 능력을 부여하는 복잡하게 얽힌 두 이야기들에서 나왔다. 이야기와 복음 전도 과제와의 연관성에서 이 이야기의 중요성을 생각해 보자. 그러나 무엇보다 우리는 이 모든 것이 내포하는 신학적 함의들을 숙고할 필요가 있다.

3. 세 개의 연결된 이야기

요컨대 기독교 세계관에는 서로 연결된 세 개의 이야기가 있다. 내 책에서 나는 그 이야기들을 각각 하나님 이야기, 성경 이야기 그리고 개인적 이야기로 이해했으며,[27] 부분적으로 이전에 논의한 내용과의 연속성을 유지하려고 이 용어들을 여기서 사용할 것이다. 왜냐하면, 그 이야기를 묘사하는 더 좋은 방법이 없다고 생각하기 때문이다. 내가 의미하는 하나님 이야기는 매튜 폭스(Matthew Fox)가 '창조 중심의 영성'(creation-centered spirituality)으로 부르는 것으로서 전통적으로 '자연신학'(natural theology)으로 여겨졌다. 그것은 소위 이 세상이 하나님의 세상이므로 우주적인 차원뿐 아니라 개인과 공동체의 삶의 연관성에서 하나님이 세상에서 일하신다는 개념과 그리 크게 다르지 않다.

사람들이 신앙을 갖는 방식에 관한 광범위한 연구에서 존 피니(John Finney)는 그들을 초월한 어떤 다른 차원의 존재로 끌어당기는 외부의 존재에 대한 경험을 갖고 있다는 이유만으로 삶의 영적인 의미를 탐구하기 시작하는 사람들에 대한 작지만 중대한 통계 집단(cohort group)을 확인했다.[28]

---

27 위의 책, 60-68.
28 John Finney, *Finding Faith Today* (Swidon: Bible Society, 1992). 이 책이 근거를 삼고 있는 통계적 증거에 대해서는 Pam Hanley, *Finding Faith Today: the Technical Report* (London: Churches Together in England, 1992).

내가 이 책(이 장!)을 쓰면서도, 내가 만난 적이 없는 30대 중반의 한 여성에게서 전혀 예상치 못한 편지 한통을 받았다. 세속주의자인(제4장에서 언급한 의미) 그녀는 (의학적인 예상과는 반대로) 어떤 질병의 치유를 받았는데, 그 치유는 외부의 초자연적 존재로부터 왔을 수도 있기 때문에 내 책들을 읽기 시작했다고 말했다. 그런 현상을 믿지 않던 그녀는 자신의 손에 심각한 문제가 있었지만, (그녀는 영국 대학교 교수로서 그런 개념들을 잘 알고 있었다) 한 가지 설명만이 가능하다는 결론을 가지고 자신이 알고 있는 한에서 엄격하게 그 모든 것을 시험한 후, 하나님은 반드시 존재하며 알 수 없는 이유들로 인해 하나님이 그녀의 삶에 자비롭게 개입했다는 결론을 내렸다.

그녀는 영적 여정의 발걸음을 내딛으면서 자신에게 일어난 일을 이해하기 위해 도움을 얻으려고 기독교 신앙을 탐구하고 있었다. 나는 구체적이지만 기독교의 계시나 가르침의 특정 상황과는 연관되는 않는 이런 방식으로 하나님이 일하신다는 경험이 오늘날 점점 더 많이 회자되고 있다는 것을 발견한다. 나는 앞장에서 캘리포니아 해변에서 데이비드라는 청년과의 만남을 언급했는데, 그런 사례들을 쉽게 제시할 수 있다.

이런 만남이 20년 전에 일어났던 것보다 현재 일어날는지 혹은 이에 관한 수많은 영화와 TV 연속극 주제가 그런 경험들이 일어날 가능성에 대해 우리에게 경고하는지—혹은 우리가 한때 경험했던 것보다 쉽게 그런 일들에 대해 말할 수 있는지—알 수 있는 방법은 없다. 아마 이 세 가지 가능성의 조합이 나타날 것이다. 왜냐하면, 데이비드 헤이(David Hay)가 제공하는 보다 광범위한 리서치(이 이슈에 덜 집중할지라도)는—비록 그가 '불행하게도 이런 종교적 "경험주의"(empiricism)가 계몽주의적 사고방식에서 나온 종교에 관한 만연한 터부 때문에 비극적 의욕 상실로 손상당하거나 파괴되는 경향이 있다는'[29] 꾸준한 주장에 관해 읽은 사람이 아무도 없다는

---

29 David Hay, *Religious Experience Today: Studying the Facts* (London: Mowbray, 1990), 서문에서 인용함.

것이 놀랍기는 하지만—'[종교적 경험]이란 일반적이고 한마디로 말하자면 정상적이라는 확고한 증거'를 제공하는 한편, 세상에서 역사하는 하나님에 대한 발견은 아기의 탄생과 같은 사건들과 많은 사람이 연결되었다는 것을 보여 주었다.

특히, 내가 제4장에서 확인한 다양한 집단들과 전적으로 세속적인 사람들 간의 경계선을 넘어서는 하나의 주제가 있다. 그것은 실질적으로 신앙과 연관된 것들에 관심을 보이는 유일한 방법이기 때문에, 복음 전도와 관련하여 점점 더 중대한 관심 분야인 것처럼 보인다. 역설적으로 그리스도인들이 매우 거북하게 느끼기 시작하는 지점이 바로 이 분야다. 나는 그 이유를, 대개 우리가 너무 계몽주의 패러다임을 무비판적으로 수용했기 때문이라고 짐작할 뿐인데, 성경이나 기독교 역사에 그런 자료들이 부족하지 않기 때문이다.

우리가 이 모든 것을 명명하는 것은—그것이 초자연적이고 영적이며 신비적이고 신령하며 초월적이거나 다른 무엇이든—우리가 그 실재를 인식하는 것보다는 덜 중요한 것처럼 보인다는 것이다. 그러나 우리는 그것을 통제하거나 주문 생산할 수 없다는 것을 깨달아야 한다는 것인데, 그것은 교회들이 치유 집회를 열거나 방언 같은 카리스마적 은사 활동에 참여할 때 일어나는 일을 내가 여기서 언급한 신적 활동 같은 현상과 구별하는 이유다. 만일 하나님이 정말로 이 세상에서 일하신다면, 가장 효과적인 복음 전도는 우리가 조직하거나 인정하는 방식들로만 하나님이 일하실 수 있다고 상상하는 것이 아니라, 하나님이 이미 행하시며 하나님의 일에 우리가 참여한다는 것을 인식할 때 일어날 것이다.

기독교 세계관에 필수적인 두 번째 이야기는 성경 이야기로 이루어진다. 내가 듣고 있는 세 개의 직조된 이야기의 순서는 중요하지 않다. 비록 선교학적으로 나는 다른 이야기들이 다른 시공간에 사는 사람들에게 보다 중요하게 드러날 것이라고 제시하길 원하지만, 나에게 그 모든 이야기는 신학적으로 동일한 중요성을 갖는다. 이야기로서 성경에 관해 완전한 책을 쓰는 것은 분명히 가능할 것이기에, 여기서 언급할 수 있는 것은 필연적으로 다소 제한될 것이다.

성경은 이야기이지만 하나의 이야기가 아니라 다양한 이야기들로 구성되며, 그 이야기들 중 어떤 이야기들은 하나님의 사랑에 대한 인간의 행위를 나타내기보다 인간의 이기심을 훨씬 더 많이 드러내는 것이 분명하다. 그러므로 역사적으로 성경이 제국주의적 착취와 억압적인 정부들에게 정당성을 부여하는 도구로 사용―혹은 남용―되는 것이 가능했다는 것은 놀라운 일이 아니다. 성경 자체는 그 모든 사례를 포함하며 더 많은 것을 포함한다.

그러나 그런 해석들이 타당한 것처럼 보일 수 있는 것은 근본주의적 방식으로 본문을 사용할 때뿐이며, 따라서 나는 우리가 성경을 공포의 책으로 옹호하는 것이 아니다. 성경의 중심 스토리라인을 고려할 때, 성경 이야기는 실질적으로 근대적 패러다임에 기초하여 성경을 해석한 사람들의 많은 이해에 도전한다고 확신한다. 창세기 첫 페이지는 모든 사람이 '하나님의 형상'을 따라 창조되었다는 것을 주장하는데(창 1:26-27), 이 개념은 다른 인종에 대한 한 인종의 우월감을 허용하지 않는다.

또 다른 핵심 본문은 '땅의 모든 민족'의 복을 위한 존재로서 아브라함과 사라에 대한 하나님의 약속을 설명한다. 외국인 공포증(xenophobia)이 고대 이스라엘 역사에 한 번 이상 표면화되었지만―구약이 국가적 기록 보관소이며 문서로 기록되었기 때문에―제2 이사야, 요나서, 룻기와 같은 포로기 이후 저자들이든 호세아(열왕기하 9:17-37에서 칭찬받던 것을 호세아 1:4에서 비난했던)나 아모스(암 1:3-2:8) 같은 초기 예언자들에게서 발견되는 보편주의를 나타내든 그 기록에는 항상 불일치의 목소리들이 존재했다. 성경 내러티브가 때로는 팽창주의 정책들을 지지하는 형태로 표현되었다는 것을 부인하는 것이 불가능할 수도 있지만, 성경 내러티브는 단지 인간의 죄악됨은 말할 것도 없고 소위 확산되는 서구 문화의 세속화 같은 다른 영향이 효과적으로 적용되는 상황 가운데만 그런 방식으로 작용했다.

내러티브에는 중심이 있고 그 중심은 히브리성경에서 발견되는 인간 행위에 대한 예언자적 비판과 신약성경 복음서들 가운데 포함된 예수님의 교훈과 본보기에 의해 제공된다는 것을 인식하는 한편, 성경 이야기를 사용하는 가운데 우리는 이 모든 이슈를 의식할 필요가 있다. 따라서 성경 이야기에 대한 올바른 질문은 '내가 무엇을 해야 하는가?'(이 질문에 대한 대답은 어떤 이야기를 우리가 선택하는가에 따라 상이한 방식들로 나타날 수 있다)가 아니라, '우리가 어떤 이야기의 일부가 되기를 원하는가?'이다.

이 질문을 거대 담론들에 대한 앞선 논의의 맥락에 놓는다면, 핵심 질문은 성경이 어떤 종류의 거대 담론인지 인식하게 될 것이며, 내가 믿기에 그것은 실질적으로 앞선 세대들이 성경의 가르침을 통해 정당화하려고 했던 억압적인 태도에 도전하고 문제를 제기하는 것으로 이해될 것이다. 이것이 바로 성경 이야기들이 항상 규범적인 이유다. 그리스도인됨은 그리스도의 이야기를 중심에 놓고 그 이야기에 근거하여 살아가는 것을 수반한다. 그것은 우리가 그 이야기를 다시 쓰거나 재구성하도록 공개하지 않는다.

그러나 오늘날 그 이야기를 나누는 가운데 우리는 예수님이 사색적인 철학을 선언하거나 신학에 관한 명제적 진리를 전하러 오신 것이 아님을 결코 잊지 말아야 한다. 예수님의 메시지는 (내가 '하나님의 방식으로 일하는 것'으로 묘사한)[30] 하나님 나라의 도래를 통해 인간에게 개방되는 가능성의 선포와 그를 따라서 의식적으로 하나님의 뜻을 행하기를 원하는 백성들의 공동체로 들어가라는 초청으로 이루어졌다. 우리가 열망하는 더 나은 세상을 우리에게 보여 주고 인간의 꿈뿐 아니라 신적 의도를 성취하는 궁극적으로 완성된 세계로 들어가는 모습은 성경의 이야기를 통해서 우리에게 제시된다.

---

30 내 책 *Introducing the New Testament* (Oxford: Lion, 1999, 2nd edn), 111-115를 참조하라.

마지막으로 우리의 개인적 이야기가 있다. 내가 개개인의 삶에서 예측할 수 없고 아무런 암시도 없이 일하시는 하나님의 방식으로서 하나님의 이야기를 사용했지만, 이 상황에서 그것은 개인적 이야기를 의미하지 않는다. 대개 일하시는 하나님의 이야기는 우리 자신의 밖으로부터 예기치 않게 불쑥 들어오며 분명히 우리의 정상적인 기대를 넘어서 들어온다. 개인적 이야기는 우리 자신과 우리의 삶의 여정에 관한 보다 의도적인 숙고다. 그 이야기는 우리가 진실로 발견한 것들을 공유하는 것과 연관되며, 정체성과 의미와 같은 동일한 이슈들로 인해 고심하는 다른 사람들에게 도움을 줄 수 있을 것이다. 이런 의미에서 개인적 이야기는 오직 다른 사람들이 그 이야기를 들을 때만 이야기가 되기 때문에 공유된 경험이다.

그 이야기는 우리 자신의 삶과 연관된 성경 이야기—요한복음의 저자가 그 중요성을 깨닫고 자신의 생각으로 예수님에 대한 그의 이야기를 배열하기로 했을 때, 적어도 1세기에 시작된 형태를 따르는—의 의미에 관한 우리의 숙고에 분명히 관여한다. 이런 의미에서 하나님의 이야기라는 보다 광범위한 맥락에서 우리 자신의 이야기에 관해 대화하는 것은 항상 교회의 삶의 중심이 되었다. 최선의 의미에서 이것은 서로 희망을 창조하고 서로 배우고 교정하는 과정 가운데 공동체의 전통이 서로를 격려하며 삶과 하나님에 대한 우리 자신의 경험을 공유하는 것이다. 더욱이 공동체 안에서 우리의 이야기를 나누는 것은 우리가 보다 온전히 성경 이야기의 실재로 들어가도록 도움을 줄 수 있다. 왜냐하면, 전문가들은 항상 충분한 가능성을 보지 않지만, 본문은 단순히 우리가 그럴 것이라고 생각하는 것을 의미하지 않으며 다른 사람들과 이야기를 나누는 것은 무엇이 가치 있고 무엇이 유용하지 않은지를 구분하는 핵심 비결이기 때문이다.

수많은 사람의 개인적 이야기들이 분열되고 무의미하게 보이는 세상에서 개인적 경험을 개방적이고 솔직하게 나누는 것은 다른 무엇보다 우선하는 것으로서 깨어진 삶을 살아가는 사람들에게 희망과 갱신의 가능성을 제공할 것이다. 이런 이유로 우리는 성경의 하나님이 철학자들의 불변하는 하나님이 아니라 약함과 연약함의 이야기를 통해 최고의 능력을 보여 주시는 고통받는 하나님이라는 사실을 잘 기억해야 한다. 우리가 모든 것을 갖고 있는 것처럼 가장할 때보다 우리의 몸부림에 관해 정직한 경우에 더욱 효과적으로 서로를 격려할 것이다. 만일 그리스도인들의 개인적 이야기가 영적 여정에서 다른 이들을 돕는다면, 그것은 우리의 이야기가 다른 이야기들과 차이가 있기 때문이 아니라 정확하게는 차이가 없기 때문일 것이다. 우리의 삶은 깨어지고 조각나고 뒤엉켜 있다. 그러나 참으로 좋은 소식은 우리 개개인의 이야기가 보다 큰 하나님의 이야기와 연결되며, 성경 이야기에서 우리는 방향과 의미와 목적을 발견하기 위해 몸부림치는 가운데 능력을 얻을 수 있다.

4. 이야기와 진리

어떤 독자들은 분명히 이 세 이야기들 가운데 어떤 이야기가 규범적인지 알고 싶을 것이다. 나는 이 세 이야기 모두 다른 점에서 규범적이라고 이야기하고 싶다. 세 이야기 가운데 하나가 빠진다면 기독교 영성에 대한 적절한 이해를 할 수 없을 것이다. 그러나 선교적 측면에서 나는 다른 이야기 형태들이 어떤 이들에게는 더 중요할 수 있으며, 아마도 또 다른 이야기는 다른 역사적 시기에 더 중요했을 것이라는데 의구심을 갖는다. 이야기를 듣고 나누는 것은 오늘날 예배와 증거를 새롭게 하는 중요한 역할을 할 수 있다는 것이 확실하다. 다른 사람들의 이야기에 관해 배우는 것은 그들이 예수님을 따르도록 초청하는 첫걸음이 될 것이다.

기독교 왕국(Christendom)의 문제들 가운데 하나는, 모든 사람이 우리의 이야기를 공유한다고 추측했다는 것인데, 여전히 그리스도인들은 같은 실수를 쉽게 반복한다. 그것은 교회가 오직 한 부류의 사람들을 유인할 수 있는 방법만을 사용한 결과이며 기여 요인이다.

사람들은 자신이 속한 집단의 삶에 결정적으로 공유된 이야기들과 상징 체계들을 통해 자신의 관심사를 인식할 수 있는 그런 공동체에 자연적으로 끌린다. 물론 우리가 모든 사람의 이야기를 듣는 것은 불가능하지만, 여전히 제4장에서 언급한 사람들이나 나이나 성별과 연관된 다른 집단들과 같이 우리 문화 안의 특정 집단의 공유된 이야기들을 배울 수 있다. 사람들이 우리를 성가시게 하는 이야기를 들으면서 자신을 인식할 때, 그들은 그 이야기에 매료될 것이다. 여전히 추상적인 명제적 진리 주장에 매료되는 사람들이 있지만, 분명히 그들은 현재 소수 집단이다.

내가 성경 이야기에 관해 명확한 주석을 원하듯이, 그것은 사물의 종합적 구도 안에서 진리 주장들이 그리스도인에게 중요하지 않다는 말이 아니다. 그러나 대다수 사람에게 진리 주장은 제자도의 삶으로 들어가는 진입점이 되지는 않을 것이다. 대다수 사람이 교회를 편안하게 소속될 수 있는 곳이라고 느끼며 자신들의 관심사와 잘 '부합'되기 때문에 교회에 매료될 것이다. 그러므로 개인적인 이야기들은 그들이 그리스도의 백성 공동체인 그 공간으로 들어오는 문이 될 수도 있지만, 다른 사람들과 그 공간을 탐구하기 시작할 때, 그들은 그 이상의 이야기—성경 이야기와 하나님의 이야기뿐 아니라 이런 방식으로 범주화되기를 거부하는 다른 영적 풍부함에 관한 이야기—가 있다는 것을 발견하게 될 것이다. 그것은 클락 피녹(Clark Pinnock)의 주장과 같은 것인데, 그는 이야기들 가운데 가장 위대한 이야기를 하는 다양한 방법들이 있기 때문에 '정통 교리에 이르는 길은 하나만 있는 것이 아니라 여러 길이 있을 것'[31]이라는 자신의 견해를 피력한다.

이 주제에 관한 논의를 마치기 전에 나는 그것을 서구 사회에서 일어나고 있는 문화 변화와 연관하여 간략하게 설명하려고 한다. 탈근대성의 핵심 특징이 말 중심에서 이미지 중심 문화로의 변화지만, 일반적으로 그것

---

31 Pinnock, *Tracking the Maze*, 213.

은 단지 훨씬 더 복잡한 실재의 부분적 반영이다. 20세기의 가장 큰 혁명 가운데 하나는 전 세계적 현상인 인터넷과 웹사이트의 출현인데, 평론가는 그것이 우리의 의사소통 방식에 영향을 미치기 시작했다는 데 동의한다. 이 현상의 가장 놀라운 특징은, 그것이 실로 많은 인터넷 영상들을 담고 있지만 본질적으로는 텍스트로 작동된다는 것이다.

검색 엔진은 핵심 이미지들이 아니라 핵심 검색어들을 찾으며, 가장 널리 사용되는 이메일은 완전히 검색어에 기반한다. 한 세대 전에 사람들이 친구들이나 동료들과 일상적인 의사소통 수단으로 인쇄물을 포기하고 보다 '직접적인' 매체인 전화를 선호했던 데 반하여, 현재 우리는 생활에서 가장 친밀한 대화를 위해 컴퓨터 자판으로 돌아가고 있다. 진보적이고 기술적으로 미래적인 것처럼 보이는 것은 실제로 많은 사람이 오래전에 사라졌다고 생각했던 일종의 구술 문화에 속한 대화 방식으로 우리를 돌려놓고 있다. 비록 이메일에 단어를 사용하지만 문학 작품이나 문헌을 만들지는 않는다. 우리는 이메일로 편지를 쓰는 것이 아니라 대화를 한다. 만일 친구가 우리에게 질문을 보낸다면, 우리는 시간을 들여 이메일로 보낼 편지를 써서 발송하는 정확한 방법을 사용하지 않을 것이다. 마치 우리가 같은 방에서 어깨너머로 말하듯이 이메일을 통해 답신할 것이다.

이런 의미에서 우리는 구술 문화의 많은 특성으로 돌아가고 있다. 웹사이트에 떠도는 많은 양의 정보는 도시의 신화들이든 개인 웹사이트에서 자신에 관한 정보를 공유하는 것이든 이야기의 형태를 띤다. 전 세계 시청자들에게 TV 연속극의 대단한 매력은 말할 것도 없고 (이야기의 도구들로서) 랩과 컨트리 음악의 유행과 더불어 다른 현대적인 매체들에서 동일한 과정이 일어나는 것을 볼 수 있다.

비록 월터 옹(Walter Ong)이 구술성이 문헌으로 불가피하게 대체되어 어떤 면에서 구술성이 여전히 잔존했던 곳의 인쇄 문화가 이례적인 현상이었다는 점에서 구술 문화와 인쇄 문화 간의 차이들을 발전적으로 이해해야 한다고 가정했을지라도, 그는 이 문화 간의 차이들을 잘 기록하여 정리했다.[32] 보다 최근에 발전된 의사소통 이론들은 이런 견해가 구술성을 이해하는 방식으로는 지나치게 단순하다고 시사한다. 왜냐하면, 현대 서구 사회의 대다수 인구가 글을 읽고 쓸 수는 있지만, 점점 더 많은 사람이 기능적으로는 문맹이며 구술적이고 시각적인 이야기들에 더 가치를 두고 인쇄물보다는 관계를 더 중시하는 삶의 방식을 선호하기 때문이다.

내가 제4장에서 전통주의자로 묘사한 사람들은 절망적인 가난한 자들로 실제로는 구술적인 사람들이다. 그러나 점차적으로 다른 집단들은 적어도 자신들이 통제하는 생활 영역에서(읽고 쓰는 방식은 여전히 그들의 일터의 삶을 지배한다) 의미를 다루는 구술적 방식을 선택하고 있다.

내가 쾌락주의자로 묘사한 사람들은 이런 방식으로 자신들을 표현하는데, 만일 기술적인 의미에서 구술 문화가 아니라면 무엇이 광란의 문화인가?

아마도 말과 합리성에 대한 우리의 선호가 개인적 성취를 위한 가능성에 해를 끼쳤다는 것을 대부분의 사람보다 더 확신하는 많은 영적 탐구자에게도 이런 성향은 마찬가지로 나타난다. 이런 성향을 진지하게 다루는 것은 교회와 교회의 메시지에 중대한 결과를 초래할 것이다. 이런 상황에서 일하는 사람들은 연구를 통해 뭔가를 배우는 것이 아니라(적어도 만일 연구가 논리적이고 분석적이며 개념적인 방법으로 규정되는 것이 아니라면) 행동을 통해 배우는—보다 정확하게는 행동 방식을 보고 배우는—경향이 있다.

멘토링은 종종 그런 사람들이 제자도의 요점을 깨닫는 보다 효과적인 방법이 될 수 있으며, 그것은 다양한 상황에서 일어날 수 있다. 예를 들어, 대부분의 교회 지도자는 많은 사람이 페인트칠과 장식을 하며 스포츠 팀을 지도하고 학부모와 유아들을 지도하거나 어떤 다른 활동들을 하면서

---

32 Walter J. Ong, *The Presence of the Word* (New Haven: Yale University Press, 1967); *Orality and Literacy: the Technologizing of the Word* (London: Methuen, 1982). 또한, Jack Goody, *Literacy in Traditional Societies* (Cambridge: Cambridge University Press, 1968); *The Interface Between the Written and the Oral* (Cambridge: Cambridge University Press, 1987); *The Logic of Writing and the Organization of Society* (Cambridge: Cambridge University Press, 1986)를 참조하라.

교회 일에 자발적으로 참여하여 교회생활의 '작은 일부'(fringe)가 되는 것을 매우 행복하게 여긴다는 사실에 주목했을 것이다. 그러나 그들은 대개 예배는 참석하지 않을 것이다. 차이점은, 어떤 사람은 교회활동에 초점을 두는 반면, 다른 사람은 보다 추상적이고 합리적인 것에 초점을 둔다는 것이다.

만일 신앙에 관해 사람들을 가르치며 그들이 배운 것을 실제 상황에 어떻게 적용할 것인가에 초점을 두었다면, 교회는 어떤 모습이 되었을까?

그렇게 하는 것은 이야기―우리 자신의 이야기와 성경 이야기―를 나누는 보다 실제적인 상황을 만들어낼 것이다.

우리의 동료들과 듣고 말하는 것보다 어린아이들을 보살피거나 어떤 프로젝트를 위해 함께 일하는 것이 더 자연스럽지 않은가?

그것은 우리가 가장 손쉽게 서로의 짐을 나누어지는 상황과 일상적인 삶에서 신앙이 불어넣는 활력적인 방법을 탐구할 수 있는 상황이다. 흥미롭게도 그것은 사회학자 에밀 뒤르켐(Emil Durkheim)이 매트릭스(삶의 기반-역자 주)라고 밝힌 상호 유대감이 가장 고조되는 맥락이다.[33]

이야기가 어떤 방식이나 매체를 통해 전개되든 이야기를 하는 것은 사람들이 안전감을 느낄 수 있는 새로운 공간을 개방하며(그들의 이야기가 모든 사람의 이야기만큼 중요하기 때문에), 예수님을 따라가므로 새로운 삶의 방향을 발견한 사람들이 다른 이들에게 그들 안에 있는 소망을 제시하는 것처럼(벧전 3:15), 기독교적 상황에서 이야기가 공유되는 장소는 믿음이 양육될 수 있는 안전한 공간이어야 한다. 따라서 서로의 만남이 하나님과의 만남이 된다. 성경적 신앙은 명제적인 것이 아니라 본질적으로 관계적인 것이므로 이야기를 하는 것은 항상 신앙의 의미를 탐구하는 핵심 방식이다.

앞 장에서 살펴 본 맥도날드화의 이미지로 돌아가 이 모든 것을 결부하여 생각해 보면, 패스트푸드 산업의 생존뿐 아니라 번영을 확증했던 것이

---

[33] Emile Durkhelm, *The Elementary Forms of the Religious Life* (London: Allen & Unwin, 1964), 209-215.

바로 이야기의 힘이라는 사실은 주목할 만한 가치가 있다. 이 주제에 관해 글을 쓴 리처와 다른 학자들이 간주하는 모든 부정적 특성이 이와 같다면, 누군가 이런 고정된 견해들을 지지하기 원한다는 것은 놀라운 일이다. 효율성, 계산 가능성, 예측 가능성 그리고 통제의 '철장'(iron cage)이 삶에 매력적인 비전도 아니며, 몇몇 건강 전문가의 견해처럼 패스트푸드 자체가 영양분이 있는 것도 아니며 삶의 질을 높이는 것도 아니다.

그러나 패스트푸드 레스토랑이 일반적으로 촉진하고 홍보하는 방식은 주로 실제 음식에 초점을 두는 것이 아니라 부모가 자녀를 보호함으로 얻게 되는 경험에—예를 들어, 시간이 부족한 상황에서 어렵게 일하는 부모들이 자녀들을 위해 음식을 준비하고 설거지할 필요 없이 (패스트푸드 레스토랑에서) 자녀들과 의미 있는 좋은 시간을 보낼 수 있는 자유로운 시간을 얻는—중점을 둔다. 사회학자들 가운데 이 주제에 관한 논의는 일상적으로 '파티 타임 … 노스텔지어(nostalgia) 타임 … 공동체 타임 … 그리고 프렌드십 타임'으로서 햄버거를 먹는 이미지를 강조한다.[34]

한편 한 평론가는 이 현상에 대해 '맥도날드의 성공은 반드시 옳지는 않으나 우리에게 개인적 정체감, 공동체 의식, 행위의 근거 그리고 알 수 없는 것에 대한 설명을 제공하는 일종의 내러티브의 창작에 기인한다'[35]는 지나친 주장으로 전개되었다. 이 주장은 데나 바인스타인과 마이클 바인스타인(Denna and Michael A. Weinstein)이 발전시킨 견해로서 맥도날드 내러티브는 '로날드 맥도날드(Ronald McDonald)가 반신(demi-god)으로 통치하는 소비자 천국의 상징인 골든 아치(Golden Arches)'[36]로서 종교적 주제를 노골

---

34 A. Kroker, M. Kroker and D. Cook (eds.), *Panic Encyclopedia: The Definitive Guide to the Postmodern Scene* (London Macmillan, 1989), 119.
35 Jhon S. Caputo, "The rhetoric of McDonaldization: a social semiotic perspective", in Mark Alfino, John S. Caputo and Robin Wynyard, *McDonaldization Revisited* (Westport CT: Praeger, 1998), 50.
36 Deena Weinstein and Michael A. Weinstein, "McDonaldization Enframed", in Smart (ed.), *Resting McDonaldization*, 63. '맥도날드화의 이론화와 거부'에 관한 그의 에세이에서 더

적으로 환기시킨다. 그리스도인들은 본질적인 형태, 즉 독특하게 만족할 만한 형태로 이 모든 것—이보다 더 많은 것을—을 전달할 수 있다고 주장하는 하나의 내러티브를 소유하고 있다.

그러나 너무 자주 우리가 대중들과 나누는 내러티브는 그렇게 위대하고 놀라운 이야기가 아니라, 어떤 사람에게도 매력적이지 않은 개인적이고 공동체의 역기능에 관한 슬픈 이야기(sad litany)다.

우리는 맥도날드화의 부정적 양상들을 아무런 생각 없이 수용했을 뿐 아니라, 만일 사람들이 교회 안에서보다 레스토랑에서 더욱 자신들의 정체성, 공동체, 도덕성 그리고 신비를 발견하는 것처럼 보인다는 것이 사실이라면, 교회에 대한 작금의 표현들 가운데 매우 근본적으로 문제가 되는 결점들, 즉 실제로 사람들이 복음의 핵심 약속들을 인식하거나 경험하는 것을 방해하는 요인들이 분명히 있다.

글라스 켈너(Douglas Kellner)는 '맥도날드는 단지 패스트푸드만 파는 것이 아니라 가족이 함께 먹는 가족 모험담과 세대 간의 유대감 형성 그리고 공동의 경험을 판다'는 것을 지적한다(*Resting McDonaldization*, 188).

제8장

미래 교회를 꿈꾸며

"교회는 죽어가고 있는가?"
"살아 있는가?"

최근 교회의 영성 갱신에 관한 한 세미나에서 내가 받은 질문이다. 모든 질문 중 이 질문은 내가 기대했던 것이 아니라고 인정해야겠다. 사실 나는 이 질문에 대해 최선을 다해 답하려고 노력했다. 내가 이 책에서 여러 차례 강조했듯이, 우리가 이전 세대의 기독교 지도자들 가운데서 희생양을 찾으려는 시도는 내게 아무 소용없는 일처럼 보인다. 우리는 과거를 다시 쓸 수 없기에, 우리를 앞서간 사람들이 옳았지만 그들의 실수를 통해 배우는 것을 두려워하지 말아야 한다는 확신을 갖고 그들이 기여한 것들에 대해 감사해야 한다. 특히, 근대 문화와 연관하여 그 실수들이 무엇인지 살펴보는 것은 아주 쉽다. 분명히 교회의 어떤 영역에서는 복음적 가치와 세속적 가치 간의 차이를 인식하는데 실패했지만, 그리스도인들이 그 시대의 합리주의적-물질주의 문화에 참여하고 그 준거틀(frame of reference, 일종의 세계관적 표현-역자 주) 안에서 복음의 상황화를 추구했던 것은 본질적으로 잘못된 것은 아니었다.

현재 우리가 겪는 대부분의 난관은 그리스도인들이 문화 변화를 깨달은 사람들보다 더 늦게 그것을 깨달았다는 사실에 기인하므로 우리는 부상하는 문화를 형성하는 데 충분히 도움을 줄 수 있는 역할을 감당하지 못했다. 그러나 탈근대성은 규정되어야 하며, 모든 사람은 오늘날 교회가 직면하는 도전들이 적게는 5-10년 전과 매우 다르다는 것을 알 수 있다. 우리에게 그 도전들은—이전 세대들에 대한 도전과 마찬가지로—복음의 가치를 반영하는 기독교 신앙이 어떻게 문화와 상관적인 방법으로 상황화될 수 있는가이다.

"그렇다면 교회는 살아 있는가, 죽어가고 있는가?"

이 질문에 대한 신학적 답변은 우리의 관심사와는 매우 무관한 것이다. 교회는 오로지 성령의 새롭게 하시는 부활의 능력을 경험하기 위하여 지속적으로 죽는 것을 준비하는 한에서 살게 될 것이다(요 12:24). 동시에 사회학적 답변 역시 그 안에 동일하게 함축된 결론을 담고 있다. 만일 교회의 맥도날드화라는 주제에 대한 적용이 일단 어떤 개연성(plausibility)을 갖고 있다면, 교회가 21세기에 단순히 작금의 형태로 생존하기를 기대할 수 없다는 것은 분명하다. 사람들은 현재 교회의 실천과 진행 과정을 "벨벳 케이지"(velvet cage, 리처의 책『미국의 맥도날드화』에 나오는 메타포로서 미국 문화 전반에 침투한 다양한 형태의 맥도날드화 현상을 일컬음-역자 주)처럼 항상 경험할 것이다.

그러나 리처가 확인한 모든 이유로 인해, 그들은 서구 문화에서 쇠퇴일로에 놓여 있는 집단인 것이 분명하다. 단순하게 같은 행동을 반복하는 것은 삶을 더욱 견딜 만하게 만들고 개인적 성취의 가능성을 보여 줄 수 있는 길을 찾고 있는 늘어나는 수백만의 사람들에게 복음을 효과적으로 전하는 방식이 될 수 없을 것이다. 소비주의의 분명한 매력에도 불구하고 종국에 우리는 소비주의가 만족을 주지 않는다는 사실을 깨닫게 된다.

맥도날드화된 존재는 결코 온전한 인간이 아니다. 그것은 맥도날드화된 교회 형태가 수많은 명목상의 신자들을 양산한 이유들 가운데 하나일 것이다. 비록 사전 포장된 소비주의적 영성들(그리스도인들과 다른 이들 모두를 포함하여)이 잠깐 동안 나타나겠지만, 그것들은 끊임없는 음식이나 생활 용품의 소비가 상업화된 상품 문화(commodity culture)에 의해 유발될 수 있는 개인적 공허감으로 허우적거리는 사람들의 근원적 필요를 채울 수 없는 것처럼, 궁극적으로 인간 영혼의 영적 갈증을 해소하지 못할 것이다.

비록 그것이 내 독자들을 실망시킬지라도, 나는 미래 교회를 위한 청사진 같은 것을 제공하려는 유혹에 저항했다. 나는 탈근대적 인간을 위한 교회의 모습에 대해 매우 확고한 생각을 갖고 있다. 그리고 나는 영적 탐구자와 내가 열거한 다른 집단들처럼 절망적인 가난한 자에 대해서도 개방적이고 환대하는 것이 교회라고 생각한다. 그러나 내 구상은 내가 처한 환경에 의해 규정되므로, 나는 단순히 여기서 나누는 이야기들과 생각들을 숙고하려고 독자들을 초청하면서 이웃 속에서 소금과 빛으로 부르심을 받은 교회가 현재 어떤 모습이 되어야 하는지 독자들에게 묻는다(마 5:13-16).

나는 교회의 삶의 두 가지 핵심 영역인 예배와 선교와 연관하여 내 논의의 결론을 요약하려 한다. 그러나 이에 앞서, 탈근대적 상황에서 그리스도인의 태도와 연관 지을 만한 몇 가지 일반적인 견해가 있다. 현재 서구 문화에서 일어나고 있는 대변동이라는 뜻밖의 즐거움 가운데 하나는, 점점 더 많은 사람이 삶의 가치를 부여하는 포착하기 어려운 마법적인 요소를 확인하려고 외견상으로는 끝없이 찾아가는 과정에서 변함없이 '어떤 것'을 탐구하고 있다는 사실이다.

앞장에서 제시했듯이, 여러 집단은 고유한 방식으로 이런 관심사를 표명한다. 어떤 이들은 자신들이 경험한 삶에 진심으로 만족하지 않고 가치와 의미에 관한 지침을 찾으려고 안전한 공간도 없이 공허한 것들에 관심을 기울인다. 다른 이들은 영성을 탐구하는 동료들, 즉 그들이 소속하려는 집단의 영성 탐구를 '근사한' 것으로 여기며 그런 문화에 뒤처지지 않는다는 깊은 확신과 이유도 없는 동료 집단들의 압력에 영향을 받는다. 다른 이들은 미지의 존재에 관해 호기심을 갖는다. 왜냐하면, 우리는 단지 그런 것이 존재한다는 것을 알고 있으며, 과학은 미지의 존재가 모든 답을 제공할 수 있다고 더 이상 믿지 않는다고 생각하기 때문이다.

이런 일들이 발생하는 맥도날드화된 문화의 결과들 가운데 하나는, 대부분의 영역에서 사람들이 보편적 영적 진리 발견에 대한 관심보다는 최신의 영적 유행을 따르는 것처럼 보인다는 것이다. 일부 그리스도인들이 실재에 관해 냉소적이거나 이 모든 것에 대해 신실하게 탐구하는 이유를 이해하는 것은 어렵지 않지만, 이 점에서 문화적 엘리트주의 같은 것은 해결책을 제공하지 않으며 이미 교회 문화와 세상 사이에 존재하는 간극을 더 넓힐 것이다. 많은 사람이 영성을 탐구하고 있다는 사실은, 그들이 발견한 것에 만족한다거나 탐구를 멈춘다는 의미가 아니다.

더글라스 쿠플랜드(Douglas Coupland)는 많은 사람이 느끼지만, 특히 교회가 가장 손쉽게 다가갈 수 있는 핵심 집단으로 확인한 영적 탐구자들에게는 설명할 수 없는 것을 말로 나타낸다.

> 나는 우리가 살아 있는 피조물임을 자신에게 상기시켜야 한다—우리는 종교적 충동을 느끼며—반드시 그래야 한다.
> 그런데 종교 없는 세상에서 이런 충동들이 어떤 균열을 일으키는가?
> 그것이 내가 일상에 관해 생각하는 것이다. 때로 나는 그것이 내가 생각해야 하는 유일한 것이라고 여긴다.[1]

그리스도인들은 쉽게 이런 종류의 진술을 이해할 수 있으며, 보통 편안하게 일을 계속할 수 있다고 결론을 내린다. 왜냐하면, 만일 진지한 사람들이 종교에 관해 생각하기 시작하면, 곧바로 그런 생각은 필시 그들을 교회와의 의미심장한 대화로 끌어 들일 것이기 때문이다. 그러나 현대인에게 종교에 관해 '생각한다'는 것은 일반적으로 신학적인 명제에 관한 이성적 숙고를 함축하지 않기 때문에 그런 결론이 반드시 도출되지는 않는다. 그것은 내가 제1장에서 제기한 것처럼 '어떻게 우리는 교회를 이해할 수

---

[1] Douglas Coupland, *Life after God* (New York: Simon & Schuster, 1994), 273-274.

있는가?'라는 질문과 개인적으로 씨름하는 것과 더 연관되는 것 같다. 진리 주장들이 이런 질문을 제기하려는 노력으로 나타날 때, 대다수의 사람에게 그런 관심은 좀처럼 진리 논쟁의 초기 진입점을 형성하지 않을 것이다.

1. 공동체와 신비

그렇다면 무엇이 진입점이 될 것인가?

1990년대 중반 미국 대통령 빌 클린턴(Bill Clinton)이 사적인 생활뿐 아니라 공적인 생활에서도 너무 많은 확고한 실수를 저질렀을 때, 그의 정적들은 그가 유권자들에게 그렇게 높은 지지를 이끌어 낼 수 있었던 것에 대해 어리둥절했다. 그의 응답은 일종의 대통령직에 대한 상징적 설명으로 여겨졌다.

"어리석긴, 그것은 경제 때문이었어!"

그가 대다수 국민이 중요하게 생각하는 주요 이슈들을 효과적으로 다루었기 때문에 — 일자리 안정과 경제 성장에 대한 기대 — 다른 부적합한 그의 행동들은 파괴적으로 보이기보다 너그럽게 넘어가고 평가될 수 있었다.

나는 이 같은 일들이 오늘날 교회에도 적용된다고 생각한다. 사람들은 그리스도인에게 문제가 있다고 볼 수 있으며, 어떻게 그리고 왜 모든 면에서 존경받는 사람들이 때때로 위선처럼 보이는 낯 뜨거운 처지로 내몰릴 수 있다는 것을 인식할 수 있다. 그래서 그들은 삶이 그런 것이기에 그런 타협에 적응할 수 있다. 만일 우리가 다 그렇다면 우리는 인간 이하일 것이다.

그러나 오늘날 교회가 사람들에게 영적 신뢰성을 다시 회복하기 위해 절대적으로 필요한 두 가지 핵심 요소들이 있다. 우리는 클린턴이 말한 '경제'를 '공동체와 신비'라는 말로 바꿀 수 있다. 흥미롭게도 이것은 70년 전에 폴 틸리히(Paul Tillich)가 개신교회의 모습으로 강조한 것으로 매우 중요한 사안이다. 그는 어느 때보다 전후 문화(post-war culture)에서 공동체와

신비의 개념이 점차적으로 부상할 것이라고 믿었다.[2]

모든 사람이 그것에 대해 다 인정하지는 않거나 어떻게 그것을 설명하는지 알지 못할지라도, 제4장에서 언급한 모든 그룹에 속한 사람은 그들이 소속되어 가치를 인정받을 수 있는 곳을 필사적으로 찾고 있다. 다른 개인들에 의해서 혹은 통상적으로 비인격적 시스템의 조작에 의해 상처입고 빈번하게 억압받는 역기능적 관계로 점철된 세계에서 그들이 인간으로 인정받고 존중될 수 있는 안전한 장소를 발견할 때, 대다수의 사람에게 '풍성한 생명'(요 10:10)을 위한 진입점이 시작되고 형성될 것이다. 이것은 그리스도인들에게 어려운 것이 아니다. 사실—모든 다양성 가운데—인간이 하나님의 형상으로 창조되었다는 말씀은 성경 첫 페이지에 나오는 메시지다(창 1:26-27).

이런 연관성에서 하나님에 대한 언급은 역사적 기독교 신앙의 다른 핵심 요소를 강조하는데, 소위 사람들이 서로 관계로 형성된다는 것뿐 아니라 서로를 통하여 하나님과 관계를 맺을 때 참된 성취감을 얻는다는 것이다. 실로 우리가 그런 관계를 맺는 방식은 하나님의 존재의 중심에 있는 그런 관계들(삼위일체의 관계 방식-역자 주)의 반영일 것이다. 신학적으로 전통적인 삼위일체 교리가 공동체와 신비를 위한 일련의 모델을 교회에게 제공한다고 말할 수 있다. 비록 그것이 비그리스도인들이 표현하는 방식이 아닐지라도 말이다. 그들은 십중팔구 공동체와 그 신비를 경험하고 숙고를 통해 교회의 진정성을 판단할 것이다.

선교학적 용어들 가운데 핵심적인 신학적 질문은 다음과 같다.

사람들이 교회와 연결될 때 무엇을 경험하는가?
달리 말하면, 교회가 기호 언어나 상징에 문제를 갖고 있는가?

---

2   Paul Tillich, *The Protestant Era* (London: Nisbet, 1951), 256-257.

'교회'라는 단어가 불러일으키는 이미지가—보통 사람들이 일상생활에서 교회에 대해 경험하는 방식에 따라—기독교 신앙 세계의 기본적 가치들과 동떨어지지는 않은가?

혹은 보다 편안한 이미지로서 우리가 말하는 것을 행하는 데 실패하지는 않았는가?

맥도날드가 성공한 주요 요인들 가운데 하나는 회사 자체의 목적에 대한 건전한 이미지를 촉진하는 기업의 능력이었다.

> 맥도날드의 골든 아카이브들은 그 자체로 설득력 있는 문화적 아이콘들이 되었는데, 그것들은 실제로 대리점에 전시될 뿐 아니라 맥도날드 가족에 포함된다는 안전감과 소속감을 제공하는 맥도날드의 약속을 요약하여 보여 준다.[3]

그리스도인들이 이런 다소 과장된 주장에 대해 의문을 제기하는 유일한 사람들은 아닐 것이다.

패스트푸드 음식점만큼 단명한 것이(결점 없는 품질조차도) 의미 있는 '안전과 소속감'을 제공할 수 있는가?

그러나 이것이 논점은 아니다. 대신 우리는 교회가 어떤 이미지를 드러내는가를 물어야 한다. 비록 공동체와 신비적 영성이 복음의 핵심 가치라고 할지라도 우리가 의미 있는 공동체와 신비적 영성의 중심이 되기 위한 타당성(개연성, plausibility)을 주장할 수 있는가?

나는 『변화하는 문화에서의 신앙』(*Faith in Changing Culture*)에서 대조되는 두 가지 교회의 모델들에 대한 논의를 포함했다. 첫 번째 논의는 전통적

---

3 Jonne Finkelstein, "Rich Food", in Barry Smart (ed.), *Resisting McDonaldization* (Thousand Oaks CA: Sage, 1999), 76.

모델인데, 다른 많은 모델 가운데 그 모델은 오직 특정 부류의 사람들에게 접근을 제한하는 것을 목적하는 경계와 통제의 특징을 갖고 있다.

내가 제안한 다른 논의는 기독교 신앙의 핵심 가치들에 대한 보다 적절한 표현이 될 수 있는 스테이크홀더 모델(stakeholder model)이다. 이 모델은 신앙의 여정에서 다른 단계나 시기에 있으나 제도적 멤버십이라는 전통적 의미보다는 서로에 대해서 그리고 영적 탐구의 실재에 대한 헌신으로 결집된 다양한 사람들을 위한 장소를 제공할 수 있다.[4]

이런 구분의 유용성을 발견한 사람들―그리고 내 우편 자루의 크기로 판단하건대 그런 주장을 하는 많은 사람이 있었는데―은 현재 그것에 관해 무엇인가 준비해야 하며 하나님이라는 (궁극적-역자 주) 실재를 탐구하는 것에 관해 진지한 모든 사람을 위한 개방적인 환대의 장소가 될 스테이크홀더 교회를 만드는 데 적극적으로 참여해야 할 필요가 있다. 우리가 결코 잊어서는 안 되는 그 하나님은 어느 누구보다 위대한 분이시기에 우리가 하나님을 독점하거나 우리의 도움 없이 하나님은 이 세상에서 아무것도 할 수 없다는 생각은 분명히 부적절하고 신성 모독일 것이다.

우리는 편의적으로 교회를 '신앙 공동체'로 묘사하지만, 너무 흔하게 사람들이 우리 가운데 정착하는 데 실패하는 그것이 바로 공동체다. 나는 이 책 전반에 걸쳐 여러 관점에서 더글라스 쿠플랜드의 소설들을 참조했는데, 특히 젊은이들 가운데 영적 탐구의 특성에 대한 이해를 진지하게 생각하는 그리스도인들에게 그의 소설은 값진 자료다. 그가 반복하여 지속적으로 회귀하는 핵심 주제는, 서로 좋아하는 친구들 간의 상호 반응과 다른 이들과 의미 있는 관계를 꽃피울 수 있는 안전하고 개방된 공간의 중요성을 통해 창조되는 행복의 중심 역할이다. 세상의 상태와 삶의 의미에 대한 많은 토론이 이어진 후에 한 인물이 확고하게 주장했다.

---

4 *Faith in a Changing Culture* (London: HarperCollins, 1997), 145-173.

> 내가 신경 쓰는 모든 것은 우리가 여전히 친구로 함께한다는 것이다.[5]

이런 공동체의 상황에서 개개인은 다른 사람들과의 파트너십을 통해 결정하는 방법을 배우며, 어떻게 도움을 주고받는가를 발견하고 그 과정에서 결국 그들은 자신의 정체성을 발견할 뿐 아니라 사물의 숭고한 의미('거대 담론들')를 탐구하게 된다. 물론 이 비전과 함께 쿠플랜드는 재차 오늘날 분열된 세계에서 그런 공간과 사람들을 찾는 것이 얼마나 힘든지를 강조한다.

『샴푸 행성』(Shampoo Planet)에 나오는 한 등장인물은 인생이란 너무나 자주 '많은 경험을 하지만 관계 상실로' 끝나게 된다고 말한다.[6] 그러나 의미 있는 공동체를 위한 욕구가 너무 강하기 때문에 마지막 날에 어떤 관계일지언정 아무것도 없는 것보다는 나을 것이다.

> 생명 없는 사람들은 생명 없는 다른 사람들과 어울리는 것을 좋아한다. 따라서 그런 관계가 생명을 형성한다.[7]

격리된 개인주의적 실존이 아니라 같은 마음을 공유하는 집단에 소속되는 것을 통해 개인적 정체성을 찾으려는 이런 관심은 오늘날 세계 곳곳에서 나타나고 있다. 사람들이 점점 더 가정이라는 중요한 공동체의 붕괴로 인해 내몰려 표류하는 자신의 모습을 발견함에 따라서, 이런 공동체들은 점차적으로 가족 내의 관계를 지탱하는 역할을 맡는다.

이상적인 근대적 비전은, 틸리히가 '군중 가운데 개인의 원자적 고독'으로 묘사했듯이, 우리가 분리된 자율적 개인이 되는 것이었다.[8]

---

5 Douglas Coupland, *Microserfs* (New York: HarperCollins, 1995), 358.
6 Douglas Coupland, *Shmapoo Planet* (New York: Pocket Books, 1992), 107.
7 Coupland, *Microserfs*, 313.
8 *The Protestant Era*, 256.

그러나 오늘날 우리가 조망하는 곳마다 사람들은 그런 경향을 반전시키려는 필사적인 노력을 하며, 우리가 홀로 삶의 불연속성에 직면하지 말고 다른 이들을 지지하기 위해 그것을 할 수 있다―해야만 한다―고 주장한다. 페미니즘적 사고는, 비록 그것이 공동체의 중요성을 분명히 하려는 광범위한 철학적 기반을 거의 필요로 하지는 않을지라도, 공동체의 중요성에 대해 충분히 강조하는데 기여했다. 왜냐하면, 일상생활에서 여성은 (남성과는 달리) 항상 우정과 상호 지지의 네트워크를 통해 다른 이들과의 연관성을 찾기 때문이다. 오늘날 교회의 상황에서 이 모든 요소는 적극적인 공동체 형성에 대한 추진력이 번창할 수 있는 분위기를 제공할 수 있다.[9]

이 가운데 어떤 것도 역사적 기독교 전통과 이질적이지 않다. 역으로 그것은 성경의 중심 교훈에 대한 재진술에 지나지 않는다. 그러나 물론 교회가 그렇지는 않다. 많은 사람은 교회가 공동체라고 하면서 타자에게 수용적이지 않고 타자의 인식과 경험을 과도하게 비판하고 경멸하는 것을 발견한다. 오드리 로드(Audre Lorde)가 자주 사용하던 금언은 교회와 연관된다. 그녀는 '주인의 도구들은 결코 주인의 집을 부수지 않을 것이다'라고 우리에게 상기시킨다.[10]

만일 교회가 공동체와 신비의 중심으로 널리 인식된다면, 전통적인 실행 방식으로 그것을 성취할 것 같지는 않다. 우리는 우리가 거주할(문자적이고 은유적인 의미에서) 특별한 장소를 창조하기 위해 전념해야 하는데, 그런 장소는 여러 도구를 사용하여 구축될 것이고 믿음과 소망에 대한 많은 다양한 이야기가 어우러져서 탄생할 것이다. 이런 장소의 본질은 많은 사람의 인식과 의식적으로 연관될 것인데, 그것은―우리의 주장과 상반됨에도 불구하고―우리의 삶 가운데 하나님의 현존으로서 그들이 분별하기

---

9 여기에 함축된 보다 광범위한 이슈들에 관해서는 A. Bookman and S. Morgan (eds.), *Women and the Politics of Empowerment* (Philadelphia: Temple University Press, 1998)를 보라.

10 Audre Lorde, *Sister Outsider* (Freedom CA: Crossing Press, 1984), 123.

어려운 것이다. 계몽주의의 산물들 가운데 하나는 종교적 신앙의 사유화(사사화, privatization)다.

막스 베버(Max Weber)는 존재의 합리화된 방식들에 대한 과도한 의존은 불가피하게 세계의 신비성을 제거하는 비신화화라는 결과를 초래하게 된다는 사실을 강조한다.[11] 우리가 이미 교회의 맥도날드화 상태에 관해 주목했던 점에서, 신비감의 상실이 이 과정의 재난들 가운데 하나였다는 사실에 대해 놀랄 필요는 없다. 그러나 실질적으로 교회가 이런 결과를 수용하고 신자들의 영성이 여가 시간을 가장 잘 보내는 많은 방법 가운데 단지 선호하는 하나의 방법이 될 때, 뭔가 중요한 것을 상실했다는 것은 말할 것도 없다.

영성의 핵심은 우리 자신보다 더욱 위대하고 신비한 것을 느끼는 것이며, 오늘날의 문화에서 잃어버린 요소들에 대한 광범위한 탐구는 많은 사람이 맥도날드화의 '철장'을 부수고 자유롭게 되기를 원한다는 리처의 견해에 대한 충분한 증거를 제시한다. 역사적인 기독교 신앙의 측면에서, 이런 혼란과 영적 탐구의 경험은 기독교적 가치와 신념이 오늘날의 문화와 가장 자연스럽게 교차하고 연관될 수 있는 그런 지점이 되어야 한다.

우리가 음악을 어떻게 '업데이트'할 것인가를 걱정하거나 성직자의 예복에 관해 걱정하는 대신 오히려 신앙의 중심을 검토해야 하지 않겠는가?

무엇보다도 예수님의 권위(charisma)는 하찮은 것이 아니라 메시지의 단순함과 명료함에서 나온 것이다. 예수님은 진리만 말했고, 어린아이도 이해할 수 있는 단순한 언어로 하나님에 관해 말하는 것을 부끄러워하지 않았으며, 그의 말씀에 관해 아주 막연하게 관심을 기울이는 사람들조차 환영했다.

예수님에 대한 언급은 교회의 기호 언어(semiology)가 종종 혼란스럽고 불확실하다는 또 다른 양상을 강조한다. 확실히 이 책에서 내가 주장하는

---

11 H. H. Gerth and C. W. Mills, *From Max Weber: Essays in Sociology* (London: Routledge & Kegan Paul, 1970), 139.

비평들 가운데 하나는, 아마도 예술에 대해 다소 지나치게 강조한 것, 특히 구체적인 것으로 묘사될 수 있는 예술 형태들을 강조하고 있는 것처럼 보였다는 것이다. 여러 세대에 걸쳐 그리스도인들은 영성의 맥락에서 인간의 몸을 불편하게 여겼다.

그러나 내가 그런 강조점을 포함시킨 것은 그것이 최신 유행이거나 그것을 '멋진'(cool) 것으로 만들려는 욕망에서 나온 것이 아니라 실제로 기독교 신앙에 관한 핵심적인 신학적 믿음 때문이었다. 성육신은 절대적으로 중심개념이며, 성육신 없이 어떤 기독교 신앙도 무의미할 것이다.

그러나 오늘날 교회 안에서 성육신의 상징을 발견할 수 있는가?

이에 대한 한 가지 증거는 쉽게 확인되며 의심의 여지없이 현대 교회의 녹슨 왕관에 박힌 보석들 가운데 하나다. 그리고 그것은 전 세계에 걸친 인간의 고통과 빈곤의 무거운 짐들을 가볍게 하려는 그리스도인들의 놀라운 성취에서 찾을 수 있다.

영국의 크리스천에이드(Christian Aid, 개발 도상국에 대한 원조·구제 활동을 하는 영국의 자선 단체-역자 주)나 미국의 월드비전(World Vision) 같이 철저하게 성육신적 사역을 하는 단체들이 없다면—수많은 사람의 삶의 질을 향상시키려고 아낌없이 자신을 내어 주는 많은 이름 없는 영웅은 말할 것도 없고—오늘날 인류는 더욱 빈곤해질 것이다. 내가 영적 탐구자로 범주화한 사람들은 일반적으로 이런 성육신적 사역에 큰 존경을 표한다. 그러나 그들 또한, 그런 사역이 기독교 신앙의 성육신적 가치들을 반영할 수 있고 반영하는 유일한 방법이 아니라는 것을 우리에게 상기시킨다. 우리가 염두에 두는 동일한 질문을 통해 유익하게 다시 찾을 수 있는 기독교 실천의 다른 핵심 양상들이 있다.

예를 들어, 어떤 의미에서 예배 가운데 우리가 행하는 어떤 것이 성육신적으로 규정될 수 있는가?

동일한 형용사로 묘사된 사람들과 영적 여정을 공유하는 우리의 방법들과 모델들에서 특징적인 것은 무엇인가?

텍스 샘플(Tax Sample)은 현대 문화와 교회 관계의 중심 이슈로서(내가 창조의 교리로 추가하는 것에) 성육신 교리의 중요성을 정확하게 지적한다.

> 소위 '전통적' 교회들이 이웃과 점점 더 멀어질 때, 문제는 그들이 비상관적이라는 것이 아니라, 성육신적이지 않다는 것이다.[12]

2. 예배를 위한 말씀과 이미지

나는 내가 생각하는 예배의 갱신이 이런 대부분의 질문과 효과적으로 연관성을 갖고 있으며 근본적이라는 사실을 숨기지 않았다. 이것은 교회가 대부분 특수하게 행하는 것이며, (교회가 자체적으로 실질적인 용어를 거의 사용하지는 않지만) 의미 있는 예배는 오늘날 많은 사람이 갈구하는 것이다. 내 책에서 나는 예배를 '우리 모두가 모든 것의 근원되시는 하나님께 응답하는 것'[13]이라고 정의하려고 노력했는데, 약삭빠른 독자들은 이 정의가 맥도날드화 과정과 정확하게 상반된다는 것을 즉시 파악할 것이다. 이것은 적절하게 예배하는 유일한 방법이 있다는 주장과는 달리, 하나님의 본성을 진정으로 반영하며 기독교 신앙의 핵심 요소들을 강조하면서 예배하는 많은 방식이 있다는 것을 내포한다.

온전한 예배는 다중적 형태를 띠며, 참된 예배의 다면적 특성을 탐구하는 데 도움을 주는 성경 자료들을 검색하는 과정에서 내가 앞서 강조한것들은 말하자면 문자적으로 빙산의 일각이다. 그것들은 확실히 소모적인 것이 아니며, 개별적으로나 집단적으로 예배의 전반적인 요소를 구성하기 때문이 아니라, 잊혀지거나 간과된 양상들과 새롭게 부상하는 문화의 조

---

12 Tex Sample, *The Spectacle of Worship in a Wired World* (Nashville: Abingdon, 1998), 105.
13 *Faith in a Changing Culture*, 108-144.

명 가운데 특히 조심스럽게 주목해야 할 요소들을 강조하고 있기 때문에, 나는 여기서 특정한 언급을 하려고 그 방식들을 선별했다.

그러나 얄궂게도 다른 어떤 것보다 신랄한 작금의 교회생활의 한 분야가 예배와 연관된다. 나는 이미 현재 우리가 하는 것(예배의 형태를 변경하려는 목적으로)이 강렬하고도 신랄한 열정을 자극한 요인을 조사할 필요성으로서 모든 교회에서 일어나는 '예배 전쟁'(worship wars)을 언급했다. 종종 예배에 대한 논의들은 마치 음악에 관한 것처럼 보이지만—현대적인 스타일을 선호하는 사람들 대 고전적인 스타일을 좋아하는 사람들—문제는 그보다 훨씬 더 넓으며, 실제로 근대성으로 대표되는 말씀 중심 문화에서 현재 탈근대성을 가장하여 부상하는 보다 확고한 이미지 중심 문화로의 전환에 초점을 둔다는 것이다.

근대성에서 탈근대성으로의 변화는 절대적인 의미에서 그 진술이 함축하는 것만큼 삭막하고 획일적인 것이며, 표면상으로 우리의 이미지 지향적인 문화의 풍자들 가운데 하나는 어떤 시대보다 더 많은 인쇄물이 넘쳐난다는 것이고, 인터넷 같은 새로운 기술들은 완전히 단어에 기초한다는 것이다.

그러나 일반적인 추세로 단어에서 이미지로의 변환은 분명하며 예배뿐 아니라 전반적인 기독교 신앙과 실천을 위한 광범위한 함의를 내포한다. 이런 문화적 전환 가운데 현재 일어나는 사건들은 인쇄 기계의 발명과 비교될 수 있다. 만일 인쇄 기술의 발명이 정확하게 개신교 종교개혁을 유발하지 않았다면, 개혁자들과 그들의 후계자들을 통해 매스 커뮤니케이션이 믿을 수 없을 정도로 강력한 도구가 되었을 것이다. 유감스럽게도 오늘날 그리스도인들은 가능한 새로운 기회를 잡을 수 있는 어떤 예측 능력을 갖고 있지 않다.

> 어떤 이들은 문화 변화의 심각성을 깨닫지 못하며, 단순히 커뮤니케이션이 무엇에 관한 것인지를 파악하지도 못하고 … 그들은 교회가 이전에 해오던 것을 계속하여 할 수 없는가에 대해 궁금해 하는 사람들로서 전적으

로 문자 문화에 속한 '성직자와 평신도들'이다.[14]

다른 이들은 무슨 일이 일어나는지 그리고 그 의미가 무엇인지를 직시하며 이성적인 것이 시각적인 것으로 대체되는 것이 문명 사회의 냉혹한 병리학적 와해를 초래할 것이라고 여기는 닐 포스트만(Neil Postman) 같은 사람들의 견해에서 위안을 얻는다.[15]

예술과 연관된 것(그리고 시각적이거나 촉각적인 것)이 어떻게든 신학적으로 수용 가능하지 않다는 설명을 제공하는 단선적 성경 주석과 결부될 때, 많은 그리스도인이 쉽게 그런 관점에 매력을 느낀다. 그러나 이런 이슈들에 대한 보다 미묘한 접근은 우리에게 그런 의혹들을 불러일으키는 진짜 근원을 보여 줄 것이다. 역설적으로 문서 자체의 발전은 동일한 실망감을 불러일으켰으며, 천박함(피상적인 것)에 대한 주장은 구술적 의사소통을 선호하는 사람들에게 아주 흔한 일이었다. 예를 들어, 플라톤은 어제 작성되었을 수도 있는 용어들로 글을 읽고 쓰는 능력(literacy)의 부상을 비판했다.

> 이 발명은 그것을 배운 사람들의 영혼에 망각과 태만(forgetfulness)을 낳을 것이다. … 그들은 기록된 것에 의존할 수 있는데, 기억한 것들을 발휘할 필요가 없을 것이다.[16]

또한, 그는 어쨌든 말이 이미지보다 더 심오하다고 믿으면서 예술에 대해 의구심을 갖고 있었고, 예술가들이 '진리'나 '실제적인 사물'을 '외관에 대한 모방'으로 대체하여 '어린 아이들과 바보들'을 호도한다고 비판했다.[17]

---

14   Sample, *The Spectacle of Worship in Wired World*, 20.
15   Neil Postman, *Amusing ourselves to Death* (New York: Penguin 1985).
16   Plato, *Phaedrus*, 67-71.
17   Plato, *The Great Dialogues*, Book X, 463-464.

오늘날 사람들이 생각을 덜 하는 것에 대해 불평하기는 쉽지만, 그것은 상황에 대한 정확한 평가는 아니다. 우리가 깨달아야 하는 것은, 실질적으로 우리가 다르게 생각한다는 것이다. 미첼 스티븐스(Mitchell Stevens)는 '말의 곤경은 대부분의 교육받은 사람들의 곤경에 기인한다'[18]라는 주장에서 무엇이 일어나고 있는지를 정확히 밝힌다. 교회가 관심을 갖고 있는 한, 우리는 이런 변화가 무엇을 의미하는지를 깨달아야 한다. 문맹 교육(literacy)이 추상적이며 인지적인 숙고의 분석 방법들을 가능하게 했듯이 (어떤 의미에서 생산했듯이), 점증하는 이미지의 지배는 실질적으로 현실과 연관된 상이한 방식들을 만들어 내고 있다.

실제로 매체는 메시지며 우리의 사상을 표현하는 데 사용하는 수단들은 사상을 형성하고 변화하는 데 영향을 미친다. 이것은 오늘날 교회의 선교와 예배에 관한 대화에서 절대적으로 중심인 것처럼 보인다. 그 이유는 교회는 계속하여 문자 형태로 작동하는 반면, 대다수 사람은 시각적인 형태로 작동하고 그들의 뇌는 다른 사람들과 함께 일하는 것을 선호하는 사람들을 이해하는 방향으로 당연히 작동하지 않기 때문이다. 그들을 연결하는 것은 두 개의 양립하지 않는 운영 체계를 가진 컴퓨터를 작동하는 것과 같다. 그것은 작동하지 않는다.

마지막 구절에서 언급한 것처럼, 어떤 독자들은 내가 말하는 것에 대해 어떤 견해를 갖고 있지 않을 것이다. 왜냐하면, 여전히 그들은 마치 컴퓨터가 전혀 발명되지 않은 것처럼 삶을 영위하기 때문이며 그리고 그것은 그 자체로 그리스도인들이 광범위한 문화, 특히 젊은이들이 경험하고 영위하는 문화와 얼마나 동떨어져 있는가를 보여 주는 또 다른 증거이기 때문이다.

이런 새로운 상황에서 예배의 상황화와 연관된 교회의 문제들 가운데 많은 부분은 마치 활자 문화가 예배를 위한 유일한 방식인 것처럼 절대화

---

18 Mitchell Stevens, *The Rise of the Image the Fall of the World* (New York: Oxford University Press, 1998), 28; 내가 강조한 부분.

하는 데 기인한다. 이 가정(assumption)은 말씀 자체뿐 아니라 적절한 것으로 간주되는 말씀과 특정 음악 스타일로도 확장된다.

문화적 격변과 실험이 진행되는 세계에서, 종종 교회는 예배에 수용하거나 수용할 수 없는 맥도날드화의 주장에 절망적으로 몰두하는(hopelessly committed) 듯 하다. 그러나 교회가 항상 그런 것처럼 보이지는 않은데, 그 이유는 맥도날드화의 과정이 단순히 판매 가능한 상품에 집중하는 것이 아니라 교육받은 중상위 계층이 수용하는 전통적인 문자적 담화에 지나치게 의존하는 엘리트적 접근에 중점을 두기 때문이다. 그리고 당연히 교육받은 사람들은 그런 이슈를 주목할 수 없거나 주목하지 않으려는 것인데, 그 이유는 그들이 자신들의 사회적 지배에 자동적으로 도전하기 때문일 것이다.[19]

이에 대한 몇 가지 실제적인 측면들과 연관된 대단히 흥미로운 논의에서 마르바 던(Marva Dawn)은 많은 교인이 자신들의 곤경을 발견한다고 명료하게 지적한다. 마르바 던은 자신의 저서 『고귀한 시간 낭비』(*Royal Waste of Time*)에서 이전에 저술한 자신의 저서에 대해 평가한 한 비평가에 강하게 대응하는데, 던은 아주 분명하게 '버거킹 예배'라고 부르는 예배 형태를 싫어한다고 말하면서, 그런 예배를 묘사하는 방식인 음식을 비유적으로 사용했다. 그 비평가는 '한 주 동안 버거킹은 많은 사람에게 음식을 제공하여 사람들의 필요를 충족시켰다'는 이유를 제시하며,[20] '환상적인 프랑스 레스토랑'을 영적인 것과 동등하게 비유한 던의 취향을 대다수의 사람이 공유하지 않는다는 사실에 기반하여, 던의 예배 갱신에 관한 제안에 의문을 제기했다.

---

19 Gray Alan Fine, "Art Centres" in smart (ed.), *Resisting McDonaldization*, 148의 논평. 학자들은(그리고 내가 추가한 그리스도인들은) 대중문화에 대해 경계하는 방향으로 기울어지는 경향을 띤다.

20 Marva J. Dawn, *A Royal Waste of Time* (Grand Rapids: Eerdmans, 1999), 60. 음식에 대한 심상은 마르바 던의 책 *Reaching Out without Dumbing Down* (Grand Rapids: Eerdmans, 1995), 183-188에서 사용되었다. Kenneth A. Myers, *All God's Children and Blue Suede Shows: Christian and Popular Culture* (Westchester IL: Crossway, 1989)를 참조하라.

이에 대한 응답으로 던은 예배가 항상 '쉽게 소화되어야' 하는가를 합리적으로 묻는다. 이것은 『천상의 예언』(*The Celestine Prophecy*)이나 『기적의 과정』(*A Course in Miracles*) 같은 책을 읽으며 완전히 새로운 존재 방식을 배우기 위해 엄청난 시간과 노력을 투자하려는 영적 탐구자들과 확실히 일치하는 정서(sentiment)다. 더욱이 맥도날드화와 사전 포장된 예배를 동일시하는 것에 대해 마르바 던은 아주 분명한 질문을 던진다.

버거킹에서 다양성을 배울 수 있는가?[21]

여기까지는 좋다. 그러나 문제는 던이 추천하는 대안이란 것이 적어도 그녀가 그렇게 격렬하게 매도하는 것만큼 다양한 것을 거의 제공하지 않는다는 사실을 분명히 깨닫지 못한다는 점이다. 유일한 차이는 맥도날드식 예배에서 그녀의 선택은 대중문화에서 나온 것이 아니라 서구의 지적 담화에 대한 전형적인 선호에서 나온 것이라는 사실이다.

문화의 가장 깊은 의미가 마치 사람들이 행동 양식에 대한 개념에서 찾을 수 있는 것이 아니라, 엘리트 학자들이 의미를 부여하는 영역에서 발견되는 텍스트인 것처럼, 이런 세계에서 '문화'는 일상적으로 사람들의 삶의 방식에 관한 것이 아니라 '해독'(read)되는 것이다. 왜냐하면, 문화가 어떤 개념을 파악하는 능력을 습득하는 훈련을 받은 사람들에 의해 분석된 합리적인 추상 개념의 모음집으로 변할 가능성이 있기 때문이다.

실재에 대한 이런 유형의 편협함은 모두 마르바 던이 그렇게 분노하는 (던의 저술을 읽은 사람들 누구도 그녀가 진실로 믿을 수 없을 정도로 분노하는 사람이라는 것을 의심하지 않는다. '예배 전쟁'은 여기서 분명히 과장되지 않는다!) 사전 포장된('대중적') 음악과 예전들만큼 맥도날드화된 것이다. 독자들은 확실히 던이 직설적인 방식으로 쉽게 비판을 초래하기 때문에, 내가 비판하기

---

21 Dawn, *A Royal Waste of Time*, 61-62.

쉬운 표적을 선택하고 있다고 생각할 수도 있을 것이다. 그러나 그녀 역시 많은 교회 가운데 만연한 사고방식의 전형을 보여 주기에, 그녀의 접근은 대중문화에 대해 매우 극단적인 반감의 형태는 아닐지라도, 밑바탕에 깔려 있는 동일한 의견들을 공유하는 많은 사람을 위해 말하는 것으로 추정할 수 있다.

예배의 성격에 대한 이런 관점에서 대중문화(특히 시각적인 것이나 촉각적인 것)와 연관된 것은 엄밀하게 거부되기에[22] 실제로 던의 견해는 활자 문화(literate culture)에 대처할 수 없는 사람들은 참된 그리스도인으로 거의 간주될 수 없다는 위험한 주장과 가깝다.

> 만일 우리가 시각적으로 표현된 것을 항상 수용해야 한다면, 어떻게 성경 본문들에 주목하며 모세나 제자들에 대해 상상하거나 하나님의 현존을 숙고할 수 있는가?
> … 매개체 자체는 직선적이며 합리적인 사고보다 감정과 즐거움을 강조한다. 특히, 이것은 우리 마음의 갱신을 통해 변혁하는 하나님에 관해 우리가 아는 것에 근거한 신앙에 대해 파괴적이다.[23]

물론 문제는 위에서 언급한 것처럼 아주 간단한 것이 아니므로, 단지 우리는 그런 종류의 주장이 학습 장애를 갖고 있거나 치매로 고통받는 사람들―또는 어린이들―의 신앙을 수용하는 능력에 관한 함의가 무엇인지를 물어야 할 것이다. 즉, 영성을 합리성과 동일시하는 시각은 문제를 해결하려는 것보다 더 많은 질문을 제기한다. 게다가 내가 앞에서 설명하려고 노력한 것처럼, 나에게 성경 자체에 대한 많은 증거는 매우 상충하는 듯하다. 이런 종류의 세계관으로 인해 창조와 성육신의 교리들이 단순

---

22 마르바 던은 '자신이 TV조차 갖고 있지 않다'는 것을 미덕으로 주장한다(*A Royal Waste of Tjme*, 76).
23 위의 책, 77-78.

히 주변부로 격하되는 것이 아니라, 기독교적인 삶과 믿음의 타당한 모델인 그 교리들은 완전히 폐기된다. 마르바 던은 이것이 모순을 내포한다는 것을 깨닫고 다른 곳에서는 보다 총체적인 관점(holistic view)을 회복하려고 노력한다.

(예를 들어) 던은 예배란 종교적 상징과 예술품, 아주 다양한 음향, 이미지와 사고를 자극하는 도전들로 가득 찬 성경 본문들과 설교, 자유로운 영감을 주는 침묵과 함께 … '광채로 가득차야 하며',[24] '기독교란 단순히 교리적 전제들에 대한 지적 동의가 아니라고…'[25] 주장한다.

나는 여기서 던의 작업이 그런 요소들에 대한 광범위한 비평과 그렇게 깊이 연관되지 않는다고 언급하지만, 많은 교회, 특히 주류 교단들의 예배와 연관된 모습에서 이런 양가성(ambivalence)을 발견한다고 생각한다. 한편, 전통적인 방식이 교회 밖의 사람들은 말할 것도 없고 교인들에게조차 매력적이지 않다는 것을 확인할 수 있다. 그러나 동시에 만일 그들이 독립교회나 은사주의 교회 배경에서 현대적인 음악 스타일을 사용한다면, 그들은 사용 가능한 다른 예배 형태들에 대한 탐구에 저항할 것이다.

어떤 점에서 이런 예배 형태들은 맥도날드식 예배 형태에 의해 혹평을 받는데, 이것은 교회의 당회(boards)와 위원회에서 힘을 갖고 있는 사람들의 준거틀(frame of reference)에서 가장 편안하다고 느끼는 음악과 상징들만 허용된다는 것을 의미한다. 따라서 대중 음악과 지역의 토착 예술적 시도들은 상업화되고 단순하며 깊이가 없는 것 등으로 일축되는 반면, 전통적 음악과 예전은 훌륭하고 세련되며 전통에 충실하고 영성을 고양하는 것으로 간주된다. 던은 바로 이런 경향에 대한 탁월한 실례인데, 그 이유는 그녀가 '버거킹의 다양성'이라고 부르는 예측 가능하고 사전 포장된 예배를 싫어한다는 진술에도 불구하고 '…나는 교회가 예배 형태를 선택하도록

---

24 위의 책, 77.
25 위의 책, 181.

제안하는 것이 매우 위험하다고 확신한다…'라고 주장하기 때문이다.[26] 만일 그것이 예배에 대한 맥도날드화 식의 견해가 아니라면, 나는 그것이 무엇인지 모른다. 유일한 차이는 다른 문화의 실재(대중적, 시각적, 감정적)가 거부되며 무시되는(또한, 마귀의 역사로 쉽게 일축되며) 반면, 한 문화의 획일성(고전적이며 엘리트적이고 합리적인)은 수용 가능하고 (암암리에 하나님의 뜻과 동일시되어) 칭송받을 만하다는 것이다.

이 모든 것이 우리를 어디로 인도하는가?

여기서 나는 몇 가지 매우 단순하고 명백한 요점들을 제시하기 원한다. 먼저, 만일 교회가 오로지 엘리트적인 예술 인식이라는 자신의 브랜드를 앞세우고 보다 구체화된 예술적 표현의 형태를 '야만주의'(barbarism)[27]로 격하시키고 일축하는 칸트적인 입장으로 기울어진다면, 기독교 신앙을 보다 광범위한 문화와 연관시키기 위해 마땅히 힘써야 할 것이다. 피터 버거(Peter Berger)는 오늘날의 영적 탐구가 보통 사람들의 목소리를 경청하는 작업이나 탐구와 깊은 연관성을 갖고 있다고 지적했다.

> 나라마다 … 종교적 부흥 현상들은 강한 대중적 특성을 지니고 있다. 순수한 종교적 동기들을 넘어서 종교적 부흥 현상은 세속적 엘리트 계층에 대한 저항운동이다.[28]

그리스도인들은 자신들이 '세속적 엘리트'가 아니라고 항변하기 원하지만, 그들은 동전의 양면이라는 두 가지를 보는 경향이 있기 때문에 그런 주장은 영적 탐구자들을 납득시킬 수 없을 것이다. 만일 교회가 동일한 엘

---

26 위의 책, 98.
27 칸트 자신의 위치가 모순된 것이 아니라면 다소 모호하다. 이에 대해서는 칸트의 저서 *Critique of Judgement*, translated by J. C. Meredith (London: Oxford University Press, 1952)를 참조하라.
28 Peter Berger, *The Desecularization of the World* (Grand Rapids: Eerdmans, 1999), 11.

리트적 전망을 공유한다면, 그것은 단순히 대부분의 탐구자가 견지하고 있는 기존의 견해를 강화하는 데 도움이 될 것이고, 어쨌든 교회가 '물질적'(unspiritual)이며 실제로 의미와 가치에 대한 탈근대적 탐구를 이해하지 못하는 또 다른 근대적인 제도적 기관으로 분류될 것이다. 그러나 영적 탐구자들은 문화적 엘리트주의가 영적 성장에 장애물이라는 것을 발견하는 유일한 집단은 아닐 것이다.

텍스 샘플은 『화이트 소울』(White Soul)에서 이런 태도가 북미 교회에서 어떻게 노동자 계층에 대한 소외로 나타났는지 포괄적으로 입증했는데, 나는 이와 동일한 현상이 영국에서도 나타난다고 믿는다.[29] 비록 '노동자 계층'과 내가 전통주의자라 부르는 사람들에 대한 전통적 정의 간에 직접적인 상호 연관성은 없을지라도, 확실히 전통주의자들은 대다수의 블루칼라 노동자들을 포함한다. 더욱이 이들은 교회의 문화적 주변부에 있는 유일한 두 집단들이 아니다. 왜냐하면, 같은 이유들로 인해 쾌락주의자도 유사한 성향을 갖고 있기 때문이다. 우리는 교회 안에서 수용될 수 있고 적합하다고 여기는 단일 문화적 태도에 의해 제공되는 은밀한 인종차별주의의 잠재적 가능성을 무시해서는 안 된다.

1950-60년대에 과거 식민지 국가에서 이민 온 많은 사람은 '기독교'의 본산이라 여겼던 곳에 정착했는데, 그들은 영국 그리스도인들이 그들의 전통적 예배 형태들을 환영하지 않는다는 사실을 알게 되었다. 그 결과, 그들 중 많은 이는 신앙까지도 잃어버렸고, 전 아프리카계 캐리비언(Afro-Caribbean) 공동체가 자신들만을 위해 세운 교회(서구 백인 중산층의 가치에 따라 제한되지 않는 예배를 드릴 수 있는)로 퇴거할 것을 강요당했다.

어린 시절 나는 런던 근교 헤른 힐(Heren Hill)의 한 교회에 다니던 가족을 방문했던 기억이 있다. 그곳에는 많은 이민자가 정착해서 살고 있었는

---

29 Tex Sample, *White Soul: Country Music, the Church and Working Americans* (Nashville: Abingdon Press, 1996).

데, 설교 시간 내내 흑인 신자들은 그들의 외형적인 생활 방식 때문에 호된 꾸지람을 들었다. 당시 나는 아직 청소년은 아니었지만, 그런 행동이 그리스도를 따르는 자들로서 이상하다고 생각했다. 그리고 나는 그런 태도의 근시안적 경험을 돌아보며 정착민들에 대한 거부가(실제로 그들의 믿음은 그들을 좌절시키는 교회 지도자들의 믿음보다 더욱 활력적이었다) 영국 기독교 공동체 내에 존재해 온 공공연한 인종차별주의(죄)에 대한 가장 포악한 사례들 가운데 하나였다는 것 이상의 어떤 다른 결론을 내리기가 어려웠다. 물론 지금 많은 사람이 그런 행동에 대해 후회를 하며 어떤 이들은 부끄러워할 것이다.

그러나 교회가 다른 집단들과의 관계에서 정확히 동일한 실수들을 지속적으로 반복하기 때문에, 나는 우리가 실제로 교훈을 받았는지 의구심이 든다. 그리스도인들이 다른 사람들의 행동 방식을 묵살할 때, 그들은 자신들의 음악적 취향이나 다른 문화적 양식을 과소평가할 뿐 아니라 다른 삶의 방식들을 좋아하는 사람들에게 단순하고 천박하며 미흡하다는 등의 부정적인 내용을 포함한 신호를 보낸다. 그러므로 암묵적으로 교회 지도자들은 그들을 통제하고 개선하며 다른 방식들로 조정한다.

그러나—특히 그런 리더십의 위치에 있는 사람들이 자신들의 취향에 맞더라도 그런 일들을 할 때—누가 그런 부류의 집단에 참여하기 원하겠는가?

고전 음악을 선호하는 사람들이 은사주의 예배에서 찬양의 한 소절을 20번씩이나 반복해서 부르는 사람들에 대해 불평할 때, 어떻게 그들이 떼제 공동체 성가(chant) 한 소절을 20번이나 반복하는 것을 정당화하겠는가?

개인적으로 나는 이 두 가지 다른 예배 형식에 아무 문제가 없지만, 이런 불평은 예배의 맥도날드화가 단지 단일 접근에만 한정되지 않는다는 사실을 강조하는 역할을 한다. 비록 이것이 (리처가 추정하듯이) 자유를 제공한 고전적 서구 문화와 맥도날드화의 표면적 형태인 소비주의의 '철장'(iron cage) 간의 선택이 아니라는 것을 보여 주듯이, 교회의 경험이 맥도날드화 논제 자체의 양상들을 재설정하는 데 도움을 줄 수 있는 또 다른 점이라고 제안할지라도, 역설적으로 사회학자인 조지 리처를 겨냥한 비난 가운데 하나는 그가 맥도날드화 논제를 발전시키는 과정에서 맥도날드화라는 대중문화를 엘리트 중심의 고급 문화로 대체한 것에 대한 후회에서 동기를 부여받았다는 것이다. 그 이유는 교회의 근본적 태도가 많은 사람에게 '철장'이 된 고도로 맥도날화된 고전적 문화의 형태에 대한 강력한 증거를 제공하기 때문이다.[30]

교회생활의 모든 양상 가운데 예배는 사람들의 정체성을 확인하는 상황을 창출해야 한다. 이것은 하나님이 우리를 창조하신 것을 경축하는 공간이 필요하다는 말이다. 분명히 그것은 상관적인 예배(relevant worship)를 위한 보편적인 청사진 같은 것은 결코 없으며, 다른 형태의 예배를 만들려는 시도는 단지 또 다른 형태의 맥도날드화가 될 것이라는 의미다.

실질적으로 그리스도인들이 신앙을 경축하는 방식들은—신학적인 정의상—항상 매우 다양해야 한다. 물론 이것은 내가 여기서 지나치게 엘리트적이라고 비판하는 사람들을 위한 공간이 있다는 것을 의미한다. 교육받은 계층의 고전적 취향에는 아무 문제가 없다. 그러나 많은 사람이 그렇듯이, 고전적 취향만이 인간적이고 영적 존재가 되는 참된 방법이라고 생각하는 것은 큰 실수를 유발한다. 더욱이 오늘날 문화적 상황에서 전반적인 경향은 확실히 그런 고상한 취향과 그에 수반하는 문학적 담화를 넘어서며, 그런 경향은 예배를 위해 구체화된 복음에 대한 순종적인 헌신은 말할 것도 없고 의미 있는 공동체를 위한 탐구의 중심인 상호 간의 신앙 이야기를 나누는 공간을 창출할 것이다.

---

30 리처에 관해서는 Martin Parker, "Nostalgia and Mass Culture: McDonaldization and Cultural Elitism", 1-18; Robin Wynyard. "The Bunless Burger", in Mark Alfino, John S. Caputo and Robin Wynyard, *McDonaldization Revisited* (Westport CT: Praeger, 1998), 159-174를 참조하라.

3. 선교

선교는 맥도날드화의 영향에서 벗어나려는 기독교적 활동의 또 다른 핵심 분야다.[31] 따라서 복음을 사전 포장된 제품으로 변질시키려는 자연적인 유혹이 있는데, 그것은 다른 많은 제품이 오늘날 홍보되고 판매되는 방식 때문이다. 물론 그것은 근대 문화에 근원(origin and rationale)을 두고 있는 사람들의 방법론으로서 우리의 정체성 찾기와 연관된 모호한 위치에 대해 다시 한번 경종을 울린다. 왜냐하면, 동시에 점점 더 우리의 삶에 대한 합리화와 연결된 기본적 가정들에 대해 심각한 질문을 제기하듯이, 현 상황처럼 인간 존재는 결코 합리화되지 않았고 우리가 그것을 반드시 좋아하지 않을지라도, 그것을 수용하는 경향이 있기 때문이다. 역사상 이 시대의 기독교 선교의 적합한 형태를 숙고하는 가운데, 어떻게 우리가 이 점에 도달했으며 어디로 가야 하는지를 필연적으로 상기해야 할 것이다.

근대성은 세 가지 중요한 인식론적 가정에 근거한다. 지식은 확실하고 객관적이며, 본래적으로 선한 것이다. 이 신념들은 일반적으로 문화에 깊은 영향을 미쳤을 뿐 아니라, 기독교 복음 전도의 성격에 대한 숙고에도 중대한 영향을 미쳤다. 지식이 확실해야 한다는 것은, 어떤 사물이 실제적이기 위해서 먼저 정신을 통해 이성에 의해 철저하게 검증되어야 한다는 것을 의미했다.

지식이 객관적이어야 한다는 것은, 감정과 직관이 분리되어야 한다는 것을 함축했다. 일반적으로 지식의 선함, 특히 '과학적' 지식은 자명한 것으로 추정되었는데, 실제로 과학적 지식은 인간 본성의 정서적 차원을 통해 여과되므로 순수한 것으로 여겨졌다. 전통적인 칸트적 이성과 자율적 개인으로 인해 이런 (철학적) 성취가 모든 사람에게 분명하게 개방되었기

---

31 나는 이 부분에서 제시된 많은 통찰을 말리 해리스(Marilee Harris)에게서 도움을 받았다. 해리스는 내가 1999년 가을 학기 캘리포니아주 파사데나에 있는 풀러신학대학원에서 박사 과정 세미나를 인도할 때 학생이었다.

때문에, 개인의 선택의 자유도 타협할 수 없는 문화적 가치로 간주되었다. 탈근대성이 이런 세계관을 극복하려는 열망에 근거하는 한—비록 그것이 근대성이 제공한 준거틀 내에 있을지라도—탈근대적 인간과 그들의 열망은 바로 앞선 세대들의 세계관적 조망과의 비교와 대조를 통해 이해될 수 있다.

정신에서 나오는 지식에 대한 강조가 새로운 '신비'의 개념의 강조로 보완—어떤 경우에는 대체—되었다는 점에서, 정확하게 현대인들은 '탈합리적'(post-rational)인 존재로 묘사될 수 있다. 비록 합리적 담론의 자리가 있을지라도, 그것은 더 이상 이해를 독점하는 것으로 인식되지 않는다. 그러므로 전통적 의미에서 지식은 더 이상 '객관적'이지 않다. 왜냐하면, 느낌과 감정은 실재에 대한 타당한 해석자로 간주되기—지식이 궁극적으로 선하다는 생각은 인간의 삶뿐 아니라 자연 세계에서도 파멸과 파괴로 귀결된 20세기의 유산에 비춰 보면 최소한 모든 것 가운데 타당한 개념(plausible notion)인 반면—때문이다.

이런 변화의 과정에서 '진리' 자체도 재정의되고 어떤 외적인 권위와의 연관성이 아니라 개인의 경험에서 이해되는 경향을 띤다. 그리스도인들은 종종 이 모든 것에서 문제를 인식해 왔으며, '내게 통하는 것'(what works for me, 나에게는 절대적이다-역자 주)에 관한 판단들에 의해 지배되는 것으로 판명된 세계관에 대해 좌절감과 의구심을 표현한다.

영적 탐구에 대한 이런 접근의 진실성에 의문을 제기하는 것은 확실히 용이한데, 레슬리 뉴비긴(Lesslie Newbigin) 같은 감각적인 신학자들조차 '알지 못하는 신(unknown god)의 성품은 내가 결정할 문제이기에 믿음의 편리한 대상이다. 그 신은 나에게 도전을 주거나 급진적인 질문들을 제기할 수 없다'[32]라는 날카로운 비평을 했다. 근대성의 전제에 기초한 진리에 대한 정의에서 그것은 타당성 있는 결론처럼 들릴 수 있다. 그리고 적어도 이 점에서 뉴비긴은 그가 원했던 것보다 더 계몽주의 사고방식에 물들지 않

---

32 Lesslie Newbigin, *The Gospel in a Pluralist Society* (Grand Rapids: Eerdmans, 1989), 21.

은 사상가(unreformed Enlightenment thinker)였다고 나는 생각한다.

그러나 우리가 자체적인 용어로 탈근대적 사고방식을 이해할 때, 그 태도의 이면에는 여전히 절대적 진리에 대한 탐구가 존재한다. 이것은 '인간 존재가 감각, 느낌, 지식 그리고 이성적인 것에 있어서 재구성되고 있다는'[33] 또 하나의 사례다. 비록 관습적인 문화적 담론의 기준에 따라 '내게 통하는 것'과 관련된 진술이 절대적 진리의 가능성을 부인하는 것처럼 들릴 수도 있지만, 실질적으로 그것은 진리 탐구의 징후다. 그뿐 아니라 그 진술은 본래적으로 절대적인 것을 포함한다.

특히, 근대성이 '작동'(works)하는 데 실패했다는 확신(이것은 또 다른 가치 판단이다)을 동반할 때 작동하는 것이 가치 판단이다. '작동하는' 영적 선택들은 사랑을 무르익게 하고 내적 평화와 의미를 제공하며 사람들이 소속된다고 느낄 수 있는 안전한 장소를 확보하는 것으로 비춰지는 경향이 있다. 이 모든 것이 탐구할 가치가 있다는 신념은 우리 자신에게 적합한 것을 선택해야 하는 개념처럼 그 자체로는 절대적 신념이다. 그러나 탈근대적 사고방식은 '탈개인주의'(post-individual)이기 때문에 단순히 미화된 개인주의의 형태, 즉 덜 이기적인 선택이 아니다. 한 사람의 개인적 이야기는 점점 더 사적이고 자율적인(detached and autonomous) 것으로 간주되지 않고, 한 사람의 내러티브가 초월적인 이야기의 구성 요소로 공동체에 통합되는 경우에만 의미를 갖는 것으로 간주된다.

이 모든 것이 효과적인 선교를 위해 어떤 연관성이 있는가?

어떤 근본적인 원리들이 위에서 아래로 강요되기보다는—현대인들의 개인적 영적 탐구에서—아래에서 위로 성장하는 선교의 방식에 영향을 미치는가?

상향하달 방식은—수 세기에 걸쳐!—너무 오랫동안 우리를 지배했기에 아마도 우리는 그 반대 방식으로 질문한다는 것의 의미를 숙고해야 한

---

33 Sample, *The Spectacle of Worship in a Wired World*, 103-104.

다. 나는 이 같은 제안을 통해 그리스도인들이 역사 안에 확고하게 기반을 둘 뿐 아니라 탈근대적 문화에서 철저하게 상황화된 선교 전략을 설명하는 데 도움을 줄 수 있는 경험과 성경과 기독교 전통의 다양한 요소를 통합할 것을 제안한다. 내가 통합하려는 요소들은 여성들의 경험을 포함하는데, 여성들은 탄생과 성장과 양육의 측면에서 영적 발견을 반영할 뿐 아니라, 초기 켈틱교회의 선교적 실천을 묘사하는 많은 신약성경의 이미지에 나타난 전통적인 남성 중심(male-constructed) 문화의 특성을 반영했다. 결국, 이것은 우리가 적합하게 신학을 구축하는 방식과 오늘날 신학을 구성하는 요소들에 관한 광범위한 질문들을 제기할 것이다.비록 내가 여기서 그 질문들에 대한 답을 찾으려 하지 않을지라도 말이다. 그 질문들에 대해 적절하게 대답하기 위해서는 더 많은 지면을 필요로 할 것이다.

여성이 남성과 다른 패러다임으로 작동한다는 사실은 오랫동안 인식되어 왔다. 피아제(Piaget)와 프로이드(Freud) 같은 남성들(!)의 고전적 연구들은 여성의 도덕적 사유가 개발되지 않았고 비논리적이라는 결론을 내렸다. 여성의 도덕적 발전에 대한 특정 문헌들은 이런 입장에 대해 도전을 제기했는데, 특히 여성의 사고방식에 관한 1982년 캐롤 길리건(Carol Gilligan)의 연구가 이 입장에 도전을 제기했다.[34]

길리건은 남성 연구자들이 전적으로 남성 중심의 경험적 연구에서 도출한 절대적 기준들을 근거로 결론을 추정했기 때문에 여성의 도덕 발달이 '낮은 수준'이라는 주장은 잘못되었다고 설명했다. 그러나 현실은 여성이 보통 남성에게는 당연한 가치들과는 다른 가치들을 활용했는데, 가부장적인 가치들이 지배하고 규정하는 세계에서 여성의 관점이 수용되는 것이 불가능했기 때문에 여성의 가치들은 단편적으로 무시되었다. 결국, 근대성이 이것을 인식했지만, 그런 문화적 상황에서 최대한 제공될 수 있는 것

---

34 Carol Gillligan, *In a Different Voice: Psychological Theory and Women's Development* (Cambridge MA: Harvard University Press, 1982).

은 오직 여성이 남성적 방식을 채택할 수 있고 기꺼이 채택하는 한에서 여성이 남성과 동등한 기회와 특권의 공유 가능성이었다.

이런 접근 방식과 부상하는 탈근대적 문화 간의 중대한 차이점들 가운데 하나는, 이제 여성들이 내부에 잠재하던 지식을 공개하고 인간에 대한 직관적인 재능과 능력을 활용하며 그것들을 확증하고 가치를 부여하는 그들 자신의 자연적인 방식으로 기회를 찾기 시작했다는 것이다.

현대 문화의 다른 양상들처럼 내가 간략하게 묘사한 정황에는 많은 모호함과 불연속성이 존재한다. 근대성의 다른 근본 원리들과 마찬가지로 가부장제는 사멸한 것이 아니며, 많은 여성은 여전히 남성 중심의 세계에서 정체성을 발견하려고 애쓴다.

어쨌든 나는 이와 연관하여 특정 상황에서 유발되는 긴장과 고통을 줄이거나 가볍게 다루기를 원치 않는다. 그러나 일반적인 문화적 경향으로서 모든 운동은 인간 행동의 상이한 방식을 확증하고 가치를 부여하는 쪽으로 향한다는 데는 의심의 여지가 없다. 이런 상이한 방식이 무엇인지는 『여성의 지식습득』(Women's Ways of Knowing)에 적절하게 요약되었는데, 이 책에서 네 명의 여성 작가들은 매우 다양한 분야의 교육적이고 사회적인 배경을 갖고 있는 여성들에 대한 경험적 리서치 결과를 보고한다.[35]

이 결과물을 만들어 낸 작가들의 공동체에 대한 생각은, 진리란 자율적인 합리적 개인으로부터 나오는 것이 아니라 공동체의 나눔과 탐구의 상황에서 나온다는 것인데, 내가 이미 언급한 확신들 가운데 하나를 반영하는 인간 행동의 상이한 방식에 관한 진술이다. 이들이 지식을 얻는 네 가지 핵심 특성들을 확인한 후에(수용된 지식 Received Knowledge, 주관적 지식 Subjective Knowledge, 절차적 지식 Procedural Knowledge, 구축된 지식 Constructed Knowledge), 네 가지 범주들 안에서 공통적인 실마리를 인식할 수 있었다.

---

35 Mary Field Belenky, Blythe McVicker Clinchy, Nancy Rule Goldberger, Jill Mattuck Tarule, *Women's Ways of Knowing: The Development of Self, Voice, and Mind* (New York: Basic Books, 1986).

> 그들은 자신들이 남성의 결점으로 인식한 생각과 느낌, 가정과 일, 자기와 타자를 구획화하는 경향을 피하기 원한다. 여성들에게는 복잡한 삶 가운데 내적이며 외적인 삶을 다루는 추동력이 있다. 그리고 그들은 복잡한 삶을 이해하고 다른 이들과 소통하기 위해 자신의 목소리를 높이기 원한다.[36]

또 다른 결론은 여성들이 지식을 구조물로 보기 원하므로, 진리는 상황과 연관된다. 이론은 진리가 되는 것이 아니라, 단지 이해를 돕는 모델들이다.

> 여성들은 문제가 존재하는 기본적 가정들과 상태들을 조사할 때, 용이하거나 배타적으로 데이터를 수집하기 전에 대답(가정)을 단정하는 가설적 연역조사방법(hypothetico-deductive inquiry)에 의존하는 경향을 띠지 않는다.[37]

더욱이 이 여성들에게 단순히 지적이며 현명해지기 위한 능력이나 잠재적 가능성을 가졌다고 주장하는 것으로는 불충분했다. 이미 그들은 (모든 것은 아니지만) 어떤 것을 알고 있었고, 그들의 타고난 지식은 그 자체로 가치 있다는 것을 알 필요가 있었다. 삶의 경험을 통해 습득한 지식은 전통적인 서구 교육 과정에 전수된 추상적인 인지적 지식만큼 중요하고 실제적이며 유용해야 할 필요가 있었다. 진리 자체는 인식자의 참여로 구축되는 과정으로 이해될 수 있으며, 학습을 위한 열정을 촉발하기 때문에 그런 지식은 일반적인 전제적 진술이 될 필요가 없다.

인터뷰 대상자들 가운데 하나인 리디아는 "진리를 발견하는 것이 그렇게 놀라운 것은 아니었습니다. 진리는 찾고 탐구하는 과정에서 발견됩니다. 만일 당신이 마지막에 진리에 도달했다고 생각한다면 당신은 진리를 잃어버리는 것입니다. 진리는 오래된 것일수록 더욱 더 파악하기 어렵습

---

36 위의 책, 137.
37 위의 책, 139.

니다"라고 자신의 견해를 밝혔다. 그녀는 율리시스가 집을 찾아가는 '이타카'(Ithaca)라는 시를 상기하며 현대인들에게 중요한 것은 집에 도착하는 것이 아니라 집을 찾아가는 여정이라고 부연했다. 여정은 종착지보다 훨씬 더 중요하다.[38]

이런 진술은 인격적 온전함을 탐구하는 상황에서 친밀함과 관계의 우선순위에 대한 새로운 강조를 하듯이 교회와 교회의 선교에 매우 중요한 함의를 갖는다. 대개 남성들이 이상주의와 친밀함에 앞서 경력 쌓기를 추구하는 경향을 보이는 반면, 여성들은 대개 삶의 방식을 선택하는 것에 있어서 다른 사람들, 특히 친밀한 사람들과의 관계적 효과들을 더욱 고려한다.[39] 한 예외적인 경우는 (내가 앞에서 지적했듯이) 근대성에 가장 적극적으로 헌신한—그리고 그런 세계에서 성공하기 위해 근대적 가치들과 실천을 수용하는 것이 본질적인—협력적 성취자의 범주에 속한 여성들일 것이다.

교회에게 이 모든 것의 타당성은 스탠리 그렌츠(Stanley Grenz)의 논문 "스타트랙과 다음 세대: 탈근대주의와 복음주의 신학의 미래"[40]에서 전혀 다른 출발점으로 강조되었다. 스타트랙과 다음 세대에 나오는 인물들과 오리저널 TV 시리즈인 〈스타트랙〉에 나오는 인물들을 비교 대조하면서 그는 근대성(최초의 세대)과 탈근대성(다음 세대) 간의 차이를 설명한다. 특히, 스폭(Mr. Spock, 스타트랙 시리즈에 등장하는 영웅들 가운데 하나)은 (비록 다른 행성에서 왔지만) 최고로 계몽된 합리적 인물로서 지배적인 역할을 했다. 전혀 편견이 없고 객관적이며, 감정이 없는 인물인데, 이 모든 특성은 그가 어떤 문제든지 해결할 수 있는 자질을 갖춘 인물임을 보여 준다.

첫 번째 스타트랙 시리즈에 나타난 여성들은 지성과 감정 억제 같은 남성적 성격을 갖고 있거나 남성의 성적 환상을 불러일으키는 전형적 대상

---

38 위의 책, 140.
39 위의 책, 150.
40 In David S. Dockery (ed.), *The Challenge of Postmodernism: an Evangelical Engagement* (Wheaton IL: Bridgepoint, 1995), 89-103.

들을 대표했다. 그러나 스타트랙과 다음 세대는 매우 다른 관점을 제시한다. 지성은 더 이상 계몽주의에 의해 고취된 이상들의 기준으로 규정되지 않고, 전 우주에서 온 휴머노이드(humanoid, 인간과 비슷한 로봇-역자 주)의 역할을 대표하는 전 우주의 지혜에서 나온다. 모든 것을 수리할 수 있는 인물이 필요하지 않기 때문에 미스터 스폭의 완전히 편견 없는 합리성과 정확하게 동등한 것은 없다. 우주선 엔터프라이즈(Enterprise) 호는 모든 승무원이 함께 협력할 때만 늘 곤경에서 벗어난다. 이 점에서 탁월한 인물은 다른 사람들의 내면의 감정을 인지하는 특별한 능력을 갖고 있는 여성인 카운슬러 트로이(Troi)다.

다시 말해서 한 여성의 지성이 드러날 뿐 아니라, 그녀가 지식을 획득하는 직관적 방법도 드러난다. 그렌츠는 이 두 시리즈의 다른 차이들을 강조한다. 탈근대적인 다음 세대에서 시간은 더 이상 직선적이 아니고 실재는 항상 보는 것이 아니며, 합리적인 것이 항상 신뢰의 대상이 될 수 없다. 또한, 대개 오리지널 시리즈가 영적 관심사들을 무시한 반면, 첫 다음 세대는 초자연적 인물인 Q를 포함한다.

이 모든 것이 선교에 어떤 의미를 부여하는가?

나는 '만일 당신이 특히 시간을 다루는 이슈를 제외하고 모든 면에서 복음을 전한다면, 당신은 복음을 전하는 것이 아니다'라고 말한 사람이 마틴 루터(Martin Luther)였다고 생각한다. 교회—특히 개신교 복음주의 진영—는 그 자체로 너무 자의식적으로 근대성이 제기한 질문들을 다루었기에 조지 마스든(George Marsden)은—'과학적 사고와 경험적 접근, 그리고 상식에 초점을 둔—복음주의가 초기 근대성의 자녀'[41]라고 주장했다. 이 주장은 다음과 같이 개신교에 관해 보다 일반적인 저술을 한 폴 틸리히(Paul Tillich)가 확인했다.

41　George M. Marsden, "Evangelical, History and Modernity", in *Evangelicalism and Modern America*, ed. George M. Marsden (Grand Rapids Eerdmans, 1984), 98.

그것은 데카르트의 의식 철학과 유사한 '의식의 신학'(theology of consciousness)이 되었다. … 인격은 존재의 활력적 기반에서 제거되었다. 종교는 인간의 의식적 중심을 위해 보류되었다[원문 그대로, sic]. 의식적 측면이 지속적으로 수행해야 할 최종 결정들로 포화된 반면, 잠재의식의 수준은 본래 그대로 공허하게 억압된 상태로 남겨졌다. … 모든 결정에 있어서 잠재의식적 기반에 호소하지 않은 종교는 오랫동안 지속될 수 없었고 결코 대중을 위한 종교가 될 수 없었다.[42]

교회가 선교에 참여하는 방식은 여전히 이런 사고방식을 반영한다. 따라서—스타트랙의 심상을 지속하기 위해—만일 틸리히가 잠재의식의 측면이라고 칭한 것과 연관된 어떤 희망을 갖는다면 선교에 있어서 다음 세대는 어떤 모습이며, 오늘날 신비적이며 직관적이고 심오한 개인적 영성을 위한 탐구로서 우리가 보다 손쉽게 확인할 수 있는 것은 무엇인가?

『여성의 지식습득』(Women's Ways of Knowing)이라는 책은 내가 변증법적 방법의 새로운 가능성을 확신하는 부상하는 문화의 전형으로서 '산파-교사'(midwife-teacher) 모델을 강조한다. 연구자들이 한 모델을 확인하려고 애쓰는 가운데 산파-교사 모델이 부각되었는데, 이 모델은 다른 방식들을 통해 학습한 학생들의 적응을 위해 교사들이 사용할 수 있었다.

리서치 경험을 갖고 있는 여성들은 이미 잠재적인 지식을 소유하고 있다는 확신을 표현했는데, 그들은 필연적으로 단순히 학습자들의 머리에 지식을 저장하는 전통적인 '은행가-교사'(banker-teacher, 틸리히의 '의식의 신학') 모델에서 더 많은 지식을 얻는 것이 아니라, 학생들이 갖고 있는 지식을 끌어내서 자신의 생각을 낳도록 도와주고 암묵적 지식을 명시적으로 드러내며 동시에 그 지식을 잘 설명하도록 다듬어 주는 접근 방식을 취하는 '산파-교사'(midwife-teacher) 모델을 통해 더 많은 지식을 습득

---

42 Tillich, *The Protestant Era*, 256; 강조 부분 추가됨.

하기를 열망했다.[43] 이런 이미지를 조금 더 살펴보고 '산파-복음 전도자'(midwife-evangelist)의 모습에 대해 살펴보는 것이 좋을 것이다.

산파의 역할과 연관된 세 가지 중요한 관심사가 있다. 기본적 관심은 산파들이 연약한 아기를 보호하듯이, '갓 형성된 취약한 사고들을 보존하고 그것들이 용인된 허위들로 변질되지 않는 온전한 진리를 낳는 것을' 기대하는 것이다.[44] 그러나 추가적으로 산파에 대한 관심은 '탈근대적 사고의 발전을 지지하기' 위해 아기의 성장을 촉진하는 것이다. 이것은 산파-복음 전도자가 공급하는 정보에 관한 것이라기보다는 어린이의 선천적 지식에 초점을 두는 개념이다.

이 상황에서 산파-복음 전도자는 기꺼이 솔직하게 자신이 알고 있는 모든 것을 동원하여 적절한 도움을 제공할 것이지만, '아기'는 산파의 소유가 아니라 산파가 도움을 주는 산모에게 속해 있다. 따라서 복음 전도의 순환 주기는 확인(confirmation)-환기(evocation)-확인(confirmation) 등의 과정으로 이루어진다. 비록 산파-복음 전도자들이 그들의 지식을 공유하고 다른 이들이 문화와 교회 안에서—과거와 현재에—자신들의 주장을 갖고 대화하도록 도움을 줄 수 있을지라도, 그들은 사람들이 영성을 세상에서 구현하는 데 도움을 줄 수 있다.[45] 일상생활에서 그들 자신의 선천적 지식과 영성에 가치를 부여하고 활용하는 기회는 많은 사람이 불평하는 것으로서 현대 교회에 결핍되어 있다.

이 모델에 압축된 또 하나의 이슈는 탈근대적 인간의 '실용 정보'에 대한 필요인데, 이것은 지식(특히, 하나님이나 그리스도에 대한 지식조차)이 복음 전도자의 소유가 아니라는 인식에서 출발하는 '문제 제기'(problem-posing) 방법을 산파-복음 전도자가 채택할 것을 요청한다. 이런 종류의 복음 전도자가 사람들의 (하나님이 주신) 선천적 지식과 영성을 개방적으로 인식하

---

43 Belenky et al., *Women's Way of Knowing*, 218.
44 위의 책, 218.
45 위의 책, 219.

고 설명할 수 있을 때, 모성적 사고(maternal thinking)에 대한 더욱 중요한 관심사가 중심이 된다.

> 어머니는 자신이 인정하고 다른 사람들이 수용할 수 있는 성인으로 자녀가 자연스럽게 성장하도록 양육해야 한다.[46]

이것은 건전한 발달이 일어나는 분위기를 촉진하는 효과를 갖고 있다. 이 효과는 (다른 사람들의 성장을 관망하는) 전통적 '영화' 분위기와 구별되는 '요거트'(yogurt) 분위기(내부로부터의 충만한 활력과 운동)로 묘사되었다.[47]

나는 20세기가 끝나기 몇 년 전의 한 대화를 기억하는데, 그 대화에서 내 친구는 다음 질문으로 새천년의 도전을 압축하여 요약했다.

시대의 전환기에 우리가 새롭게 시작해야 할 일은 무엇인가?

이 질문은 문자 그대로 예수님의 베들레헴 탄생에 초점을 둔 질문으로 첫 번째 전환기―그리스도의 오심―의 이야기에 깊이 근거한다. 내가 이 질문에 관해 숙고하면 할수록 예수님의 오심이 현재 복음 전도를 위해 우리가 탐구하고 사용해야 하는 바른 메타포임이 더욱 분명해진다. 그것은 분명히 우리의 과거를 들춰낸다. 왜냐하면, 많은 사람에게 '신생'(new birth)의 이미지는 그리스도와의 대화를 묘사하는(요 3:1-8) 좋은 방법인 한편, 성경은 인격적 변화와 새로운 가능성에 대한 이미지로 가득 차 있기 때문이다.[48] 그러나 그것이 우리로 미래를 조망하게 할 수 있는 이유는, 탈근대적 문화와 연관된 이미지라는 의미일 뿐 아니라 우리의 정체성을 곱씹기 보다 아직 형성되지 않은 미래의 가능성을 개방하기 때문이다.

---

46 위의 책, 220.
47 위의 책, 221.
48 이런 예술적 이미지에 대한 성경적 배경의 자극적인 설명에 대해서는 특히 Margaret. L. Hammer, *Giving Birth: Reclaiming Biblical Metaphor for Pastoral Practice* (Louisville: Westminster John Knox Press, 1994)를 보라.

이런 의미에서 그리스도의 오심이라는 첫 번째 전환기의 이미지는 때때로 과거의 실패와 그 결과로 일어나는 미래의 가능성에 대한 축소를 지나치게 강조하므로 과거의 선교 방법론에서 잃어버린 기독교의 희망과 기대라는 종말론적 요소를 형성했다. 어머니에게 탄생의 이미지는 그리스도인의 성장과 발달을 적용하는 자연적인 것이며, 영적 탐구자 집단에 속한 여성들 가운데서 점점 더 물리적 순환주기의 영적 능력을 재발견하는 대중적인 경향과 자연적인 것을 영적인 것을 위한 진입점으로 사용하는—혹은 오히려 물질적인 것과 영적인 것의 구분은 없다고 주장하는—대중적인 경향과 연관된다.

다른 한편 남성들은 역사적으로 영성에 대한 이해의 출발점으로서 죽음의 이미지를 사용하는 것에 보다 편안함을 느꼈는데, 그것은 필연적으로 모든 강조점을 최종 결론에 두므로 누가 무슨 이유로 어느 정도로 죄가 있는가에 관심을 둔다.[49] 이것은 종종 사람들이 오늘날 너무 매력적이지 않다고 알고 있는 도덕적 태도를 낳았다. 탄생에서 출발하는 것은 매우 성경적일 뿐 아니라(성육신적!) 효과적인 복음 전도를 위한 다른 이미지들의 사용을 가능하게 한다.

이 영성은 죄와 혼란과 심판을 무시하지 않지만(인간 생명의 구현을 인식하는 자유 때문에 종종 무시된 죄들을 실제로 너무 쉽게 명명할 수 있다), 죽음의 어둠은 중심에서 제거되고, 우리 앞에 성장, 발견, 탐험 그리고 삶의 갱신이 놓여 있다는 주안점을 깨달으며 우리의 여정 가운데 작은 아이로서 하나님과 손잡고 나아가는 즐거움이다. 탄생에서 출발하는 우리는 서로 격려하고 서로 도울 수 있으며, 단지 현대인들의 가장 간절한 필요들 가운데 하나가 아니라 하나님 나라의 핵심 가치관 가운데 하나인 수용과 확인이라는 관용적 영성을 드러낼 수 있다.

---

49 서구적 영성에서 이런 편애에 대한 추가 문헌들에 대해서는 Grace Jantzen, "Necrophilia and Natality: what does it mean to be religious?" in *Scottish Journal of Religious Studies* 19/1 (1998), 101-121.

나는 정확히 다음과 같은 이유들로 예수님의 선교적 방식에 인상을 받았다. 예수님은 끝까지 더러운 죄에 관해 솔직했고(넓은 의미에서 단지 인간 행위로 규정되지 않는) 그가 만난 사람들에게 결코 죄책감과 패배감을 불어넣지 않았으며, 우리 모두가 하나님의 형상으로 창조되었기 때문에 최상의 인간이 되기 위한 새로운 출발의 가능성, 이어지는 여정의 단계들, 개인적 갱신 그리고 새로운 능력을 보여 주셨다.[50]

이에 관해 숙고하면 할수록 나는 이런 시적 이미지(imagery)의 변화가 탈근대적 세계에서 복음의 상황화에 적합할 뿐 아니라 때때로 과거에 놓쳤던 중요한 기독교 역사의 중대한 양상들과 연결될 것이라고 더욱 확신하게 된다. 『과거의 회복』(Recovering the Past)에서 존 피니(John Finney)는 전통적인 남성 중심(male-inspired) 모델과 죽음의 이미지가 아니라 새로운 삶의 가능성에서 시작하는 '산파-복음 전도자' 모델을 비교 대조한 것과 거의 비슷하게 로마와 켈틱 방식의 선교 모델을 비교 대조한다.[51] 비록 '켈틱 기독교'의 '실제 모습'이 역사에 반영된 것이라기보다 지나친 탈근대적 상상력의 산물이 되기 쉬울 것이라고 생각하는 사람들의 불안감을 공유하고 있지만, 그는 여전히 신앙을 경축하고 공유하는 고대 켈틱교회의 방식을 로마가톨릭교회의 방식과 구분하는 몇 가지 핵심 특징들을 확인한다.

나는 개인적으로 부상하는 탈근대적 문화의 영감적인 모델로서 켈틱 성인을 사용하는 것을 한탄하는 역사적 순수주의자들의 견해를 공유하지 않는다는 것을 언급한다. 만일 그들의 견해에 과장이나 오해가 있다면, 그것은 아마도 불가피하게 우리와 그들 사이에 존재하는 주어진 시간의 차이

---

50 내가 예수님의 스타일로 칭하는 설명에 대한 추가 문헌들에 관해서는 내 책 *Introducing the New Testament* (Oxford: Lion, 1999), 156-158; *Faith in a Changing Culture* (London: HarperCollins, 1997) 203-217; "Patterns of Evangelization in Paul and Jesus: a way forward in the Jesus-Paul debate?" in J. B. Green and M. M. B. Turner(eds.), *Jesus of Nazareth: Lord and Christ* (Grand Rapids: Eerdmans, 1994), 281-296.
51 John Finney, *Recovering the Past: Celtic and Roman Mission* (London: Darton, Longman & Todd, 1996).

와 그들에 관한 우리의 정보 부족 때문일 것이다.

그러나 유대-기독교 전통은 결코 미래의 비전을 알려 주고 격려하기 위해 과거의 이미지를 사용하는 것에 관해 침묵하지는 않았다. 그 과정은 히브리성경만큼 거슬러 올라가는데, 성경 저자들은 타당한 미래를 계획하기 위해 이스라엘 역사를 끊임없이 재기술하고 재해석했다. 만일 그들이 이따금 자신들이 기록한 이야기에 낭만적인 효과를 가미했다면, 그것은 그들이 결코 역사를 왜곡할 목적으로 그렇게 한 것이 아니라(이 개념은 오로지 근대주의적 상황에서 의미가 있을 것이다), 하나님의 목적을 보다 명확하게 파악하기 위해서였다.

초기 켈틱 선교에 대한 분석에서(우연하게도 그가 믿는 것은 역사적으로 입증될 수 있다), 피니는 오늘날 영국 교회에서 부상하고 있는 '새로운 복음 전도'(new evangelism)운동에 대한 세 가지 경향을 보여 준다. 그는 그 세 가지 특징들을 '다메섹 길에서 엠마오 길로', '교리에서 영성으로' 그리고 '선교 사역(missions)에서 하나님의 선교(mission)로' 설명한다. 이 세 가지는 '로마가톨릭교회 모델에서 켈틱교회 모델로의 전환이다. 최상의 현대 복음 전도는 사람들이 사는 곳과 사람들이 듣는 곳으로 가는 것이며, 기도와 진리로 그들을 하나로 묶고 죄를 심판하는 것뿐 아니라 삶의 선함과 복합성을 경축하며, 지적으로 확신될 뿐 아니라 실천되고 경험되는 진리를 추구하는 것이다. 그것은 겸손을 동반한다.'[52]

로마가톨릭교회 모델이 기독교 신앙의 맥도날드화였다면(맥도날드화라면), 켈틱교회 모델은 창조와 성육신에 관한 근본적 성경적 교리에 거의 관심을 기울이지 않는 경직된 영성의 '철장'(iron cage)에 갇혀 메마른 삶을 살아가는 사람들에게 분명히 좋은 소식이 될 것이다. 또한, 피니가 제시하는 이 세 가지 특징들은 모두 데카르트적 선교 형태와는 전혀 다르며, 여성들이 가부장적 문화의 범주가 아니라 자신의 목소리를 내는 공간을 제공받

52　위의 책, 47.

을 때 지금 우리가 설명하는 내용과 매우 유사한 특징들을 담지하고 있다는 것이 두드러진다.

오늘날 교회가 교차로에 서 있다는 것은 확실히 진부한 표현이다. 그렇게 표현될 수 있다 할지라도, 분명히 우리는 어떤 명확한 선택의 기로에 있다. 비록 다른 이들이 그것을 들을 처지가 아닐지라도, 우리는 권위를 보편적인 조직적 방법론에 근거한 것으로 보고 확실성(certainty, 이성과 합리성에 의거한 확실한 사실-역자 주)에 근거한 근대적 접근을 계속하여 유지하거나 아니면 인격적이고 개인적 경험 그리고 항상 그런 것들에 가치를 두는 접근 방식에 내포된 모호성과 불확실성에 대해 거리낌 없이 인정하는 태도에 근거하여 다른 종류의 권위를 세울 수 있다.

예술을 통해 구현된 영성에 대한 탐구는 이 두 번째 접근에 있어서 본질적인데, 나는 그것이 인격적 공간을 창출하도록 만들 수 있는 새로운 전망을 제공한다고 믿는다. 인격적 공간은 기독교의 이야기에 사람들이 참여하는 즐거움을 제공할 것이다. 왜냐하면, 정확하게 그 출발점은 사전 포장된 맥도날드화된 종교적 산물로 제공되는 것이 아니라, 인간 경험이라는 상황에서 출발하는 의미심장한 영성의 가능성이기 때문이다. 그것의 주요 뿌리는 인간 경험 안에 있다고 말하려는 것은 아니다. 그 이유는 인간의 삶에 대한 기독교적 이해는 예수 그리스도를 통해 우리에게 보여 주시고 우리와 함께하시는 하나님의 생명을 통해서만 가장 참된 의미를 발견하기 때문이다.

그러나 신성(the divine, 하나님의 현존과 거룩함-역자 주)은 공동체의 상황에서 고양될(nurture) 것이다. 어느 누구도 하나님의 존재의 깊이를 가늠할 수 없기에 제기될 수 있는 어떤 새로운 통찰들도 항상 잠재적인 것임을 인식하는 공동체 안에서 친구가 된 사람들은 인격적 성숙을 위해 서로 도울 수 있으며 불확실성에 대해 사과할 필요가 없다. 어떤 그리스도인들에게 이 접근은 확실히 너무 위험하겠지만, 위험을 감수할 준비가 되어 있는 사람들에게는 영적으로 갱신된 교회에 대한 가망성뿐 아니라 분열된 세계에서 인격적 치유와 흠이 없는 새로운 가능성을 제공할 것이다.

실제로 약함은 강함의 비밀이며, 그 점에서 약함이라는 단어가 갖고 있는 모든 의미는 성육신적이다. 왜냐하면, 성육신은 예수님 자신이 좋은 소식이라는 사실을 의미하기 때문이다. 바울조차도—종종 예수님의 메시지에 관한 수정주의 주석자로 불공정하게 혹평을 받는—(모든 성도 중 자신들의 방식과 능력으로 하나님의 일을 가장 잘 할 수 있다는 생각에 유혹을 받은) 고린도 교회 성도들에게 "하나님께서 세상의 미련한 것을 택하사 지혜 있는 자들을 부끄럽게 하려 하시고 세상의 약한 것들을 택하사 강한 것들을 부끄럽게 하려 하시며 하나님께서 세상의 천한 것들과 멸시 받는 것들과 없는 것들을 택하사 있는 것들을 폐하려 하시나니"(고전 1:27-28)라고 교훈했다.

바울의 교훈은 급격한 문화 변화의 상황에서 교회됨의 새로운 방식을 발견하려고 애쓰는 사람들에게 아마도 모든 소식 중 최고의 소식이며, 탈근대 시대에 가장 참된 능력을 주는 메시지다.